高等院校旅游专业系列教材

旅游市场学

(第三版)

林南枝　黄　晶　编著

南开大学出版社
天　津

图书在版编目(CIP)数据

旅游市场学 / 林南枝，黄晶编著. —3版. —天津：
南开大学出版社，2010.9(2023.8重印)
高等院校旅游专业系列教材
ISBN 978-7-310-03561-8

Ⅰ.①旅… Ⅱ.①林… ②黄… Ⅲ.①旅游市场－高等学校－教材 Ⅳ.①F590.8

中国版本图书馆 CIP 数据核字(2010)第 158575 号

版权所有　侵权必究

旅游市场学（第3版）
LÜYOU SHICHANGXUE (DI-SAN BAN)

南开大学出版社出版发行
出版人：陈　敬
地址：天津市南开区卫津路 94 号　邮政编码：300071
营销部电话：(022)23508339　营销部传真：(022)23508542
https://nkup.nankai.edu.cn

天津泰宇印务有限公司印刷　全国各地新华书店经销
2010 年 9 月第 3 版　　2023 年 8 月第 24 次印刷
787×960 毫米　16 开本　14.5 印张　264 千字
定价：36.00 元

如遇图书印装质量问题，请与本社营销部联系调换，电话：(022)23508339

第三版前言

近十年来,旅游市场环境的不断变化推动着旅游市场营销领域的实践活动和学术研究日益丰富和深入。无论是旅游目的地还是旅游企业,都必须面对由信息技术、旅游消费需求、竞争态势、社会经济因素等方面的发展和变化所导致的整体营销环境的新变动。为了更好地反映该领域业已出现的新情况和新的研究成果,以及更好地适应本课程的教学需要,在南开大学出版社的支持下,我们决定对本书再次进行修订。

本次修订的宗旨依然是力求反映旅游市场营销实践与旅游营销理论研究的发展,为我国旅游高等院校旅游专业的学生提供既注重跟踪理论研究发展又注重联系实践的实用教材,同时也为旅游业管理人员以及旅游业中从事市场营销工作的人员提供参考。

本书在保留和继承上一版中为广大读者认可的体系结构和章节内容的基础上,本着方便教学使用的原则,对原书架构与内容进行了必要的调整与修订。修订后的内容不再分编,增强了全书内容展开的逻辑性。另外需要指出的是,近年来随着服务管理学科理论体系的日趋成熟,出现了服务管理理论开始反过来融入并不断完善相关传统学科的理论体系的趋势。因此在此次修订中,我们将在上一版中单独列出的有关服务营销研究的章节取消,而将其融合到其他章节中,作为指导旅游市场营销活动的理论依据加以论述。

修订后的内容共分作九章:第一章旨在建立市场营销以及旅游市场营销和旅游市场营销学的基本概念;第二章主要讨论旅游者以及组织机构的旅游购买行为;第三章对旅游市场细分、目标市场选择以及在目标市场中的产品定位进行分析;第四章介绍旅游营销信息的主要内容以及旅游营销调研的主要方法;第五章阐述旅游市场营销计划的类型以及旅游市场营销计划的制定过程;第六章至第九章分别讨论旅游产品策略、旅游产品定价、旅游促销和旅游产品的销售渠道策略。

本书由南开大学林南枝教授、黄晶副教授编著。南开大学李天元教授、Starwood Hotels and Resorts 亚太地区收入管理经理刘宗先生、大地中心公关部经理张茹女士为本书的编写作出了重要贡献。南开大学出版社彭海英女士也对本书的修订工作给予了多方面的支持与帮助,在此一并表示衷心的感谢。

受限于作者水平与能力,此次修订版仍会有疏漏或不当之处,恳请读者不吝指正。

编　者

2010 年 5 月

第二版前言

旅游市场学是一门经验性、实践性和综合性极强的独立学科。它是根据旅游经济活动规律,研究和指导旅游业和旅游企业营销活动的理论依据。近年来国内外旅游学界的专家学者在这个领域进行了大量的理论研究和实践活动,创造出许许多多的新理论、新经验和新方法。同时,在 20 世纪 80 年代末到 90 年代中期,我国旅游业出现了飞跃的发展,1986 年旅游业已被国家正式纳入国民经济序列,如今已被国家排在第三产业的首位。全国许多省市、地区正将旅游业作为经济发展的主要支柱产业。

鉴于形势的发展,急需从理论上跟踪、总结旅游业,特别是旅游企业实践的成功经验与共同存在的问题,并及时将它们反映到教学理论中来,这就是我们这次修订《旅游市场学》的宗旨。

本书在保留和继承原版中为广大读者认可的体系结构及部分章节内容的基础上,进行了必要的增减和修订,为了理论联系实践的需要,在内容上加大了实际部门的体会与经验。

1. 内容结构:进一步结合营销活动的实际内容安排篇章。经重新编排,全书由 4 编 14 章构成。第 1 编总论,旨在建立旅游市场学的基本概念,重点在市场营销观念问题的研究。作为一切营销活动的基础和重要步骤,介绍了旅游者购买行为分析,旅游市场与市场细分化理论,并扩充了原有内容,增加了旅游市场定位一章。第 2 编旅游市场营销策略,讨论了市场营销四大基本策略,即产品策略、定价策略、促销策略与销售渠道策略。第 3 编旅游服务营销,是新增加的一编,这是目前国内外学者热衷研究的内容。我们从服务营销的概念、服务质量与市场营销,以及服务市场营销策略三方面进行论述。第 4 编旅游营销管理,这部分包括三方面内容,即旅游营销信息和调研、营销战略管理和营销计划与组织,由此保证营销策略的有效实施。在旅游市场营销战略管理一章中,特别介绍了国际上在旅游市场营销战略方面的新发展和新成就。

2. 坚持理论与实践结合原则。我们在这次修订中加强了有关方法与应用的内容,加选了案例分析,更多地采用了图示与资料表格。本书的作者由教授、学者与旅游企业上层管理者构成。

  3. 本书由林南枝任主编,黄晶、刘宗任副主编。各章的分工为:林南枝(教授)第 1、13 章,李天元(教授)第 8 章,黄晶(博士生)第 5、7、9、10、11 章,刘宗(Star Wood Hotel & Resorts 亚太地区收入管理经理,硕士)第 2、4、6、8、12、14 章,张茹(大地中心公关部经理,硕士)第 3 章。

  在本书编写过程中,孙淑兰副编审、张蕴美研究员在编校排印方面付出了大量心血,在此一并深致谢意。

  现奉献于各位读者的修订版《旅游市场学》受作者水平所限,仍有许多不足之处,欢迎读者不吝指正,以便下次修订改进。

目　录

第三版前言 …………………………………………………………… (1)

第二版前言 …………………………………………………………… (3)

第一章　旅游市场学导论 …………………………………………… (1)
 第一节　市场学发展简史 ………………………………………… (2)
 第二节　市场营销观念的演进 …………………………………… (6)
 第三节　旅游市场营销的内涵与特征 …………………………… (12)
 第四节　旅游市场营销的新发展 ………………………………… (20)
 第五节　旅游市场学的研究对象与方法 ………………………… (22)

第二章　旅游购买行为分析 ………………………………………… (27)
 第一节　旅游购买行为概述 ……………………………………… (28)
 第二节　旅游者购买行为的影响因素及购买行为模式 ………… (29)
 第三节　旅游者的购买过程 ……………………………………… (43)
 第四节　组织机构的购买行为分析 ……………………………… (48)

第三章　旅游市场细分与目标市场策略 …………………………… (56)
 第一节　旅游市场 ………………………………………………… (57)
 第二节　旅游市场细分 …………………………………………… (59)
 第三节　旅游目标市场的选择 …………………………………… (72)
 第四节　定位决策 ………………………………………………… (76)

第四章　旅游营销信息与营销调研 ………………………………… (83)
 第一节　旅游营销信息及营销信息系统 ………………………… (84)
 第二节　旅游营销调研 …………………………………………… (88)
 第三节　收集第一手资料的基本方法 …………………………… (92)

第五章　旅游市场营销计划 (98)
第一节　旅游市场营销计划概述 (99)
第二节　旅游市场营销战略决策 (102)
第三节　旅游市场营销计划的制定 (106)

第六章　旅游产品策略 (117)
第一节　旅游产品的概念与构成 (118)
第二节　旅游产品的生命周期与营销策略 (121)
第三节　旅游产品组合 (127)
第四节　旅游新产品的开发 (133)

第七章　旅游价格策略 (140)
第一节　旅游价格与旅游价格决策 (141)
第二节　影响旅游定价的因素 (143)
第三节　旅游价格的制定 (147)
第四节　旅游价格的变更 (159)

第八章　旅游促销策略 (164)
第一节　促销与促销策略 (165)
第二节　广告决策 (170)
第三节　销售促进 (178)
第四节　公共关系 (183)
第五节　人员推销 (186)
第六节　印刷品及电子信息传播 (189)
第七节　直接营销 (192)

第九章　旅游销售渠道策略 (195)
第一节　旅游产品销售渠道的概念 (196)
第二节　旅游产品销售渠道的类型 (198)
第三节　旅游产品销售渠道的选择 (203)
第四节　信息技术的发展对旅游销售渠道的影响 (214)

主要参考书目 (222)

第一章 旅游市场学导论

学习目的

通过本章学习,首先对什么是市场学、现代市场学的研究范围以及市场营销的内涵有一个明确认识;其次,了解市场营销观念的发展历程以及现代市场营销观念在旅游业中的运用;第三,了解旅游市场营销的内涵以及旅游营销工作与其他行业营销工作的异同。

主要内容

- 市场学的发展简史
  市场　市场学　市场营销
- 市场营销观念的演进
  市场营销观念的含义　生产观念　产品观念　推销观念　市场营销观念　生态学市场观念　社会市场营销观念
- 旅游市场营销的内涵与特征
  旅游市场营销　旅游市场营销的服务特征　旅游市场营销与其他服务产品营销的区别
- 旅游市场营销的新发展
  旅游市场需求的变化　全球化　CRS　互联网
- 旅游市场学的研究对象与方法

第一节 市场学发展简史

一、什么是市场学

市场学又称市场营销学，英文为 Marketing，原意为交换、交易的意思。市场学是指导企业进行营销活动或研究企业市场营销活动规律的一门经营管理科学。

市场营销是独立的两方自愿完成交换的过程。两方即购买与使用产品(劳务)的顾客一方以及销售与提供产品(劳务)的生产者一方。从顾客一方看，市场营销要了解顾客的欲望或需要，顾客会选择什么样的产品(劳务)？什么时间购买或消费？买多少？顾客认可的价格是多少？哪些是经常购买或消费的顾客？哪些顾客正准备购买？哪些顾客对某种产品(劳务)尚无动于衷？顾客们习惯于到哪里购买或消费？等等。而从生产者一方看，市场营销则要预测需要生产什么产品？向顾客提供什么服务？怎样生产？生产多少？何时何地生产和推销可使产品的效用最大？等等。因此，市场营销是两种决策在交换中的统一。一种是消费者的购买决策过程，另一种是生产者的管理决策过程。其中，消费者的决策是基础。由于消费者可在不同产品中进行选择，因此生产者就要不遗余力地采取强有力的措施，去影响顾客选择自己的产品或劳务。为此，生产者和消费者之间必然会发生和建立双边或多边的经济关系。市场学就是适应现代商品经济高度发展而产生和发展起来的一门关于企业经营管理决策的科学。

系统地研究市场营销问题始于 20 世纪初。随着经济发展、科技进步、劳动生产率提高和市场竞争的日益激烈，市场学的研究也不断深化。20 世纪六七十年代以来，市场学进一步与经济学、心理学、社会学、统计学等学科相结合，发展成为一门新兴的综合性学科。

二、市场与市场营销

(一)市场

市场一词英文为 Market。从经济学角度来定义市场，是指人们交换商品的场所。哪里有商品交换，哪里就有市场。随着商品经济的发展，市场的概念也出现了狭义和广义之分。狭义市场是指商品交换的场所，它体现商品买卖双方和中间商之间的关系。而广义的市场则体现为影响、促进商品交换的一切机构、部门与商品买卖双方的关系,即某一特定产品的供求关系。而从市场学的角度来看,则认为在买卖双方进行的交换中,卖方构成行业或企业,而买方则构成为市场。著名市场学家菲利普·科特勒(Philip Kotler)从卖方角度定义市场,认为"一个市场是由那些具有特定的需要和愿望,愿意并能够通过交换来满足这种需要或愿望的全部潜在顾客所构成"。市场上卖方(企业)和买方(市场)通过四条通道联系在一起,组成一个简单的营销系统,如图1-1所示。

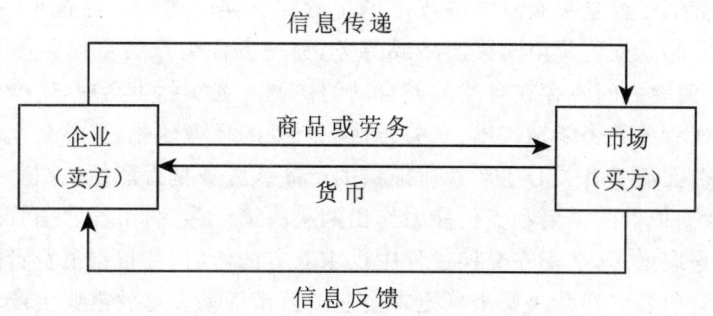

图 1-1　企业—市场营销系统

图中,企业把自己的产品或劳务信息传递给市场,并搜集市场的需求信息,作为指导企业经营决策的依据。若企业的产品或劳务符合顾客的需要,而市场又有一大批具有购买能力的消费者,则双方就可以进行货币对产品或劳务的对等交换,由此构成企业与市场、卖方与买方、经营者与消费者之间的营销关系系统。

(二)市场营销

市场营销一词译自英文 Marketing,意指与市场有关的人类活动。菲利普·科特勒对市场营销的定义为"市场营销是个人和集体通过创造并同别人交换产品和价值以获得其所需所欲之物的一种社会过程",即指以满足人类各种需要和欲望为目的所进行的变潜在交换为现实交换的一切活动。市场学家路易斯·布恩(Lewis Boon)认为"市场营销是发展和有效分配产品和劳务给目标市场的活动"。学者们从不同角度解释市场营销,概括起来,市场营销就是在一系列动态环境因素影响下,旨在方便和加速交换的一切个人与组织的活动。

根据这个概括可以看出:(1)市场营销的主体既包含营利性的企业,也包含非营利性的组织和个人。如果个人将家用什物出售,或提供个人服务,也是一种营销活动。国家之间经常相互寻求有利的贸易机会,彼此之间同样进行着大量的营销活动。一般市场学中则以研究组织或企业的营销活动为主。(2)一个组织或企业为了实现自己的经营目标,就要通过营销调研、营销计划和营销执行与控制等一系列营销管理活动,以完成企业任务。在营销计划中,营销者必须进行有关目标市场定位、市场发展、产品设计、价格制定、分销渠道的选择、实物分配、信息沟通和促进销售等各项决策。(3)市场的营销对象不仅是市场需要的产品或劳务,还包含思想、观念、问题和人物的营销。(4)由于影响买卖双方完成交换的诸因素,如政治、法律、制度、社会、经济和技术等都是变量,因此,市场营销是在一个动态环境中的活动。

市场营销主要是买卖双方围绕市场运营和交换的过程。在这里,一方面消费者需要并愿意支付货币购买产品或劳务,另一方面生产者可能并愿意提供产品或劳务,两者之间不存在自然的或自动的协调。在实际生活中,生产者关心他们的产品或劳务是否能销售出去,关心他们所处的环境变化,关心企业的长期目标的实现。而消费者关心生产者所提供的产品或劳务是否能使他们获得价值和满足,并根据他们的需要和支付能力作出购买决策。为此,市场营销管理者必须能判断并采取措施,平衡在交换过程中供求双方的矛盾,并根据消费者的潜在需求和其他竞争者的经营决策来确定本企业的营销活动。这就需要生产者在向消费者销售产品之前、销售中和销售后提供大量信息。买卖双方在交换过程中各自追寻的利益愈趋于平衡,则生产者的经营效果就愈好。

三、市场学的发展

市场学是商品经济高度发展的产物,是企业在生产高度社会化和经济高度发达的情况下,在竞争激烈的市场环境中求得生存和发展的一门关于企业经营管理决策的科学。

系统地研究市场营销问题始于西方经济发达国家和地区。早在1902年美国的密其根、加州和伊里诺等大学,就开设了市场学的课程。1912年哈佛大学正式出版了第一本市场学教科书。在20世纪20年代,在西方工业企业管理理论中把市场经营作为管理学中的一个特定概念,认为市场经营是决策过程,是解决企业"为什么要这样做"才能达到企业目标的方向性问题;而管理是解决"怎样干"才能达到目标的方法性问题。但在二次大战以前,西方国家企业管理的实际情况仍是把重点放在企业内部的生产事务和生产后的推销活动上。理论界的研究内容也仅限于产品的促销技术,真正的现代市场学观念和学科体系并未形成,而且理论研究与企业实际脱节,市场营销观念并未被社会普遍接受。20年代后,尤其是1929年至1933年,资本主义世界爆发的经济大危机,唤起了学术界和企业界对市场营销观念的重视,各派学者的研究成果相继问世。1931年美国成立了市场学协会(American Marketing Association),并在全国设立了几十个分会,学者们相互交流研究成果和进行人员培训。50年代以后陆续出现了预测学、市场学、行为学和决策论等学科,市场学的理论体系才逐步形成。但研究的内容仍局限于产品的销售范围内,着重于推销、广告技术和有利于产品销售的组织和策略。

直至70年代到80年代初期,市场学有了新的发展,其原因有:一方面由于1973年的石油危机引爆出的一系列问题,如原料和能源的短缺、经济停滞不前、物价急剧上涨、失业大军不断扩大、竞争异常激烈等,使企业压力沉重;另一方面,二次大战后以美国为代表的西方经济发达国家,把过去用于军事上的高精技术转入民用事业,科学技术的发展和普及带来劳动生产率的大幅度提高,社会产品无论从数量上、质量上都迅猛增长,企业间的竞争愈加剧烈;同时消费者的需要趋向多样化、多层次,对产品和劳务的选择性也越来越强。在这种形势下,一些企业家认识到经济恢复不能单纯依靠政府采取的某些财政和货币政策,从长期发展来看,企业在经营管理中必须改变观念。首先要能识别市场的不同需求,注意观察消费者需求的变化趋势,调整企业产品、服务和分销方式,以适应市场新的需求;其次要通过宣传将企业的产品和服务信息传递给消费者,不仅要满足市场需求,还要创造市场需要。西方企业家们把这种办法称之为营销哲学,又称营销术。营销术与推销术的区别在于,推销术只能将已生产出来的产品向顾客推销,常用低价手段促使消费者多购买,而不能创造和满足顾客的新需求。营销术则是为了实现顾客"用少消费、获大满足"的消费目标,根据顾客需求指导企业的生产活动。推销术是以产品为中心,而营销术则是以顾客为中心。

由于商品经济的高度发展和管理科学的巨大进步,决定了企业管理意识的转变,如美国、日本等经济发达国家的企业管理纷纷从生产型转向经营型,从对企业内部生产行政事务进行执行性质的管理,转向实行企业全部经营活动的管理过程,即包括对企业的产品设计、生产、交换、分配和消费过程的决策性管理。前者面对卖方市场,工作重点在于提高工作效率,奉行的是以产定销原则。而后者则面对买方市场,工作重点在于了解顾客需求,并以顾客需求指导企业生产活动,奉行的是以销定产、产前销售的原则。市场学的研究突破了流通领域,深入到生产领域和消费领域中,形成了现代市场学的概念、理论和内容。20世纪60年代以后,市场学更进一步与现代企业管理理论结合起来,成为现代企业经营管理决策的重要组成部分。

第二节　市场营销观念的演进

一、市场营销观念

市场营销观念是指企业决策者在组织和谋划企业的整体实践活动中所依据的指导思想、思维方式，也可以说是一种关于组织整体企业活动的管理哲学。一种市场营销观念是一定社会经济发展的产物，其形成不以人们意志为转移，而是经过一个复杂的社会演变过程，是企业决策人在企业所处内外环境的动态条件下，为追求企业的生存和发展，在不断的经营活动中逐渐形成的。

当一定的市场经营观念形成后，又反过来对企业的经营管理工作产生强大的能动作用。这个能动作用有两种效果，一是企业决策者的营销观念符合市场环境时，必将对企业的实践产生巨大的推动作用，促进企业能最好地实现自己的经营目标。反之，若决策者的思维方式滞后于时代，跟不上社会进步的步伐，则企业的营销活动必将停滞不前，企业的经营目标就无法实现。

二、市场营销观念的演进

现代市场营销观念经历了以下几个发展阶段：

(一) **生产观念和产品观念**(Production and Product Concept)

20 世纪 20 年代以前，由于欧美等国家工业革命的完成，内燃机和电力技术的发展，技术工人在装配线上的操作，带来生产力的急剧提高。以美国为代表的西方国家，经济高速发展，市场的基本状况是供不应求。大多数企业一般只生产单一产品或者根据企业条件生产几种产品，只要价格低廉，质量能保证，产量再多也能被市场上巨大的需求所消化。因此，只注重生产管理的生产观念油然而生，企业致力于高生产、低成本、低价格，认为如此经营在需求超过供给的市场上就能获得企业效益。但也有一些经营者认为，消费者最喜欢的是高质量、多功能、具有特色的产品，因此重视在原有产品基础上提高产品质量，改进产品性能。持产品观念的人认为产品质量愈高愈有利于扩大销售量。

生产观念和产品观念的核心都是以生产为中心，因此又称为生产者导向观念。此时市场状况是卖方处于有利的主导地位，生产与销售的关系是以产定销。在需求迅速增长，市场出现供不应求的状况时，这种观念的产生是必然的。但持生产者导向观念指导企业的经营者，没有意识到市场需求是动态的，即使产品质量再高、价格再低廉,也无法使消费者重复购买无需求的产品,也无法控制市场需求的转向。

(二) 推销观念(Selling Concept)

推销观念是一种以推销或销售为导向的经营观念。20年代末到第二次世界大战结束的这段时间中,资本主义国家的经济不断发展,产品数量日益增多,但由于资本主义生产的盲目性和社会基本矛盾的发展,爆发了1929～1933年的经济大危机。各资本主义企业在生产过剩的市场环境中,生存和发展所面临的首要问题已不再是生产,而是如何把过剩的产品推销出去,把积压的资金挖出来。在这种形势下,注重推销的经营观念必然代替生产观念。

推销观念认为,消费者对购买存在某种惰性和抗衡心理,必须采用有效的推销技术去刺激消费者。因此,经营者就全力以赴地投身于推销工作,加强推销机构,研究推销技术,增加推销方法和培训推销人员。持推销观念的经营者认为,"我会干什么就推销什么","只要我推销什么,顾客就会购买什么"。这种观念常被用于非渴求产品或一些非营利组织中。如大学、医院和募捐慈善机构,其目的是推销其产品,而不是生产顾客需要的产品。大力开展推销活动可能会使销售量有所增加,但并不能使消费者的无需求变为有需求。

推销观念是生产观念和产品观念的延续。就市场环境而言仍是生产者导向,注重的是达成交易,而不是与顾客建立长期的互利关系。从企业与市场的关系上看,仍是以产定销的卖方市场。

(三) 市场营销观念(Marketing Concept)

它是与上述两种观念截然不同的一种企业经营哲学。关于市场营销观念出现的时间众说不一,市场学家彼得·得鲁克(Peter Drucker)认为,它出现在19世纪中叶的日本三井家族。这个家族的百货公司就应用了这种经营观念,为顾客购进合适的商品,为顾客利益着想,实行无条件的退货还款等一系列策略。在西方国家可追溯到19世纪中叶,收割机发明人麦克·考密克用这种观念指导经营并发明了营销的基本手段。但由于当时的社会经济条件尚不成熟,因此,直到20世纪50年代,营销观念的核心原则才基本定型。

第二次世界大战结束后,西方各国把现代科技从军事领域转到民用事业,社会生产力迅速提高,产品日益丰富,人们收入增加,生活水平提高,购买力迅速增长,从而使消费者的需求也不断更新,购买的选择性增强。由于新科技的发展,产品不断推陈出新,致使产品的生命周期日渐缩短,市场竞争空前激烈。在西方国家的市场格局中,出现了对买方有利的局势,市场上的主导权转移到买方手中,市场遂由卖方市场转为买方市场。在这样一个市场巨变的情况下,有远见的企业家认识到这样一个道理,即要达到企业的经营目标,不能只注意产品的数量和质量,不能一味用降价去吸引顾客,而是先要弄清楚顾客需要什么,在满足顾客需要的前提下去追求企业利益,企业才能保持真正的优势。科特勒在《营销管理》一书中指出:"实现企业或组织的目标的关键在于正确确定目标市场的需要和愿望,并且比竞争对手更有效、更有利地提供目标市场所期望的东西。"为此,很多企业把企业管理的重心转到市场经营上来,他们提出"顾客需要什么就生产什么,就销售什么"、"生产你能够售出的东西而不是出售你能生产的东西"、"我们不能只经销能生产的东西,而是要学会生产能销掉的东西"等等,出现了许多反映市场观念的精辟口号。

市场营销观念注重顾客需要,认为企业行为的决定权不在企业也不在政府,而在消费者手中,生产什么、卖什么要先分析消费者需要什么。市场营销观念是以消费者的需要为导向的观念,又称消费者导向观念。市场呈现为以销定产的买方市场局势。

20世纪60年代以后,市场营销观念在西方各经济发达国家被普遍采用。但随着经济、科技的迅猛发展,市场需求也日趋多样化,而企业有限的资源、技术、资金和人力日渐难以适应市场的变化,若一味追随消费者的需求去生产企业并不擅长的产品,必然导致产品成本增加、质量下降的后果。这样既不能满足顾客的需要,又不能使企业获得满意的利润。于是美国一些市场学家在市场营销观念的基础上,进一步提出了生态学市场观念。

(四)生态学市场观念(Ecological Marketing Concept)

生态学市场观念是把生物界的生态平衡关系引进企业的经营机制中,认为任何生物的生存、繁衍都必须和它的生存环境取得协调平衡,而企业的生存和发展也必须使它的经营活动与其周围环境保持协调与平衡。企业要善于把市场的需要与企业自身的资源、技术等条件结合起来,扬长避短,有选择地生产那些既能满足市场需要,又符合企业生产条件的产品和劳务,才能有利于企业的发展和竞争。图1-2表示生态观念指导下企业的经营活动范围。

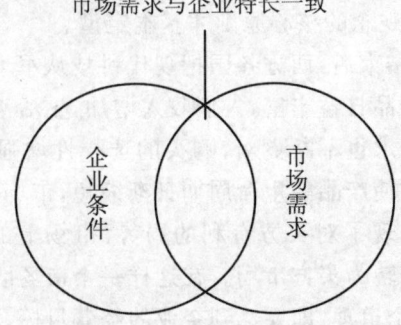

图1-2 生态学市场观念下的企业经营活动示意图

20世纪70年代以来,由于人们消费需要的变化造成大量生产消耗,带来了资源短缺、环境污染、通货膨胀等世界性的社会问题,加上人口总数的增长,使社会、经济、环境等各方面都隐藏着危机。在这样严峻的形势下,市场学家们考虑到,单纯的市场营销观念是否只关注消费者短期需求的满足和企业的利益而忽略了消费者和社会的长期利益?如有些国家允许经营赌博业,从表面上看,它能满足特定消费者的需求,也给赌场带来效益,给国家带来税收,但却同时带来了民风的颓废、堕落、家庭纠纷和社会不宁,损坏了社会和人民的长远利益。又如我国目前的"白色垃圾"问题,已形成社会公害,生产塑料泡沫饭盒的厂家是否想到,它给餐饮业经营者和顾客带来了方便和利益,并从中取得大量企业效益的同时,却给社会环境造成严重的污染,最终危害到人类的健康与生活,那么他们应不应该进一步考虑企业经营的后果呢?于是市场学家们在生态学市场观念的基础上又提出社会市场观念。

(五)社会市场营销观念(Social Marketing Concept)

社会市场营销观念是西方一些市场学家在新的市场环境中对生态学市场观念作出的补充和完善。他们认为企业应在明确目标市场需求和自身生产条件的基础上,通过有利于消费者利益和社会利益的经营策略,比竞争者更有效地向消费者和社会提供更高的价值。持这种观念者在制定市场营销策略时关注的是消费者需求、企业利润和社会利益三者之间的平衡,认为企业的任务是要使社会经济发展、消费者的欲望与需求、企业的效益与发展和企业职工利益四个方面都得到满足。图1-3表示社会市场营销观念下企业的经营活动范围。

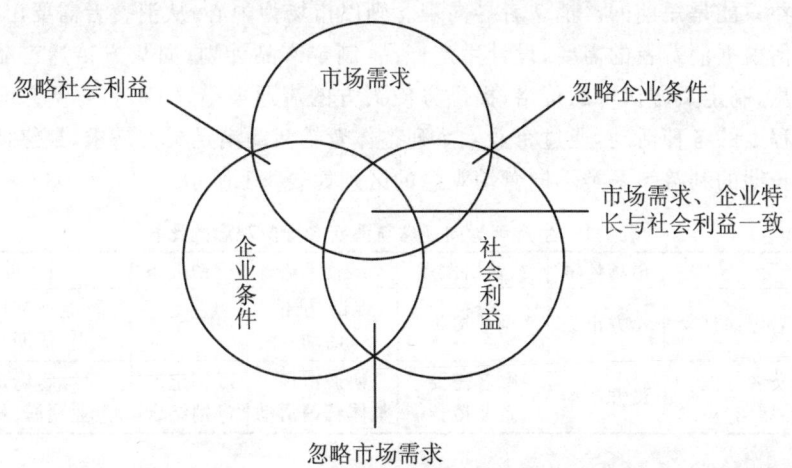

图1-3 社会市场营销观念下企业营销活动示意图

根据旅游需求和旅游业的经营特点,旅游业的经营管理必须贯彻社会市场观念。因为提供旅游服务所凭借的物质产品是社会上其他相关行业和部门的产品,而吸引消费者前来旅游的吸引物也往往不是旅游企业或部门提供的产品,如自然景观、传统文化、民风民俗和社会环境等,这些吸引物都是社会的客观存在。此外,旅游地的安全、卫生、优雅的环境、好客的居民等,凡是作用于旅游者五官,使其在视觉、嗅觉、听觉、味觉等都会感受到的方方面面,都会影响旅游者对整体历程的满意程度。旅游地的居民是旅游活动带来的社会收益或成本的直接接受者,如果旅游带给社会的效益大于成本,旅游业就被当地政府和居民所接受,那么旅游者除了感受到旅游企业的优质服务外,还会感受到社会的支持和当地居民的友好态度,旅游者才能获得真正美好的旅游经历。

以上五种营销观念归纳起来不外乎两大类型,一是二次大战之前的生产者导向观念,一是二次大战之后的消费者导向观念(市场导向观念)。前者包括生产观念、产品观念和推销观念,后者则包括市场营销观念、生态学市场观念和社会市场营销观念。两类截然不同的营销观念产生于不同的社会经济环境,企业或组织的领导人以哪一种观念来指导自己的经营活动,往往要依据企业或组织所处的市场环境,根据市场供求关系和竞争情况而定。企业的营销活动只有在正确的营销观念指导下,才能取得企业的成功与发展。市场营销观念是市场营销的灵魂。

在两类不同导向观念指导下,企业的经营目标、方针、计划、重点和手段都截然不同。生产者导向观念以生产为中心,生产企业擅长的产品,努力进行促销与推销,以获得企业利益。但由于企业的生产不是从消费者需要出发,势必使企业的利益只能是短期的。消费者导向观念则以市场为中心,从消费者需要出发,研究如何根据消费者的需要,设计生产产品,制定产品计划,向买方传递产品或服务信息,制定买方认可的价格,提供方便买方的流通渠道,组织和协调影响买方满意程度的各种活动,通过企业一系列整体营销活动满足买方需求,最终使企业获得长期的利益。两类不同营销观念的区别如表1-1所示。

表1-1 生产者导向观念与消费者导向观念的比较

	市场环境	经营出发点	经营策略	产销关系	目 的
生产者导向观念	卖方市场	企业擅长	促销、推销活动	以产定销	企业利润(短期)
消费者导向(市场导向)观念	买方市场	顾客需要企业擅长	协调市场整体营销活动	以销定产产销结合	顾客满足企业利润(长期)

三、现代市场营销观念

二次大战后西方发达国家的市场营销观念大多完成了上述的发展阶段,一个以消费者为中心的现代市场营销观念,于20世纪60年代出现于美国。所谓现代市场营销观念,按照菲利普·科特勒的解释,是以整体营销活动为手段,创造顾客满意并达到企业目标的顾客导向的企业经营哲学。它主要包括四个方面的内容,即顾客导向、整体营销、顾客满意和企业与社会利益的统一。

(一)顾客导向

顾客导向是最基本的内容,即企业营销应从顾客的需求出发而不是从企业的生产出发,也就是说,包括目标市场的确定、产品的生产、定价、促销、销售和售后服务等一系列活动在内的营销工作都应由顾客(市场)的需要作指导。但这并不意味着企业只能被动地满足顾客已有的需求,企业还可以通过一定的营销手段引导需求,激发和创造需求。

(二)整体营销

整体营销包含两方面的含义。一方面是企业各职能部门协调一致、配合工作,主要指企业内部产品的研究设计、计划、生产、财务、人事等职能部门的工作都要以实现企业营销目标为龙头,以市场营销为导向,配合工作,协调一致,为争取市场和增进企业利益的共同目标齐心协力;另一方面是发挥企业营销策略中各要素的整体效应,在产品、定价、促销和分销四大营销战略要素的机能作用中,强调整体效应的发挥和时空上的协调,才能获得企业的最大效益。

(三)顾客满意

在以顾客为导向的整体营销模式下,顾客满意是企业营销最重要的目标。在竞争激烈的市场上,企业应该更加关注顾客价值和顾客满意,在此基础上使顾客成为企业长期的忠诚顾客,进而实现企业长期盈利的经营目标。

顾客价值也称为顾客让渡价值(Customer Delivered Value),是指顾客从特定产品或服务中所获得的利益和效用与其所付出的代价和成本之间的比较。顾客价值是顾客购买决策的主要依据,同时也是顾客满意与否的重要影响因素。顾客满意通常被认为是一种情感状态,或是对消费经历的评价。顾客满意衡量的是顾客对产品和服务的实际感受达到顾客期望的程度。只有在顾客高度满意的情况下,才有可能形成顾客忠诚。顾客忠诚衡量的则是顾客从情感上认同、再次购买和口碑传播的可能性。

(四)企业与社会利益的统一

企业利益与社会利益的统一,是企业得以持续发展的保证。企业的行为不仅应使顾客的需要得到满足,企业的利益和员工的利益得到满足,而且要符合人们的长期利益,促进社会和经济的发展,四方面的利益统一,才能保证企业在竞争激烈的市场中立于不败之地。

第三节　旅游市场营销的内涵与特征

旅游业的经营和其他行业一样,都受市场环境的影响,都要用适应市场环境的经营观念去指导营销实践。市场营销的基本内涵和原则不仅适用于制造业和各种非营利性组织,也适用于包括旅游业在内的服务业。但由于旅游业及其产品有着不同于一般制造业产品和其他服务产品的特征,决定了旅游市场营销也有着与其他行业市场营销不同的内涵与特征。

一、旅游市场营销的内涵

市场营销是伴随着制造业的发展和有形产品的销售而发展起来的。市场学家科特勒曾指出:"市场营销观念认为,达到企业目标的关键在于能明确目标市场需求,并能以比竞争对手更有效的和更高效率的办法去满足市场的需要。"托马斯认为:"企业的管理过程就是识别、预测和满足消费者有效的需求。"这些表述都意味着市场营销观念既适合于有形产品市场,也适合于服务产品市场。

20世纪六七十年代以来,伴随着大规模商业性服务企业的迅速发展,市场学的研究重点也转向了服务性产品的营销。当前世界上许多地区呈现出来的一个主要趋势就是服务与服务业的显著增长,大多数西方国家都已经进入服务经济,世界范围内对服务营销的研究也越发广泛和深入。人们发现,由于服务所具有的不同于有形产品的特性,对于服务组织来说,行之有效的营销手段、方法和过程往往与制造业存在着差异。旅游业是向人们提供满足旅游需求的服务性产业。作为服务业的一个重要组成部分,服务营销理论的发展无疑为旅游市场营销提供了重要的理论基础和实践指导。因此,旅游市场营销是市场营销的一个分支,更为具体地说是服务营销的一个分支。

然而,旅游市场营销又与一般服务行业的营销有所区别。旅游业以及旅游产品的综合性特征决定了旅游市场营销的主体呈多样性。旅游业是一综合性产业,不同类型的企业和组织在满足旅游者需要这一前提下联系在一起。一个旅游目的地为旅游者提供的是总体旅游产品,而这一总体旅游产品又涉及了目的地各相关旅游服务经营者所提供的各种不同的单项旅游产品。

实际上,旅游市场营销通常可分为旅游企业营销和旅游目的地营销两个层面。首先,旅游企业为了吸引顾客并在行业中保持竞争优势,有必要了解目标顾客的需要,并要比竞争者更有效地满足这些需要,与顾客建立和保持一种长期的良好关系,在此基础上谋求企业的发展。旅游企业,包括旅行社、饭店、交通运输企业、景点等作为营利性组织无疑是旅游市场营销的主体。他们的营销努力就构成了旅游市场营销的微观层面的内容。

其次,只有旅游者受到某种吸引力的作用而选择某个国家或地区作为旅游目的地时,当地的旅游企业才有了客源基础。当前世界范围内旅游市场竞争主要表现为各旅游目的地之间的竞争,目的地营销也已成为旅游市场营销研究中一个热点研究领域。为了增加一个旅游目的地在旅游市场中的吸引力,就需要将目的地作为整体来进行营销。由于目的地旅游产品是由公共部门(目的地政府)及私营部门(旅游企业)共同提供的,这就决定了政府旅游管理部门对目的地营销负有重要责任,同时也为目的地协作营销提供了基础。公私部门间组建的营销联盟则是协作型目的地营销组织(Destination Markting Organization,DMO)的主要体现。在我国,旅游目的地营销以政府为主导,政府是旅游目的地对外宣传的主要力量。由此可见,旅游目的地营销组织作为非营利性组织构成了旅游目的地营销的一个主体。

需要指出的是,其他非营利性的旅游组织也需要市场营销,以便影响人们对旅游的态度、看法和旅游行为,加强人们对旅游业产业地位或某个旅游行业的认识,或者影响人们对本组织作用和形象的认识,等等。这样,这些非营利性旅游组织也构成了旅游市场营销的主体。但本书由于篇幅所限,对此不展开论述,而只是集中于旅游企业和旅游目的地的市场营销研究上。

在科学技术高速发展的今天,旅游者选择旅游目的地和旅游企业已不受时空的限制。在国际政治条件许可的情况下,旅游者的活动不受地区和国界的束缚,旅游供给者的接待对象也无民族、国别之分。由于旅游者的选择性强,旅游活动的范围大,使旅游供给者面临的是一个竞争十分激烈的市场环境。因此,无论是一个旅游目的地还是一个旅游企业,要占据世界旅游市场份额,就必须在正确的营销观念指导下进行营销活动。

二、旅游市场营销的服务特征

上个世纪六七十年代,欧美的一些营销学者发现,服务产品所具有的无形性、不可分离性、异质性和不可储存性等几个基本特点,使得源于消费品营销经验的传统营销理论和方法并不能完全适应服务业的具体情况,因而开始探索新的营销理论并最终导致服务营销学的诞生。

旅游产品是典型的服务产品。旅游产品具有上述服务产品所共有的特性,这些特性的存在决定了旅游市场营销要以服务营销理论为指导。服务营销理论的关键在于识别服务与实体产品的差异,并在此基础上找出适合服务产品特性的营销方法。

(一)无形性(Intangibility)

无形性是服务与实体产品之间最基本的差别,它在一定程度上决定了服务的其他三个特征。旅游产品也表现出一般服务产品所具有的无形性特征,即旅游产品是一种活动或利益,是一种经历或体验,而不是实物。

旅游产品的无形性意味着消费者在真正消费旅游产品之前无法对产品质量作出充分判断,这无疑加大了消费者的购买风险,也加大了旅游产品供应商与潜在顾客进行有效沟通的难度。在这种情况下,消费者必然会借助与旅游产品相关联的有形因素进行价值判断和购买决策。这样,与旅游服务产品相关联甚至与旅游企业相关联的一切有形因素,如旅行社门市中的设备、旅游服务人员的外表、饭店的建筑等,就成为旅游企业向消费者提供利益许诺的途径。因此,旅游企业需要将无形的服务有形化。有形化包括两方面的含义:一是对有形因素的管理,如旅游企业需要对本企业的建筑布局、服务设施设备、服务提供者以及相对于某一特定顾客的其他顾客和周围环境等有形物进行管理,以保证消费者能够据此作出良好的质量判断;二是有形因素的传递,即通过多种信息沟通手段把和服务相关的有形因素或通过创造新的有形物与消费者进行沟通,如饭店可通过印有整洁的客房、高雅的餐厅和华丽的大堂的宣传图册向潜在顾客传递有形化的信息,旅游公司做安全保险广告时用"红伞"来把这一无形的内容用有形的东西表现出来等等。

另外,由于服务产品的消费者往往缺乏评价服务的客观依据,他们在很大程度上会依赖其相关群体对产品的主观评价来进行购买决策,所以旅游目的地或旅游企业应设法在社会上形成有关产品或企业的良好的口头宣传,通过树立目的地形象或企业形象来减少旅游产品无形性对营销所造成的影响。

(二)不可分离性(Inseparability)

不可分离性通常是指服务的生产和消费同时进行。旅游产品的生产需要旅游者亲临服务现场,生产和消费是同一过程不可分离的两个方面。例如,顾客从进入饭店开始消费服务起,饭店对该顾客的服务生产也随之开始;直至顾客离开饭店,该顾客的饭店服务消费以及对其的服务生产也同时宣告结束。旅游者参与了旅游产品生产的全过程,从旅游者踏上目的地开始,就和旅游从业人员接触,一直相伴到离开。这样,顾客或旅游者同旅游服务供应者之间就存在着一种相互作用。这种相互作用的过程给旅游服务企业提供了重要的营销机会——互动营销(Interactive Marketing)。旅游企业的服务人员实际上也是兼职营销人员,担负着重要的营销功能。

旅游产品生产与消费的不可分离决定了旅游服务提供者就是旅游产品的有

形代表,是顾客眼中的旅游产品的重要组成部分。服务提供者的质量决定了服务产出的质量,而且服务提供者的满意水平会影响到顾客的满意程度。所以旅游企业应注重对服务人员尤其是与顾客发生互动作用的一线人员的选择与管理,需要把员工作为企业的另一群顾客——内部顾客来对待,通过内部营销(Internal Marketing)创造员工的满意,最终获得顾客的满意。内部营销就是把员工作为组织的"内部顾客",把组织内各部门的岗位工作视为组织的"内部产品",组织则致力于使"内部顾客"满意他们的"内部产品",通过招募、培训、激励、沟通和留任等内部营销活动去影响员工的态度和行为,从而达到影响外部顾客,满足服务质量的目标。

可见,除了传统的针对外部顾客的营销活动外,服务市场营销还需要互动营销和内部营销。图1-4说明了服务营销的三种营销类型。

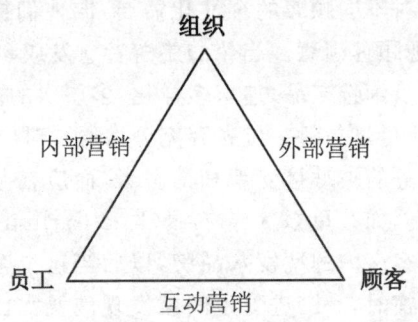

图1-4 服务营销三角

与物质产品的从生产到销售再到消费的过程不同,服务产品因其不可分离的特点而有着从销售再到生产和消费的过程。顾客对生产过程的介入增加了服务生产的不确定性,同时,顾客的介入也使相对于某一特定顾客的其他顾客成为该顾客服务经历的组成部分,对顾客有关服务的评价会产生正面或负面的影响。旅游企业可以通过有效的顾客管理(Customer Management)来减少服务的生产与消费不可分离性所可能产生的一些问题。例如,旅游景点利用预订系统和门票来控制游客接待量;有些饭店专设无烟客房或无烟楼层,以减少抽烟住客对不吸烟住客的影响;一些餐馆对提前用晚餐的家庭用餐者给予价格折扣,以减少小孩对其他成年顾客用餐经历的影响。

(三)异质性(Heterogeneity)

由于服务人员或顾客或两者兼有的因素对于服务生产过程的影响,提供给某一顾客的服务不可能与提供给另一顾客的服务完全相同。同一个服务人员可能因情绪、体力的变化等因素而使他每天、每次的服务有所不同;即便是同一个服务人员提供的在他看来没有什么不同的服务，也会因参与服务生产过程的顾客不同而产生不同的感受和服务质量评价。尽管旅游企业对各部门岗位制定了精细的管理制度和服务标准，但实际操作起来很难确保服务人员按质量标准将服务传递给旅游者。即使旅游员工都能按标准提供服务，也会由于旅游者的个人特质不同，感受不同，其满意程度也会不同。

由此可见，旅游服务产品的异质性使得旅游企业很难提供稳定、一致的服务质量，容易引发顾客的不满和投诉。旅游企业可以考虑在可能的情况下，在某些服务环节上以机器设备代替人工操作，以减小由于人为因素而造成的服务品质不稳定的程度，同时还可加快服务的传递，降低顾客需要支付的价格。如有些饭店在大堂设有自助结账终端，住客使用信用卡就可自助结账离店。

旅游服务产品的异质性也决定了旅游企业实现服务个性化的必要性。所谓服务的个性化就是针对不同顾客的个性化需要，向他们提供满足其不同具体需要的服务，并以此实现顾客满意。当今的旅游者愈发成熟和挑剔，倾向于从各自不同的个性出发去精挑细选产品，追求多样化、多层次的多重满足和个性的被尊重，这就要求旅游企业尽量与每一位顾客充分沟通。对应个性化的需要，顾客不应简单地被当作是服务的被动接受者和消费者，而应在某种程度上成为服务产品的设计者和生产者。如某里兹·卡尔顿(Ritz Carlton)饭店曾有一次根据一位客人的要求更换了客房内的洗发水品牌，以后当这位客人到世界其他地区的里兹·卡尔顿饭店住宿时，一踏进卫生间就发现洗发水已经是他所喜欢的那种品牌。当然，里兹·卡尔顿饭店的计算机信息系统也为这种个性化服务的实现提供了可能。服务个性化所产生的产品附加价值的提高和由此带来的高价格，以及获得更为重要的顾客满意度和忠诚度的提高，都可以弥补非标准化所增加的生产和管理成本。但并不是说个性化就意味着取消标准化，相反，能够保证服务基本质量的标准化服务加上能够创造顾客满意和忠城的顾客个性化服务，才是服务企业应付竞争的有效途径。总之，服务生产过程中服务人员与顾客面对面的接触为这种个性化服务的实现创造了条件，同时，现代信息技术的不断发展也为其提供了强有力的支持。

(四)不可储存性(Perishability)

服务的无形性及其生产与消费同步发生的特点，使得服务不能储存起来以供日后销售和使用，在某特定时间内没有售出的服务将不复存在。物质产品可以在一个地区生产出来，然后运送到另一个地区销售，物质产品也可以在二月份生产出来，然后等到七月份再销售。而当日没有售出的饭店房间无法储存起来留待日后销售，飞机航班的座位也不能储存起来等到旅游旺季供应紧张时再销售。

旅游产品的不可储存性加深了旅游产品供需之间的矛盾,使供需平衡问题成为目的地和旅游企业营销管理的关键。旅游营销人员必须采取一定的策略调节供求以达到两者的平衡。比如,饭店、航空公司、景点可在非高峰时间给予顾客价格折扣以刺激需求,提高设施的利用率和经营效率;或对特定的目标市场在某段时间内的消费给予一定的优惠,以减少高峰时间的客流量和潜在的不同类型市场之间的冲突。旅游企业也可以在需求高峰时间雇用兼职服务员以扩大接待能力。比如很多旅行社都采用在旅游旺季聘用兼职导游的办法来增加服务的供给。但这种短期内扩大服务能力的办法也可能出现顾客对服务人员的服务技能和熟练程度方面的不满。此外,旅游企业还可以采取加大顾客参与程度的策略扩大服务的供给。比如有些餐馆设置自助餐台、"沙拉吧"、"甜点吧",顾客自己按需取用。但顾客参与也可能对企业的经营产生一些负面影响,如企业对服务质量的失控,对经营成本的失控,以及易在某些消费者中形成企业不关心顾客和对顾客不负责任的形象。

虽然服务不能储存,但是顾客是可以"储存"的。顾客利用企业预订系统进行服务的预订,从企业的角度来看实际就相当于为某段时间内的产品"储存"了顾客,或者说那些预订服务的顾客最终"储存"了企业的部分服务。如饭店、餐馆等旅游企业经常利用预订的方式来减少需求不稳定所带来的经营风险,同时也减少顾客在其需要的时间内得不到服务或需等候很长时间才能得到服务的风险。"储存"顾客的另一种有效手段,是向顾客提供与其需要的服务相关的辅助性服务。餐馆客满时,服务人员设法让顾客在酒吧稍候并提供茶水,一旦有空座便引导其入座。这种辅助性的服务在"储存"顾客的同时,还可以缩短顾客所感知的等候时间,从而增加客人的满意感。

三、旅游市场营销与其他服务产品营销的区别

作为一种典型的服务产品,旅游产品除具有上述一般服务产品所共有的特征之外,还具有自身的一些特性。旅游需求及旅游业经营也有着一些独特的行业特征。这些特征同样对旅游市场营销产生重要影响,使其同其他服务产品的市场营销既有相同之处又存在一定的差别。

(一)旅游产品与旅游业的综合性

旅游产品的综合性是旅游产品区别于其他服务产品的重要特征。旅游产品需要满足人们在旅游过程中的食、住、行、游、娱、购等多方面的需求,只有当这些方面的需求都得到满足时,才实现了一次旅游需求的满足。旅游业提供的产品是综合性的产品,与其他服务行业提供的单项服务不同,旅游产品是由各单项服务产品组合而成,即由住宿部门、交通部门、餐饮部门、游览部门和娱乐场所以及

其他的服务部门或企业所提供的各单项产品组合而成,缺少其中一个部门的产品,都难以构成整体旅游产品。因此,旅游业是由多种不同的行业和部门组合而成,这些行业和部门在旅游业中构成一个相互关联、相互依存并相互协调的统一体。在这统一体中,各行业或部门乃至各企业,都各自进行着垂直的独立经营活动,但它们之间又横向联合成一个水平的统一体,共同为满足旅游需求提供产品或服务。

在旅游业中,各行业或部门间呈现非常紧密的互补关系,各行业的存在都以其他部门或行业的存在和发展为前提。每个不同行业或部门的接待能力存在一定的内在联系和影响,如航空公司的接待能力不足必然导致饭店、游览点的接待能力相对过剩。任何一个行业或部门的滞后发展,都会造成其他行业或部门的闲置与浪费;任何一个行业或部门的超前发展又会造成其他行业或部门的相对滞后。因此,在旅游营销工作中必然存在一个潜在的协调关系,如果旅游行业间出现不协调现象,必将导致旅游产品整体效能无法实现,使旅游者不能得到满足。这个起着协调平衡作用的核心就是市场的需求以及旅游者的满足。

旅游业不仅存在着内部结构中的互补关联性,而且旅游业与社会上多个行业或部门间也存在着依存关系。在旅游业的发展中,如果没有诸如建筑、制造、轻工、商贸、食品、银行、园林、保险、海关、公安等部门和行业的支持,旅游业就无法经营。因此,旅游业的发展必须以社会经济中众多部门和行业的发展为前提,而旅游业的发展也促进了这些相关行业的进一步发展。这种行业、部门间的依存关联性表明,旅游业的营销活动必须考虑其他消费者利益,考虑地方政府和整个社会的效益,否则旅游业的健康持续发展是不可能的。

正如前述所说,目的地整体旅游产品要由多个不同的行业和企业来提供,这些不同的行业和企业在共同满足旅游者需要的前提下联系在一起,但它们之间并不存在自动的协调。目的地营销组织可以发挥自身的组织和协调的作用,对目的地进行整体营销,增强目的地对游客的吸引力,促进当地旅游业的发展。

绝大多数旅游者在旅游购买中都是将几种旅游服务结合在一起。例如,一个度假旅游者会通过旅行社或自行选择某个旅游目的地,同时购买住宿、交通、景点、娱乐、餐饮等产品和服务。这样,目的地当中的某一旅游产品供应商如饭店的产品销售,就会受到旅行社、交通运输企业、景点等其他旅游产品供应商以及目的地营销组织的营销决策的影响,这些企业或组织可能会联合在一起对有关目的地的产品进行促销。旅游产品的综合性使不同旅游企业之间的联合营销成为可能。

(二)旅游服务运营的高固定成本

许多旅游企业如饭店、航空公司、景点经营企业等,都具有固定成本相对较高而变动成本相对较低的特点。旅游企业的固定成本是旅游企业为了开张运营而必须支付的成本，与游客接待量的多少无关，如饭店的建筑成本、维护费用、租金、全职员工的薪金、管理费用等；而变动成本是与某段时间内接待顾客的数量相关的成本，如饭店客房日用消耗品、兼职员工工资等。对于这些旅游企业来说，由于无论接待量多少，都要支出较高的固定成本，因此销售量对企业的收入与利润有决定性的影响。从这点上看，旅游企业在制定好长期营销策略后，短期营销更为重要，因为每增加一个旅游者就会带来一份边际收入。也正因为高固定成本的特征，航空公司、饭店等旅游企业目前都非常重视实行收益管理（Yield Management），即通过以市场细分为基础的需求行为分析和预测，确定适当的价格组合，以合适的价格把产品销售给合适的顾客，最终获得最佳收益。

（三）旅游需求的季节性波动

在当今世界旅游市场中所占比重最大的消遣型旅游市场的一个主要特点，就是需求具有明显的季节性变化。许多旅游目的地的吸引力都会随着季节和气候的变化而变化，游客往往倾向于选择在某个目的地吸引力最大的季节到访该地。另外，客源地居民带薪休假时间的相对集中以及传统的出游习惯都是形成旅游需求季节性波动的主要原因。

而与旅游需求的波动相对应的，却是旅游供给的相对稳定。饭店、景点、航空公司、餐馆等旅游企业的接待能力一旦形成，短时间内很难作出较大改变。因此，以消遣型旅游者为重点目标市场的旅游目的地或旅游企业往往遭遇到"旅游旺季时人满为患，旅游淡季时门可罗雀"的情况，影响经营的稳定性和连续性。上述旅游产品的不可储存性又加大了解决这种供求矛盾的难度。当旅游供给超过旅游需求时，旅游供应商无法将过剩的生产能力储存起来留待日后销售；当旅游需求超过旅游供给时，旅游供应商也没有"存货"可以利用。因此，如何通过旅游市场营销工作尽可能地平衡旅游需求与供给，是很多旅游目的地和旅游企业营销人员面临的挑战和需要解决的重要课题。

总而言之，市场营销的基本原则适用于包括旅游产品在内的所有类型的产品，同时旅游产品所具有的不同于制造业产品和其他服务产品的特点也对旅游市场营销决策有着重要影响。因此旅游营销管理人员有必要在市场营销基本原则的指导下，根据旅游产品和经营特点对市场营销组合以及具体的市场营销手段和方法进行调整。

第四节　旅游市场营销的新发展

营销是在一个动态的全球环境中进行的。随着旅游业在全世界范围内的蓬勃发展，对旅游市场营销的研究与应用也在不断深入。从传统上单纯套用一般市场营销理论与方法到以服务市场营销理论为指导，从单纯研究旅游企业的市场营销到综合研究旅游目的地与非营利性旅游组织的市场营销，都体现出旅游市场营销研究与应用的动态性。由于旅游目的地和旅游企业所处环境的不断变化，旅游营销管理人员也必须顺应这些变化对旅游市场营销的目标和实践进行调整。

一、旅游市场需求的变化对旅游市场营销的影响

旅游市场营销的核心是在了解市场需求的基础上创造顾客价值和提高顾客满意度。在20世纪后半期，包括旅游在内的一些新的经济活动形式出现了显著的增长。从世界范围来看，尤其在经济发达国家，旅游现已成为人们的一种基本生活方式。即使在经济衰退和油价上涨的时段，人们也会通过缩短出游时间或缩短出行距离的方式来实现出游。旅游市场需求的增长为全球的旅游目的地和旅游企业都带来了发展机会，旅游业已经成为世界上很多地区发展最快的经济部门，同时旅游业所面临的也是一个竞争最为激烈的市场。如何在竞争激烈的市场上将旅游者吸引到本目的地或本企业，对旅游供给者而言，就必须更能影响和操纵旅游者的需求。

在总体旅游需求不断增长的同时，旅游需求的特点也在不断发生变化。从整体上来看，当今的旅游消费者更加成熟与挑剔，其旅游经验比以往任何时期的旅游者都要丰富：他们更加关心健康、环保以及个性需求的实现；他们更加看重旅游产品的参与性、体验性、互动性特点；他们期望更为便利快捷的信息沟通方式和旅游产品订购方式。所有这些需求特点的变化都决定了一些新的旅游市场营销理念和方式的出现，如绿色营销、网络营销、个性化营销、关系营销、体验营销以及品牌营销等。

二、全球化对旅游市场营销的影响

近三十年来，世界经济已进入到一个全新的全球化经济过程。许多经济发达国家的企业发现，由于国内市场已发展到成熟期，竞争激烈异常，本国市场已

不再充满机遇。另外,随着信息技术的发展,通讯、运输和现金流动的加快,全球在时间和空间上的距离正在迅速缩小,使得各国有条件的企业相继转变市场目标,纷纷进入国际市场。它们打破国际界限,把世界看成一个市场,组成一个全球性企业,它们发现只有如此才能在企业的生产、营销、研究开发和融资等方面比竞争对手具有更多的优势。其结果是无论企业还是消费者,都要面临一个更为复杂的营销环境。

随着世界经济的全球化,物流的快速增长,使人口流动的范围和频率也不断扩大和增长。人口的流动给旅游业带来大量的国际客源。美国《时代》杂志曾断言,21世纪将是旅游业黄金时代的开始。而推动旅游业发展的重要原因之一,就是经济全球化。旅游产品交换是购买者流向生产者一方去消费,因此只要有外交、贸易、文化往来关系的国家和地区的居民,或间接获得旅游签证者,都可以自由选择分布在全球各地的旅游目的地。所以,旅游业面对的是全球的旅游者,提供的旅游产品必须是能满足不同地区、不同文化背景、不同意识形态和价值观的旅游者的旅游需求,否则就难以生存。另外,全球化也促使不同目的地以及处于不同地区的企业之间展开合作,实行战略联盟。例如,大多数重要的航空公司都已建立起国际联盟。

三、信息技术的发展对旅游市场营销的影响

信息技术的迅猛发展是影响旅游营销、促进旅游业发展的一个重要因素。由于旅游产品的无形性,使顾客在消费之前既接触不到旅游吸引物,也享受不到旅游服务。旅游者只有通过消费前的信息搜索,从不同旅游线路、不同旅游景观和旅游服务的图像与文字的显示中,经过比较、选择,才能确定自己理想的旅游地。信息技术的发展,帮助旅游企业能快速、准确地展示自己的形象和承诺,消除顾客的不安全感,增强信任感,促进销售。同时,一个旅游企业要赢得顾客的忠诚,服务质量是关键。而提高服务质量则离不开企业内部管理的现代化,如客房、机票的准确预订,费用结算的高效和方便性,都要仰仗于电脑预订系统(Computerized Reservation System,CRS)。

以互联网为代表的信息高速公路技术的问世和应用,弥补了CRS不能直接与消费者沟通的不足,使用者可以避开中间商,直接在网上回答顾客的质疑、咨询,并具有接受预订和支付款项的功能。由于节省了中间环节,从而也为顾客节省了费用。同时,互联网是一个容量大、全天候的信息载体,旅游经营者用较低的费用就可制作各种提供旅游者决策的信息,如旅游地景观、旅游活动内容、服务设施、交通设备、服务价格、气候等信息。信息技术的发展及其在旅游业中的运用已经在很大程度上改变了原有的旅游业运营模式,对旅游营销活动带来了深刻的影响。目前

世界上许多目的地国家和地区及其大、中型旅游企业和组织都已经利用因特网进行信息沟通,并将其用于预订客房、机票、景点门票等较规范的服务,甚至用于预订旅游线路等较为复杂的旅游产品。旅游业是目前公认的最能与电子商务整合的行业之一,旅游电子商务已经成为全球电子商务的第一大行业。

信息技术的发展,一方面使旅游产品供应方能更好地了解顾客的个性化需要,从而在产品设计、服务质量管理、信息沟通、销售、决策制定以及内部管理等方面更加高效,提高了旅游营销效果;另一方面由于旅游者与旅游经营者在电脑预订系统和互联网上的直接接触,而改变了传统的销售渠道。信息技术的发展将在未来继续对旅游市场营销发生深刻影响。

第五节 旅游市场学的研究对象与方法

市场学是商品经济高度发展的产物,是一门关于企业经营管理决策的科学。随着经济发展和生产、交换关系的复杂化,市场学的研究内容也由单纯研究流通领域中产品或劳务的交换和分配,发展为有意识地根据消费者的需要去安排生产,然后再进行分配和交换,把市场学与生产决策联系起来。这样,市场学的研究就分为早期市场营销学和现代市场营销学两种范畴。

一、早期市场营销学的研究对象

1931 年美国市场营销学会定义委员会对市场营销学所下的定义代表了早期市场营销学的观点,即"市场营销是使产品或服务从生产者手中转移到消费者或使用者手中的一切企业活动"。这里的企业活动是指在流通领域中的交换活动,包括企业或组织对其产品与劳务的一切促销、推销活动。如图 1-5 所示。

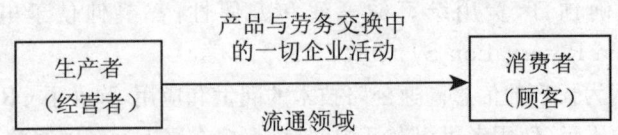

图 1-5 早期市场学研究示意图

显然,早期市场营销学是一门只研究流通领域内商品与劳务交换和分配的科学。它是以产品在生产过程结束后,到达消费者手中这一交换过程内的活动为研究内容,而不研究产品如何生产,产品的种类、数量和质量,也不研究消费者如何使用和享受所购买的产品与劳务,及其是否用有所值。

二、现代市场营销学的研究对象

随着生产的发展,特别是新技术的发明,劳动生产率大幅度提高,社会产品数量迅速扩大,质量不断提高,市场竞争也愈来愈激烈。形势的发展使人们逐渐认识到,为了企业的生存、发展并在竞争中获胜,早期市场营销学所研究的内容与市场变化的新趋势已不相适应。此时,美国销售学会把销售和生产联系起来,指出"一个企业如果要生存、发展和盈利,就必须有意识地根据用户和消费者的需要和潜在的需要来安排生产"。日本企业家认为,"在满足消费者利益的基础上,研究如何适应市场的需要而提供产品和劳务的整个企业活动就是市场营销"。美国市场学家威廉·史坦顿(William Stanton)则认为,"市场营销是包括产品计划、定价、促销、分销以满足现在和潜在顾客需要的一个总体的企业活动"。在这里,企业活动已不局限于流通领域,而是向前延伸到生产领域甚至各种产前活动,向后延伸到消费领域包括售后服务和信息反馈。整个市场营销学的研究已经扩大到从研究消费者开始到如何使消费者的需求得到满足为止的全部过程,这是一种在生产者与消费者之间完成的周而复始的循环过程。如图1-6所示。而现代市场营销学的研究对象则可以图1-7表示。

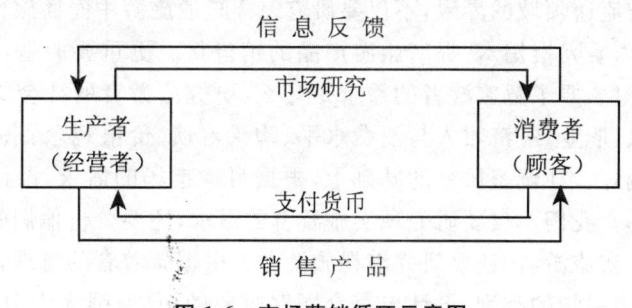

图 1-6 市场营销循环示意图

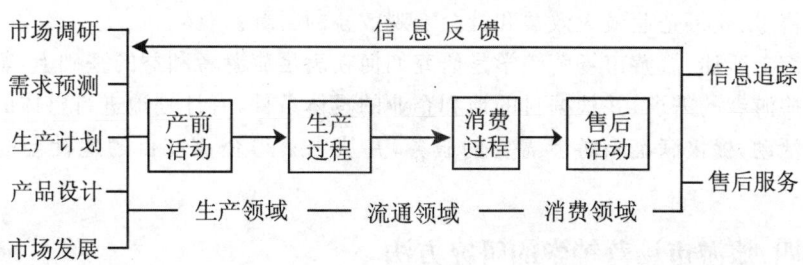

图 1-7 现代市场营销学研究示意图

现代市场营销学是研究如何在满足消费者利益的前提下，适应市场需求，有计划地组织整体企业活动，向市场提供满足消费者需要的产品或劳务，最终获得企业的长期、最大的经济效益。归纳起来，对市场营销学的研究必须包含三个方面：首先是建立以消费者利益为导向的营销观念，根据消费者需要组织企业的全部经营活动；其次是建立有效的市场营销管理组织和科学管理系统，使企业产品做到有序、有目的地进入最有利润潜力的市场，在满足消费者利益的同时，达到企业经营目标，并获取最大的利润；第三是树立创新观念和强烈的竞争意识，充分、合理地利用企业资金、资源，依据外部环境的变化趋势，研究如何选择适当的时间、地点，以适当的价格和方式，将适当的产品或服务提供给适当的顾客，以最大限度地满足顾客需要。

三、旅游市场营销学的研究对象

旅游市场营销学是市场营销学的一个分支，属于服务市场学范畴。由于旅游活动是商品经济高度发展的产物，在当前旅游总供给量大于总需求量的基本状况下，旅游市场的竞争必然十分激烈。同时，由于旅游产品本身的无形性、不可储存性、易损性、生产与消费在时空上并存以及需求弹性大等特点，也决定了旅游市场竞争的激烈性。由于旅游产品及旅游市场的特点，旅游市场研究的范围必然要打破流通领域的界限，不仅要研究怎样疏通旅游中间商旅行社、旅游经营者渠道，努力研究推销术，提高旅游产品的销售量。更重要的是，首先要研究目标市场在哪里，要了解旅游者的需求是什么，研究旅游者的社会文化背景，他们的年龄特点、职业、经济收入与消费水平、购买习惯、价值观念、宗教信仰以及旅游兴趣与偏好。在调查研究的基础上，根据目标市场的需求，设计旅游线路，组合旅游产品。我们不仅要研究现实旅游者的需求，还要分析他们的潜在需求；不仅要研究现实旅游者，还要研究潜在旅游者。根据旅游者的需求，结合本地区的资源特点，吸引物的类别，设计出符合顾客需要的、具有强大吸引力的旅游产品，制定合理的有竞争性的价格，加强信息流和促销技巧，疏通分销渠道，达到扩大销售量、获得企业最大效益和社会宏观效益的目标。

综上所述，旅游市场营销学是研究如何在满足旅游者利益的基础上，刺激和调控旅游者的需求，并根据目的地和企业的具体条件，有计划地进行整体的市场营销活动，提供满足旅游者需要的服务，并从中获得企业和目的地社会的长期效益。

四、旅游市场营销学的研究方法

市场营销活动受到多方面因素的影响，尤其是旅游市场营销活动，由于旅游产品和旅游业的特点,其影响因素更加错综复杂。

市场营销学的研究方法根据经营观念的不同,表现出不同的侧重点。在生产者导向观念指导下,市场营销学的研究重点在产品、机构和职能三个方面。即主要根据目的地的资源、条件,编排旅游线路,安排旅游项目,并着重研究市场营销系统中各个部门、组织的性质和职能,如饭店、交通、游览点、娱乐场所、旅行社、购物商店以及金融、保险、园林、海关、安全等企业和部门,如何在旅游市场营销中有机配合,各自发挥最佳作用。

消费者导向观念出现后,市场营销学的研究有了重大突破。首先表现在对各种经营决策的研究,强调企业战略策略的制定、执行、控制和调整,以保证市场目标的实现。针对旅游业的综合性、高固定成本和竞争激烈的特点,在市场经营活动中特别研究、使用系统工程的原理和方法,分析旅游产业中各种行业间,每种行业中各企业间的相互影响、相互制约的关系;研究如何使其保持相互适应、相互协调,达到动态平衡,使旅游业健康、有序地发展。各旅游企业要充分利用自己可控的各种因素,去适应外部环境的变化,发挥企业优势,组织最佳经营组合战略,满足市场需求,树立企业形象,将外部环境的不利因素转变为有利因素,实现企业预期的长期目标。

此外,根据旅游业与社会各有关行业关系的特点,在旅游市场研究中,必须重视旅游业的发展给社会带来的负效应,如对社会公德和价值观的冲击、环境污染、文物古迹的破坏和物价上涨等。凡有损社会效益的因素必然是制约旅游业发展的要素。因此,旅游市场营销学的研究要把旅游业的发展与社会发展的关系放在重要地位。

旅游活动是一个复杂的社会文化活动。对旅游市场营销学的研究必须建立在定量分析与定性分析的基础上。一方面要应用数学、统计学、系统论、控制论、运筹学和计量经济学等应用学科的基本理论;另一方面更要依靠决策者的经验、逻辑思维和胆识,运用经济的、心理的、政治的分析方法。不仅对外界环境的变化,社会存在的现象,旅游者的心理、行为、态度和动机等因素进行分析,还要研究如何对旅游从业人员进行内部营销活动,以保证旅游产品质量和旅游者的最大满足,从而使企业获得长期的最佳效益,使旅游业健康发展。

案例

树立现代市场营销观念

有三十多年历史的帝国饭店,在西欧、北美和远东都有自己的连锁饭店,还有许多特许权转让饭店。由于产品有特色,服务标准,各连锁店有统一的管理和协调,使她在世界上树立了良好的声望和形象,受到顾客的欢迎,也给集团带来愈来愈多的销售额和利润。

从该集团的内部管理情况看,集团连锁饭店的服务标准和质量都合乎要求。但在一次几家大饭店集团服务质量调查中,发现了该集团所属的有些特许权转让饭店存在质量问题。评比结果表明,这家出现质量问题的饭店在"满足顾客需要"一栏中得了一个"极差,不能接受"的记录。在"员工服务"和"价格"两栏中都得了一个"差",在"餐饮"和"设备设施"两栏也只得个"中"。为什么会出现这种情况呢?原因是饭店的各级管理人员、服务人员都没有树立"以满足消费者需求为中心"的市场营销观念,不能时时事事从顾客的需要出发,设计好饭店服务产品,提高服务质量。

如何挽回影响,重新树立形象?帝国饭店有针对性地采取了以下措施:首先,他们以现代市场营销观念培训饭店的各级管理者直至每位服务员,要他们自觉地在一切工作和服务中贯彻"以顾客为中心"的思想,把"满足顾客需要"作为每个人的第一重要职责,提高服务质量。其次,用市场营销观念设置饭店机构,突出市场营销部的核心地位,充实提高市场营销部的人员素质,任命具有现代市场经营观念和专业知识的人员出任副经理和营销人员,授予市场营销部以最大权力,以便领导和协调其他部门的工作。第三,搞好市场调研,掌握顾客的需求和潜在需求,据此开发、设计产品和服务,制定合理价格,选择销售渠道,进行有效的促销活动,与顾客沟通,培养和提高顾客的忠诚度。

帝国饭店在现代市场营销观念指导下,确定服务标准,严格管理和控制饭店的服务质量,保证了饭店的形象和声誉。

思考题

1. 市场学是一门怎样的学科?
2. 试述市场与市场营销的概念。
3. 试述市场营销观念的演进过程。
4. 分析生产者导向观念和消费者导向观念的区别。
5. 试析旅游市场营销的服务特征。
6. 根据旅游产品的特点分析旅游市场营销工作与其他行业营销工作的异同。
7. 试述旅游市场学的研究对象。
8. 试述全球化及信息技术对旅游营销的影响。

第二章 旅游购买行为分析

学习目的

通过本章学习,了解旅游者的购买行为及其影响因素,明确旅游者购买过程与购买行为模式以及它们对旅游营销的影响,此外还应了解组织机构的旅游购买行为的有关内容。

主要内容

- 旅游者购买行为的含义与分类
  旅游购买行为　旅游消费者的购买行为　组织机构的购买行为
- 影响旅游者购买行为的因素
  社会因素　文化因素　经济因素　个人因素　旅游者购买行为模式
- 旅游者的购买过程
  问题识别　信息搜集　可选方案评估　购买决策　购买后行为
- 组织机构的购买行为
  一般组织机构的旅游购买行为　旅游中间商的购买行为

在市场营销观念的指导下,旅游营销人员的一切活动都应以市场为中心进行规划,而市场则是通过购买与旅游企业发生联系。因此,旅游营销人员应了解市场的购买行为,针对其旅游购买行为的特点制定营销规划。

第一节 旅游购买行为概述

一、旅游购买行为的含义

旅游购买行为是指旅游购买者购买旅游产品的活动以及与这种活动有关的决策过程。旅游营销人员了解并研究旅游购买行为,就是为了回答在既定的营销环境中和营销活动作用下有关市场的下列问题:旅游购买者为什么购买?购买什么样的旅游产品和服务?如何购买?何时购买?在何地购买?与谁一起购买?由谁来进行购买以及购买多少?等等。

同时,旅游营销人员还应了解旅游购买者的购买决策过程,即旅游购买者的购买决策程序。

二、旅游购买行为的分类

旅游购买行为可依据不同标准划分为不同的种类,常见的分类有如下几种:

1. 按照旅游购买决策单位的不同,旅游购买行为可以划分为两种,即旅游消费者的购买行为和组织机构的旅游购买行为。其中组织机构的旅游购买行为也可以依据购买决策单位的不同再次划分为两种,即一般组织机构的旅游购买行为和转卖商的旅游购买行为。

由于旅游者在出游时常常结伴而行或随同家庭成员一起出游,而个体旅游者单独出游与群体(包括家庭)出游相比较,其购买行为有很大差异。因此,旅游消费者的购买行为又可据此划分为个体旅游者的购买行为和群体旅游者的购买行为。

2. 按照旅游购买的参与程度不同,旅游购买行为可以划分为由低度参与到高度参与的当日往返旅游购买行为、短程旅游购买行为和远程旅游购买行为。

进行当日往返旅游购买时,旅游购买者的决策过程简单,信息水平要求相对较低;而进行远程旅游购买时,由于远程旅游耗时长、价值高,旅游购买者会投入较大精力搜集信息,决策慎重,决策过程也复杂得多。

三、旅游购买行为分析的意义

（一）旅游购买行为分析是了解市场的重要内容

旅游营销活动的目标是为了吸引和保持顾客与旅游企业相互交换价值的关系。而市场为企业提供了顾客对本企业产品的购买条件。因此，了解并分析市场的购买行为，为进一步获得有关旅游市场的营销信息提供了指导。消费者调研及市场调研都应依据对旅游购买行为的分析，针对消费者或市场的各个方面分别搜集有关信息。

（二）旅游购买行为分析是制定营销规划的基础

顾客对企业产品和服务的购买就是旅游营销活动的结果，而顾客的购买则是营销环境、旅游购买者自身条件和旅游营销活动相互作用的结果，其间关系如图 2-1 所示。

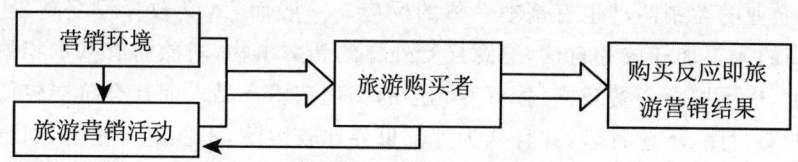

图 2-1 旅游购买行为分析图

在图 2-1 中，旅游购买者受营销环境、旅游营销活动以及自身因素的影响，最终产生特定的购买反应。对于旅游营销活动而言，面对特定的营销环境和市场的购买行为特征，旅游营销人员只有在适应营销环境、符合旅游购买行为特征的基础上制定营销活动方案，才能产生良好的营销效果。

第二节 旅游者购买行为的影响因素及购买行为模式

一、影响旅游者购买行为的因素

尽管旅游购买行为可根据不同标准进行各种各样的分类，并且每种购买行为之间也有较大差异，但影响旅游消费者购买行为的因素却是一致的。下面分别介绍影响旅游者购买行为的几类主要因素。

（一）社会因素

任何一位旅游者都是存在于特定社会之中的购买者。社会通过社会结构中的社会集团(如家庭和经济组织等)和特定的控制机制(如社会化、阶层划分、规定社会成员的角色和地位)等来组织和规范社会成员之间的相互作用,维持必要的社会秩序。因此,社会结构以及适应于特定社会结构的控制机制必然深刻地影响着社会每个成员的购买行为,使个人需要与社会需要相互协调起来。对旅游购买行为影响较大的社会因素主要有:社会阶层、社会集团(包括相关群体、家庭)以及地位与角色。

1. 社会阶层。任何一个社会都存在一定的社会阶层。社会阶层是根据地位和声望、价值观以及生活方式等划分的相对稳定的人的集团。同一社会阶层中的人的行为有较大的相似性。教育和职业是判断社会阶层的最主要的因素。仅以收入和财富的多少一般不能作为划分阶层的标准,这是因为同等收入并不一定产生同样的行为方式。

同一阶层的人的购买行为大致相同。他们倾向于选择相同种类的产品及品牌,对企业的营销活动也有基本一致的反应。一般而言,受教育程度高、社会阶层较高的人更加开放和自信,愿意接受外界的新鲜事物,对旅游有基本相同的积极态度,也更愿意消费戏剧、教育等无形的文化艺术产品。而社会阶层较低的人一般相对封闭、不愿冒险,并且认为外部世界比较凶险,不愿进行旅游,而更乐于将收入花费在购买家用电器、住房等高档耐用消费品上。

中层以上阶层的人更愿意将旅游作为自己子女受教育及长见识的机会,夫妇双方一般共同进行旅游购买决策,并倾向于共同外出旅游;而中层以下旅游者的购买行为一般与上述情况相反。

2. 相关群体。特定旅游者的相关群体是指直接或间接影响其态度和行为的群体。相关群体为旅游者的购买行为提供参考依据,对购买行为有重大影响。因此,旅游营销人员应关心购买者的相关群体。相关群体有不同类型,一个人同时可能属于几个相关群体,不同相关群体对购买者的影响程度也有差异。一般来说,一个人的旅游购买行为受家庭成员、朋友、邻居、经常接触的同事等相关群体的影响较大。

另外,人们还受自己不属于其中的相关群体的影响。如果一特定旅游者希望成为某群体中的一员,那么这一群体就是他的崇拜性群体。相反,如果某人不愿接受一个群体的价值观和行为方式,并拒绝加入其中,那么这一群体就是此人的隔离群体。

由于相关群体能够满足成员的许多需要,同时保护成员并为其提供社会交往机会,因此相关群体也为其提供行为的标准和方向,而且在很大程度上影响成员的态度和自我概念。由于相关群体通过从众效应这一机制使得群体成员的行为趋于一致,因此营销人员可以从中了解到群体某个成员购买的产品及品牌或其他购买选择。一般而言,消费者在购买诸如食糖、食盐等象征性小的产品时比较自由,而在购买旅游、奢侈品等象征性强的产品时却受相关群体的影响很大。在某类旅游产品刚刚进入投入期时,旅游者在购买与否的决策上受相关群体影响较大,而在品牌选择上受影响较小。当此类产品进入成熟期时,旅游者在品牌选择上一般会受到相关群体的很大影响。

每个相关群体中都有一个或几个倡导者,这些成员在某一领域的意见影响着大部分群体成员。在购买决策中,倡导者由于威信高、信息占有量大,因此,他们常常极大地冲击或支持营销人员的宣传促销,对追随者的购买决策产生重大影响。旅游营销人员针对倡导者的影响,可制定两项基本的市场沟通策略:首先可在广告中尽量多展示旅游专家(倡导者)的意见;其次是尽力联系倡导者并去影响他们,如为其免费提供旅游产品等。

3.家庭。家庭是最重要的相关群体。父母的价值观、生活方式、行为准则对子女具有深刻的影响,家庭使其成员的行为趋于一致化。家庭不但影响家庭成员的购买行为,而且相当一部分旅游活动是以家庭的形式进行的。与和朋友、同事以及正式群体等出游的频率相比,家庭旅游的频率是最高的。因此,旅游营销人员应仔细研究家庭这一特殊的相关群体对旅游者个体购买决策的影响,并且应深入了解在家庭旅游过程中家庭各成员的购买行为。

首先提出进行旅游购买的家庭成员是家庭旅游购买的倡导者。家庭中的任何一个成员都有可能成为购买倡导者。在孩子尚小的家庭中,父母一般是购买的倡导者,而随着子女年龄的增大,他们也逐渐影响到家庭的购买决策。在旅游过程中,子女也经常成为某些购买行为的决策者。

家庭中夫妻双方在购买决策中的作用,也随购买产品的种类及不同家庭而有所差异。传统上,妻子一般是家庭生活用品,尤其是价值稍小的食品、装饰品、服装、日用品等的主要购买者,而丈夫则在汽车等高档消费品的购买中起决定作用。夫妻共同决定进行购买的产品主要有客厅家具、住房等。对于大多数旅游产品的购买,也是夫妻双方共同商量决定的。以上划分并不是绝对的,在一些产品和某些家庭中也可能完全不同。例如,随着夫妇双方传统角色的变化,许多丈夫也进行家庭日用品的购买决策。

家庭生活周期对个人及家庭的旅游购买行为有很大影响。家庭生活周期是指一个新的家庭成立到此家庭消失的全部过程。家庭生活周期一般可划分为四个阶段:经济基本独立的新婚夫妇阶段,有一个或一个以上子女的满巢阶段,有一个或一个以上成年子女的空巢阶段,退休及年迈阶段。

新婚阶段一般持续时间较短,大多在30～35岁以内。但随着生育观念的变化,工业化和后工业化社会中越来越多的新婚夫妇生育很晚,有些终生并不生育,从而产生汀克(Double Income,No Kids)家庭。在新婚阶段,家庭消费多集中于高档生活用品,旅游也可能成为他们生活中的重要组成部分。子女出生以后,家庭的大量收入将用于子女消费,且子女幼小给外出旅游带来不便。当子女稍大一点以后,家庭旅游一般是全家的合家欢度假,或为更大一点的子女提供受教育的机会,父母一般很少单独出游。中年阶段,子女多已独立,因此夫妻旅游的可能性更多.其中很多人经济宽裕可进行豪华或远距离的旅游。在退休年迈的阶段中,经济状况及身体状况好的老年人往往会结伴外出旅游,在旅游需求中要求舒适、方便、慢节奏、高消费。这些老年旅游者通常被称为"银色阶层"。

4.地位与角色。社会是由众多个体成员构成的网状关系组成的。每个人都通过各种社会关系与他人相互连结在一起。在这张社会关系的大网中,每个人都像网中的一个结,并且在网中占有一席之地。在社会关系网中的位置就是一个人的地位。更确切地说,地位是指从社会角度规定了的权利和义务的社会位置。角色是对于具有某一特定地位的人所应具有的行为的期望。

一个人的购买行为往往要符合自己的地位和角色。大部分旅游产品具有很强的地位上的象征意义。如选择高级饭店或到某一特定地区旅游,往往代表着较高的社会地位。这些具有社会地位象征意义的旅游产品的营销者就应充分重视购买者的地位和角色,或尽量使自己的产品具有地位上的象征意义。

一个人在旅游过程中扮演的是旅游者的角色,同一个人在旅游时可能会与在常住地时的购买行为迥然不同。例如,在旅游中购买各种纪念品,消费昂贵的餐饮产品,完全超出了平时的生活预算。旅游者有可能将平时束缚其行为的日常责任和义务完全抛掉,行为变得无拘无束。同时,旅游过程中的购买行为也带有很大的冲动性,往往会作出一些异乎寻常的购买行为。在一定意义上讲,这些旅游者是以梦幻的方式进行旅游购买活动的。

(二)文化因素

任何一个消费者都处于特定社会之中,而组成社会的则是一定的地理范围、人群及特定的文化因素等。文化可以独立于某个社会而存在,并深深地影响着几代人的行为。所以,文化是比社会更深刻地影响着旅游者购买行为的因素。

文化是一个复合体,它包括价值观念、生活方式、人们用以表现人类行为的创造物和符号,以及具有历史继承性的人类行为模式。建筑、艺术品、服装等是文化的有形形式,而宗教、习俗、价值观及经济政治体制则是文化的无形形式。文化是一个社会所有成员共有的东西,并且可以通过接受者的学习过程得以继承下来。

文化是影响和调节人们社会行为的有力因素,它对人们行为的影响是潜移默化的。文化又具有继承性,有时看来与目前社会活动并无直接联系的行为大多是出于文化的影响,如东亚区域许多国家用烟花爆竹庆祝春节,而欧美大陆则点燃圣诞树、圣诞花环庆圣诞。每一种文化都包含着某些行为规范,这些行为规范为社会所认可并制约着每个成员的行为,其中包括购买行为。最为普通的日常行为规范被称为习俗,而对人们影响十分明显的行为规范则是道德规范。旅游营销是跨文化的营销,旅游营销人员进行营销活动时首先应遵循顾客的道德规范,在此基础上还应了解顾客的习俗以及介于习俗与道德规范之间的行为规范。

人们在不同的社会中成长,形成了不同的价值观念、偏好及认识事物的方法等,这些因素又规定了一个人的行为方向和方式,从而也就决定了一个人旅游购买的产品种类、购买及消费方式。东方的文化主体强调勤奋、节俭、上进,强调行为应有目的性、实用性和有所收获,单纯的消遣娱乐应尽量减少。因此,许多有上述文化背景的人在进行旅游时,很少以单纯的放松休闲作为旅游的目的。旅游营销人员必须了解旅游者的文化背景,组织有娱乐性、参与性和实用性的旅游产品,并下大力开发旅游新产品,以满足旅游者的综合需要。

旅游营销人员必须注意到,所有的文化都是变化着的文化,文化的变化必然意味着旅游者购买行为的变化。这种变化或者给旅游营销人员带来新的营销机会,或者使之失去营销优势。例如,上世纪后半叶在以美国为代表的后工业化社会中,大家庭的观念逐渐消失,婚姻观念发生巨变,核心家庭以及单身者或离异者越来越多,这必然意味着家庭度假购买的减少。而进入新世纪以来,与家人一起出游的观念又逐渐深入人心,举家出游度假比例不断上升。旅游产品的购买受文化的影响很大,优秀的旅游营销人员应具有长远眼光,能够预测文化的变化及其发展趋势,并据此来调整营销规划。

(三)经济环境因素

经济环境因素直接影响旅游消费者的收入水平。一个人的收入水平由宏观经济状况和个人职业状况两个方面的因素共同决定。当宏观经济处于衰退期时,购买者的收入水平一般会有不同程度的下降,这就不可避免地限制了人们的外出旅游活动。例如,2008年下半年开始的全球性金融危机在很大程度上影响到了欧美国家人们的收入水平和消费能力,很多人纷纷缩减旅游开支预算甚至取消了出游计划。如果宏观经济中出现了较高水平的通货膨胀,那么消费者的实际收入也可能会有所下降,最终限制了出游活动。利息率和通货膨胀率共同决定着一个人的储蓄水平,从而也间接地影响到可自由支配收入的多少和旅游消费水平。经济发展水平及产业结构的调整和变化会在很大程度上影响到人们未来的收入及职业,并在更深的层次上影响到整个社会结构的变化及文化的变迁,从而间接地影响人们的旅游购买行为。

(四)旅游者的人口统计因素

旅游购买行为除了受社会、文化和经济等外部因素的影响之外,还直接受旅游者自身因素的影响,如旅游者的人口统计因素和旅游者的心理因素。

旅游者的人口统计因素包括:年龄、性别、健康状况、收入水平、职业、受教育程度以及常住地等。

1.年龄。岁数本身对旅游购买行为并没有实际意义,但年龄的差别往往意味着生理和心理状况、收入及旅游购买经验的差别。因此,不同年龄的旅游者会表现出不同的旅游购买行为。一个人的生命周期与家庭生命周期也往往有很大的关系。

由于年龄的差异,不同旅游者在选择旅游产品的种类、品牌以及在旅游过程中的购买行为也有很大差别。一般来讲,年轻人喜欢时新的、刺激性和冒险性较强的、体力消耗较大的旅游活动,老年人则倾向于节奏舒缓、舒适并且体力消耗较小的旅游活动。但大多数老年人由于有较丰裕的积蓄,因此他们同积蓄及收入较少的年轻人相比,更倾向于选择豪华型的旅游产品。年龄是划分市场的传统标志。例如,在美国旅游市场中,二战后及20世纪50年代生育高峰中出生的一代,他们受教育程度较高,收入较高,是出国旅游的重要力量。而居住在美国东部及南部的65岁以上的老年人,由于积蓄丰裕,闲暇时间多,也成为远程及游船旅游的主要市场。

年龄又是生命周期阶段划分的主要依据,而一个人的生命周期与家庭生命周期也往往有很大的关系。成立家庭之后,每个成年人就会依据自身情况及家庭其他成员的需要来安排旅游购买活动。

2.性别。性别对旅游购买行为的影响大多产生于传统文化所赋予的性别角色行为,以及不同性别在社会结构中所处的地位和由此带来的就业、收入等方面的差别。除此之外,性别差异也在纯粹的生理意义上对旅游购买行为产生一定影响。首先,男性和女性购买者的感官功能如视觉、听觉和触觉等方面有某些差异,因此,由于性别不同,旅游者对旅游营销刺激的反应也有差别。其次,男性和女性在体力上也有较大差异。男性往往比女性在体力上更充沛,活动速度更快,但体力恢复却较慢,因此两性在选择旅游项目上也有区别。另外,女性旅游者在旅游目的地的选择中,往往更注重旅游购物条件和安全条件。

3.健康状况。几乎任何一项旅游活动都需要耗费一定的体力和精力。因此,旅游者的身体健康状况就成为旅游购买行为的直接影响因素。身患重病的人很难进行旅游活动,而健康状况不佳者也只能在体力允许的范围内选择旅程较短、耗时较少的旅游项目。健康状况不同,旅游者对交通工具、住宿设施和饮食要求也有很大差异。生理健康状况有时也影响到旅游者的心理状况,从而间接影响到旅游购买行为。

4. 收入水平。消费者的收入水平决定了其购买力。只有当一个人或家庭拥有足够的可自由支配收入,才有可能产生旅游购买行为;并且,可自由支配收入水平的高低决定了旅游者的旅游消费水平和消费结构。调查显示,家庭收入越高,外出旅游的可能性就越大,而且人们外出旅游的频率和开支数额会随着收入的增加而迅速增加。例如,根据美国人口普查局的报告,2003年美国家庭中夫妇双方都外出工作的家庭比例超过64%,外出工作的妇女人数的快速增长使家庭收入大大提高,从而刺激了旅游消费需求的增长。但由于夫妇二人都工作,抽时间外出旅游更加困难,有人认为这也是导致度假活动趋于短途、次数更加频繁的原因之一。

由于旅游支出具有很强的收入弹性,随着人均实际收入的持续增加,消费者会将更大的比例用于旅游消费。相比低收入旅游者,收入水平较高的旅游者在住宿、饮食、购物和豪华型游览方面的支出较多。

5. 职业。一个人的职业在很大程度上取决于这个人在社会结构中所处的地位。职业在很大程度上决定了一个人的收入水平,同时,职业也决定了一个人闲暇时间的多少。除收入水平之外,闲暇时间是限制旅游购买的另一个客观因素。有些职业如教师,就具有较长的闲暇时间。同时,职业也决定了闲暇时间的分配。有的职业可能允许职工在冬季才有度假机会,有的就业者则只能在夏季才得到度假机会。所以,职业在一定程度上影响到旅游购买的时间性和旅游天数。

职业本身也意味着购买者的工作性质和生活经历。不同职业的人由于工作性质不同可能会促使其选择不同的旅游产品。工作繁杂程度高、人际交往频繁、工作任务重的就业者倾向于选择放松型的度假旅游。例如,当今欧美许多白领阶层多以"放松"和"逃避"为旅游目的,追求闲淡舒适,而不再热衷选择刺激性强的旅游项目。由于职业也代表一种生活经历,因此在旅游过程中,旅游者有可能有意识地接触或避免接触与自己职业相关的当地居民,参加或避免与职业相关的旅游活动。

6. 受教育程度。受教育程度也是一个值得旅游营销人员关注的因素。一般来说,一个人的受教育程度越高,他的兴趣领域会越广泛,所获取的信息量也会越大,从而越容易引发旅游购买行为。多项研究显示,受过良好教育的人在旅游者中占大多数,其旅游消费支出也最多。另外,由于一个人的受教育水平往往与其收入和职业密切相关,因此受教育水平不同,人们的外出旅游倾向、旅游目的、旅游方式和项目选择等往往也会有很大不同。

7. 居住地。居住地在两个方面对旅游营销人员有重要意义,即同其他市场相比,该市场的地理区域,以及在同一地区中与销售地点相对应的居住位置。

一个地理区域的地形、气候、地貌和水文等组成了该地区居民生活经历中的重要部分。这方面的生活经历会促使旅游者寻找地理要素上有差异的目的地。另外,居住地的地理位置也意味着目的地和客源地之间的距离。距离对旅游地的选择既是推动因素也是阻碍因素,远距离既给旅游地带来遥远感和吸引力,同时也带来交通、时间和价格上的问题。

居住位置影响人们的旅游购买范围。人们倾向于在较近的范围内进行旅游咨询和预订。尽管现代信息技术使得居住位置和旅游销售地点对旅游购买的制约程度有很大程度的下降,但旅游营销人员还是应力求将分销地点接近于旅游者的居住位置。

(五)旅游者心理因素

旅游者的旅游购买行为除受以上因素影响外还受旅游者心理因素的影响,主要有以下几方面:

1. 动机。动机是购买行为最根本的驱动力。旅游动机引导人们去探求满足旅游需要的目标,通过旅游购买及消费来缓解生理和心理上的紧张感。人类的需要有生理性需要和心理性需要,因此,动机也分为生理性动机和心理性动机。旅游动机从根本上讲属于心理性动机。由于动机源于人类的需要,因此通过了解人类的需要就能深入地理解人们的旅游动机。

有关人类动机的理论有很多种,其中最为著名的理论之一是马斯洛(A. H. Maslow)的需要层次论。马斯洛认为人类的需要可以划分为不同层次。这些需要依次为生理需要、安全需要、情感需要、受尊重的需要以及自我实现的需要。各种需要层次由低向高相继而起,而且低层次的需要在未得到完全满足之前,高层次的需要就会产生。在例外情况下,低层次的需要未得到满足时人们也可能优先满足高层次的需要。

针对旅游者不同层次的需要,旅游营销人员应制定不同的营销方案。营销人员可以通过宣传旅游产品能够给人们带来幸福、欢乐、友情和爱情来满足人们对情感的需要,也可以通过宣扬旅游产品代表成功、成就,满足人们对地位和受尊重的要求。例如,当前许多年轻旅游者外出旅游的主要目的就是结交新朋友。旅游者的出游动机一般是出于一种较高层次的需要,但在旅游活动中也要求其他需要的满足,所以旅游经营者应力求更好地满足游客的多重需要。例如,在旅游过程中,许多旅游者往往倾向于探求不熟悉的、未曾见过的事物,并喜欢到陌生的地方去。人类的这种需要是探求需要,好奇心及探求需要引发心理紧张,但并不排斥旅游者在旅游中对安全的要求。

为缓解或消除生理上的单一性和复杂性产生的心理紧张,也是旅游需求的重要心理来源。单一性是指人们几乎总是寻求可预见性、和谐及熟悉的东西,而复杂性需要是指人们总是寻求新奇、变化和不可预见的事物。单一性要求旅游者在旅游过程中寻求熟悉的事物，如住自己习惯的带有空调、卫生间的饭店，购买符合自己饮食习惯的食品等。复杂性则要求旅游者去他从未去过的地方游览，享受风味食品及异国风情。长时间的单一性和复杂性都会导致同一个结果，即产生过分单调的刺激，会给人的生理和心理带来压力，从而使人们产生紧张感。这样，人们被迫寻找多样性的需要就成为其旅游购买的主要因素。在旅游过程中，人们既要求逃避现实，又不愿到距离现实过于遥远的地方去。这就是由于现实本身意味着由单一性产生的单调刺激，而过分远离现实产生的大量复杂性最终也会产生单调的刺激，这都是旅游者不能接受的。旅游营销人员应该努力在单一性和复杂性之间寻找平衡。

此外，赫茨伯格（F. Herzberg）的保健和激励双因素理论的基本观点也能为旅游营销人员规划服务时提供指导。保健因素是指，如果产品具备这些因素，则顾客就不会产生不满，如饭店的客房保持卫生、安静及安全等。这些因素本身并不会激励客人再次光顾，但没有以上保障，客人就不会满意。激励因素会吸引顾客产生重复购买行为，如客房气氛、风格、免费赠品等服务，这些因素会吸引并激励客人再次光顾。旅游营销人员应注意区分产品中这两类因素，力求在保证保健因素的同时，提供激励因素，以提高产品的竞争能力。

2. 知觉。知觉是人对外部事物的信息筛选、加工和解释的过程。知觉受刺激物的特点和刺激物同周围环境的关系以及感知者自身因素的影响，它在很大程度上影响旅游者的购买行为。旅游营销人员应力求了解旅游者对旅游产品的知觉过程以及影响知觉的因素，以便有效地对知觉过程施加影响。

知觉受刺激物本身特征如大小、色彩、图案、质地、形状、声音等因素的影响。由于旅游服务本身具有无形性的特征，因此，旅游者不能像观察有形产品的样品一样，在购买前观察旅游服务。这必然给旅游者对服务的评价带来困难，使之感到较大的购买风险。因此，旅游营销人员应使无形的服务有形化，使购买者更形象地了解本企业的服务。

刺激物与环境中其他事物的关系也影响到旅游者的购买行为。这就要求旅游营销人员在进行广告宣传时突出特色，鲜明地把本产品的信息传递给旅游者，并使其留下深刻印象。

旅游营销人员还应了解旅游者的生理状况、个性、需要、经历以及情绪等心理因素，以便更好地理解其知觉过程。

知觉过程首先是一个对刺激信息的连续过滤过程，其结果是产生对刺激信息的选择性的注意。人们对刺激物的理解往往取决于其需要、态度、兴趣及知觉的方便程度。当人们遇到与其态度、价值观并不一致的信息时，就会发生知觉扭曲过程。这时人们会改变信息的内容,夸大或缩小某些特征,使之与自身的要求相一致。在记忆信息时也有相同的情形。旅游者一般会记住与他们的需要、价值观以及心理倾向相一致的信息,而忘掉其他信息。由于知觉过程中有选择性注意、扭曲和保留这三种特点,因此旅游营销人员规划及实施市场沟通时就应针对服务产品的无形性和高度象征性,选取最适当的方法,把产品和服务的信息传递给顾客,从而影响其购买决策。

3. 学习。学习是一种经由练习而使人在行为上产生持久改变,从而使人们适应自身和周围环境变化的过程。学习能对人们的知觉、人格、动机和态度产生很大影响,同时也对旅游购买行为的产生具有深刻的作用。当一种需要产生时,人们就通过学习来获得需要的满足,如购买行为就是一种习得行为。当行为的结果能够满足其需要时,在相同刺激下,行为就倾向于重复发生;反之,行为则倾向于减少。旅游购买行为的学习过程也是一样,当产品和服务能够满足其需要时,旅游者就倾向于再次进行购买。

当人们以对过去类似情况的反应来看待当前情况时,往往形成了概念化。概念化可以减少人们进行某种决策所需要的时间和精力。例如,旅游者在某饭店集团的一家饭店住宿并获得满意后,就会认为在该集团内其他任何成员饭店住宿也会得到同样的满足。旅游营销人员可以利用概念化来开发同一名牌的系列产品,使顾客把对一种产品的好感也推及到其他产品。

除了从经验中学习之外,接触信息的过程也是学习过程。旅游购买者获取的信息主要来源于组织的营销沟通和个人的微社会环境,如朋友、家庭成员等。有效的市场沟通提供的信息一般会对顾客的购买行为产生很大影响。但旅游者更倾向于从朋友、熟人及家庭成员处了解产品和服务的信息,因为人们通常认为这种信息比来自商业环境的信息更为可靠,而且人们可以与交谈对方深入地进行沟通,了解更多方面的信息。

4. 态度。态度是人们用赞成或不赞成的方式对某种事物进行评价的心理倾向。态度能够使人们对相同或相似的事物产生大致相同的行为,从而避免了对每一项新事物都要以新的方式作出反应,节省了时间和精力。因此,态度具有稳定性和一致性。

一般而言,态度由三种成分组成:知识成分、情感成分和行为成分。知识成分是指人对于外界事物所持有的信念或观点,情感成分则是指人对外界事物所作的情绪判断,行为成分是指人对外界事物作出赞成或反对的反应倾向。态度的知识、情感和行为三种成分具有一致性的倾向。在大多数情况下,对某种产品和服务持有肯定态度的人就会倾向于购买该种产品和服务。因此,通过了解旅游者的态度,就可以有效地把握其购买偏好,偏好则直接影响到旅游购买决策过程。

旅游营销人员最好应使其产品和服务与旅游者现有的态度相一致，而避免去改变旅游者的态度。因为态度具有稳定性，改变时需要花费营销人员大量的时间和经费。如果必须要改变顾客对某产品和服务的态度时，旅游营销人员也应从改变其知识成分和情感成分两方面入手，同时还应使持反对态度者反复接触新的信息，逐步削弱态度的强度和稳定性。

5. 心理类型。心理类型是指人们特有的心理特征的综合，它使人产生相对稳定的行为。在有关心理类型对旅游消费行为的影响研究方面，最为突出的代表就是素有"目的地博士"之称的美国学者斯坦利·帕洛格（Stanley Plog）。他认为，人的心理类型可大体划分为依赖型、近依赖型、中间型、近冒险型和冒险型五类。具有不同心理类型的旅游消费者表现出不同的旅游购买行为。其中，依赖型的人表现出谨小慎微、不爱冒险、顾虑较多等特点，这类人喜欢熟悉的旅游目的地和一般性的旅游活动。而属于冒险型的人活跃好动，喜好猎奇冒险，兴趣广泛，这类人出游的可能性更大，在目的地选择上往往倾向于选择那些新奇的、不为人熟知的目的地，在旅游活动方面追求自主性和灵活性。其他个性心理类型都是这两种极端类型之间的过渡类型或中间类型。详见下表。

表 2-1　依赖型和冒险型的旅游行为与偏好

项目	依赖型	冒险型
外出旅游	不经常	经常
目的地停留时间	较短	长
停留期间的日消费额	较低	较高
外出旅游偏好的交通工具	自家的小汽车、野营车，不是飞机	喜欢乘飞机
住宿设施	亲朋好友家、廉价的饭店	条件差的、特别的
旅游热点地区	喜欢去	不喜欢，避开
偏好的旅游项目	自己熟悉的娱乐活动	享受当地的风俗习惯
偏好的旅游活动组织形式	参加陪同式的旅行团去旅游	自助式的旅游活动
是否好动	不，躺在沙滩上晒太阳、放松	非常活跃，考察和了解所到之地
购物	当地标志性的纪念品	真正的当地艺术品和工艺品
重游	喜欢的目的地会多次重游	不，寻找新的旅游目的地

资料来源：Stanley Plog, Why Destination Areas Rise and Fall in Popularity：An Update of a Cornell Quarterly Classic, Cornell Hotel and Restaurant Administration Quarterly, 2001 (7)：13-24.

此外，自我意象（self-image）法也是解释人的心理因素影响旅游购买行为的一种方法。自我意象是指个体对自己身心状况的独特的看法。人们总是设法维护并力求提高自己的自我意象。人们对自己的看法会在很大程度上影响到他们的旅游购买行为。旅游产品具有很强的象征性,因此,人们在购买旅游产品时就会把他对自己的看法和产品的象征性结合起来考虑。一个认为自己很有地位、受过良好教育、很有成就的人,一般就不会购买价格低廉的住宿服务。此外,一个人的理想自我也深刻地影响着一个人的购买行为。所谓理想自我是指人们希望自己达到的意象。由于理想自我与现实自我之间存在着一定的差距,这一差距就成为许多旅游购买的动力。例如,一个希望自己有地位、有成就、身份不凡的人,在旅游中会尽可能选择豪华的、档次高的、有地位的人经常参加的旅游项目进行消费。

二、旅游者购买行为模式

以上讨论了影响旅游者购买行为的社会、文化、经济以及旅游者个人的诸多因素。这些因素并不是孤立地分别对旅游购买行为发生作用,而是依据一定的内在逻辑共同促进了旅游购买行为的发生。旅游者的购买行为模式,就是探讨各种影响因素之间的关系,以及它们如何共同对旅游购买行为发生作用。下面分别从经济学和行为科学的角度介绍几种主要的旅游购买行为模式。

(一)边际效用模式

经济学理论认为,旅游购买者的购买行为是理性行为。理性旅游者会在产品的价格及自己的收入之间进行最合理的购买决策,以便最终最大限度地满足自身的需要。在既定价格下,消费者总是力求每一单位货币购买的商品能使自己的边际效用最大化。

产品的效用是产品对消费者使用欲望的满足的能力,边际效用是指每增加一单位产品的消费所导致的效用的增加量。随着购买者消费产品的增加,产品的边际效用总是趋于递减的。由于边际效用是递减的,因此购买者不会把所有的钱都花在一项产品和服务的消费上。购买什么产品则取决于哪一种产品能在相同的支出下给消费者带来最大的边际效用。当购买者面对多种需要购买的产品时,对每种产品购买后则会出现一种均衡状态,即在每种产品上的相同花费都会产生相同的边际效用,用公式表示为:

$$\frac{Mu_1}{P_1} = \frac{Mu_2}{P_2} = \cdots = \frac{Mu_n}{P_n}$$

其中,$P_1, P_2, \cdots, P_n$ 为各种产品的价格;$Mu_1, Mu_2, \cdots, Mu_n$ 为各种产品的边际效用。

通过以上分析可以看出,旅游营销人员应力求提高每种产品的效用,并尽可能地降低价格,这样就可以刺激购买行为的产生。

边际效用模型的不足之处在于,认为价格是影响购买的唯一因素。而在现实生活中,不同购买者的效用观差异极大,而且价格也并非是限制购买的最核心的因素。

(二)行为科学角度的旅游购买行为模式

行为科学认为,旅游购买行为受社会、文化、经济及旅游者个人因素的影响,它克服了经济学理论只注重从价格因素来考察购买行为的不足。这里介绍从行为科学的角度出发建立的两个旅游购买行为模式,即"需要—动机—行为"模式和"刺激—反应"模式。

1."需要—动机—行为"模式。旅游者的需要、动机以及行为构成了旅游购买活动的周期。当旅游者产生旅游需要而未得到满足时,就会引起一定程度的心理紧张。当出现满足需要的目标时,需要就会转化为动机,动机推动旅游者进行旅游购买。当旅游者的需要通过旅游消费活动得到满足时,心理紧张感就会消失。购买及消费结果又会影响到新的需要的产生,一个新的循环过程就又开始了。旅游购买的"需要—动机—行为"模式如图 2-2 所示。

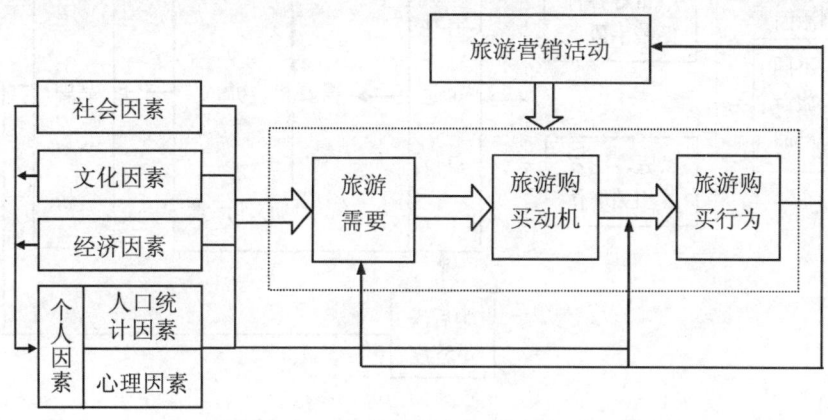

图 2-2 旅游购买行为的"需要—动机—行为"模式

从图 2-2 可以看出,旅游购买行为产生于旅游需要和旅游购买动机。旅游者的旅游需要则受社会因素、文化因素和经济因素等外部宏观因素以及个人人口统计因素和个人心理因素的影响。另外,社会文化和经济因素又对个人因素产生影响,从而间接地从更深层次上对旅游者的旅游需要产生影响。

在从旅游需要到旅游动机直至行为产生的过程中,旅游者会被动地接收或者主动地搜寻相关信息,包括来自旅游目的地及企业的信息。这时,旅游需要的出现、旅游动机的形成以及购买行为的产生都会受到旅游营销活动的影响。旅游者的心理因素也限制着外界信息的输入与加工,最终影响到旅游购买行为。

最后,旅游购买行为会对旅游营销活动以及旅游者新的旅游需要的产生和旅游决策发生作用,影响着下一次旅游购买活动。

2."刺激—反应"模式。行为主义心理学认为,人的行为是外部刺激作用的结果。行为是刺激的反应,当行为的结果能满足人们需求时,在这样的刺激下,行为就倾向于重复;反之,行为则趋向于消退。因此,从某种意义上讲,本次行为也是上次行为得到强化的结果。

最初,行为主义心理学家认为人的内部心理活动是不可掌握的,是一个黑箱(black box),因此,他们直接研究"刺激—反应"这一模式。以后的心理学家对这一模式进行了修正,把个体的因素也吸收到模式之中,形成了"刺激—个体—反应"模式。经过对个体决策及影响决策的各种因素的考察,就可以得到一个解释旅游购买行为的修正的"刺激—反应"模式,如图2-3所示。

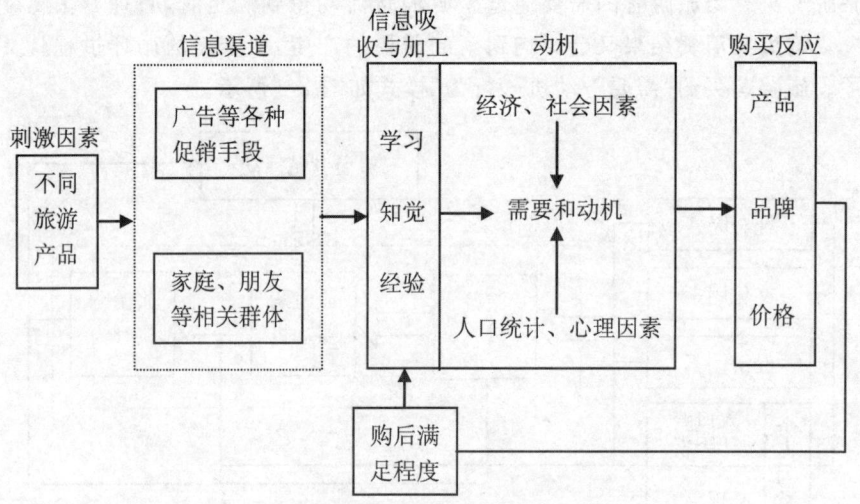

图 2-3 旅游购买行为的"刺激—反应"模式

在图2-3中,市场上的各种产品通过广告、个人推销等手段成为影响旅游者购买的刺激因素。另外,诸如朋友、家庭等相关群体也以自身对产品的看法和评价影响旅游者的购买决策。旅游者通过个体的学习、知觉以及经验对所接受的信息进行吸收和加工。经过加工的外部刺激同旅游者个体的态度等心理因素以及人口统计、经济和社会等因素共同影响到旅游需要及动机,并最终促成购买行为的产生。旅游者购买后的满意程度则直接形成购买消费经验,购买经验又在新一轮购买行为中发生影响作用。

第三节 旅游者的购买过程

了解了影响旅游购买的各种因素之后,就可以从总体上考察旅游者购买的全过程。购买并不仅仅是一个价值交换的行动,而是一个过程。旅游购买过程在购买行动发生之前就已经开始了,而且还包括购买后的行为。旅游营销人员要了解旅游者的购买行为,就必须对购买的全过程进行深入细致的研究。

一、旅游者的购买过程

一般而言,旅游者的购买过程可分为五个阶段:问题识别(Problem Recognition)、信息搜集(Information Search)、可选方案评估(Alternatives Evaluation)、购买决策(Purchase Decision)和购买后行为(Post-purchase Behavior)。如图 2-4 所示。

图 2-4　旅游者的购买过程

(一)问题识别

旅游者的购买过程从问题识别开始。问题识别的过程也就是需要的认识过程。需要可以由旅游者的生理和心理状况引起,也可以由外部的刺激(如看到去中国旅游的巨幅广告)引起。需要上升到一定程度就成为驱使人们行动的力量。

旅游营销人员应努力去了解旅游者产生需要的自身生理、心理状况以及旅游者所处的环境,掌握旅游者的身心状况特点和环境中促使旅游者需要产生的因素,从而发现旅游者会产生什么类型的旅游需要或问题,产生需要的原因,以及此次需要会引导旅游者寻求何种旅游产品等信息,以便有针对性地制定营销策略。

(二)信息搜集

当人们产生了旅游需要,一般会有意地或下意识地寻找有关旅游产品的信息。购买者寻找信息时的积极性和投入程度取决于以下几种因素:购买者对各种可选产品的了解程度,对该种产品需要的迫切性,产品的价值和重要性,寻找信息过程所需花费的时间、精力和费用,等等。根据旅游购买者寻找信息的积极性,可将信息搜集过程分为两种情况:加强注意和积极收集。加强注意状态是指购买者只是对旅游产品的信息变得更加关心,会适当地留意有关旅游产品的广告,同朋友谈论这方面的话题。积极收集状态是指旅游购买者会主动寻找各种资料,如上网查询,打电话询问旅游机构,或向朋友同事询问有关产品的情况。

旅游营销人员应了解购买者的各种信息来源及每种来源对旅游者购买决策的影响。旅游者的信息来源有四种:相关群体来源(家庭、朋友、邻居和同事等)、商业来源(旅游广告、推销等)、公共来源(大众传播媒体、各种评审组织)和个人经验来源(旅游者自身的旅游经验)。

一般而言,对于某种特定的产品,旅游购买者接触最多的信息来源是旅游营销人员控制的市场沟通活动,而对购买者决策起最重要作用的则是相关群体来源和公共来源以及经验来源。商业来源一般起到通知的作用,而其他几种信息来源能起到评价和证实的作用。因此,旅游企业应注重产品质量,以便使相关群体来源和公共来源的信息发挥良好的口头宣传作用,同时保证游客能获得满意的旅游经历。

(三)可选方案评估

旅游者进行购买选择时,不论是目的地选择,还是单项旅游产品的选择,都会在多个目的地或品牌中进行。在大多数情况下,一个旅游者在进行目的地选择时,一般会从4~7个目的地中进行挑选。因此,旅游营销人员只有使自己的产品入围时,才有被选中的可能。

那么,旅游购买者如何对这些目的地或品牌进行评估并从中选择呢？首先我们假设绝大部分旅游购买者都是理性购买者,每位旅游购买者都依照产品为他提供的利益的大小进行排序和选择。每个目的地为购买者提供的利益是这样确定的:首先,一个旅游地或品牌存在多种属性,这些属性分别满足旅游者的各种要求,如一个度假地可为旅游者提供利益的属性有景观、气候、居民态度、购物及娱乐条件、住宿饮食条件、安全以及价格等。而每位旅游者对这些属性的评价差异很大。对于同一个目的地,有的旅游者可能比较看重价格,而将景观、安全等放在第二位;另外的旅游者也许更注重住宿、饮食、气候,却不在乎价格的高低。这样旅游者就会对各个属性赋予一定的权数,所有属性被赋予的权数之和为一。然后,旅游者再对他感觉到的各种属性提供利益的能力进行评判,给每个属性打分。最后,以分值乘以权数就得到每个属性的相对利益大小,将所有属性的相对利益相加就得到某一个目的地能提供的总的利益。这就是旅游者选择的期望值模式,其公式为:

$$B = \sum_{i=1}^{n} A_i W_i$$

其中,B 为旅游者感觉到的特定目的地或品牌能为其提供的总利益;A_i 为第

i 个属性的得分,即该旅游者感觉到第 i 个属性能提供利益的多少;W_i 为属性 i 的权重;n 为属性的个数。这里需要强调的是,与有形产品的消费决策过程相比较而言,消费者在对某种旅游产品的各项属性所提供的利益大小做出判断时(即得出 A_i),所依据的标准往往非常主观,同时也只能是根据已有相关信息做出的一种大体上的判断,这主要是由旅游产品所具有的服务特性决定的。而明确这样一种选择模式,其更多的意义在于能为旅游营销管理人员提供一种考虑问题的思路。

很明显,为了增加目的地或品牌的吸引力,也即提高 B 的值,旅游营销管理人员应努力做到以下几方面:首先应提高本产品的形象,使旅游者感到各个属性提供的利益增大,即提高 A_i 的值;还可以改变各个属性的权重,即努力使旅游者认为该产品优秀的属性对其有很大的重要性,或提高被忽视的属性的重要程度。

在近来有关旅游消费者决策过程,尤其是消遣型旅游者对目的地的决策过程的研究中,一些学者提出应关注情境因素和体验因素等变量的影响(Goossens, 2000; Andsager and Drzewiecka, 2002; Lawson, 2003; Prentice, 2006)。正如 Goossens 指出,消遣旅游本身就是一个积极的主观体验过程,想象、白日梦、情感、欲望和感觉等体验要素从中发挥重要作用。因此,旅游者进行目的地决策时将被自身的情感需要所推动,进而在各备选目的地的营销信息中搜寻可感知到的情感利益,并最终做出决策。在某些情境下,旅游者对目的地持有的情感和感觉本身就足以激发他们做出现实的选择。此时,旅游者的决策基础发生了改变,积极的感官体验或被唤起的个人情感联系取代了对目的地属性进行理性评估的必要性。当然,为了更具有普释性,Goossens 将旅游消费者的这种情感因素作为其认知评估的一种修正或"过滤",从而影响了旅游者对目的地的综合评价。对旅游消费者决策过程的这样一种认识,也给了旅游营销者重要的启示。除了提高产品的功能效用外,提供能满足旅游消费者需要的情感利益和自我表现方面的利益,也是提升目的地吸引力的重要途径。

(四)购买决策

通过对可选方案的评估,旅游者已经初步产生了购买意图。购买意图如果不受其他相左意见和信息的干扰,就会导致购买决策与购买行为。一般而言,购买意图和购买决策包括品牌决策、经营商(或代理商)决策、时间决策、数量决策和支付方式决策。

但是,旅游者的购买意图经常会受到来自他人意见和突发因素的干扰。他人的态度会影响到各种决策的进行,他人对旅游购买决策的影响程度取决于以下两方面的因素:他人对某项购买决策的否定程度和他人意见对购买者的影响力。他人对该项旅游购买决策的否定程度越强烈,而且他人与购买者的关系越密切或对购买者越重要,购买者就越有可能改变其购买意图。突发因素也可能使旅游购买者改变购买意图。突发因素可分为与产品相关的突发因素和与产品无关的突发因素。与产品本身相关的突发因素可能是旅游购买者突然发现了有关产品的不利信息。与旅游产品本身无关的突发因素包括出现了其他更迫切的购买要求或闲暇时间由于工作关系突然减少等因素。所以,有对特定产品的购买意图并不一定有相应的购买决策和购买行为。

(五)购后行为

旅游者在完成消费行为之后,一般会体验到三种感觉:满意、不满意以及疑虑。每一种体验都会伴随有特定的购买后行动。而这些体验和行动又会影响到该旅游者下次购买行为以及他人的购买决策。因此,购买后行为对于旅游营销人员仍具有重要意义。

购买后的满意程度是以下两个因素共同作用的结果:产品实际质量和顾客期望的产品质量。一般而言,如果产品和服务的实际质量与期望质量相符,那么旅游者会感到满意。如果产品和服务的期望质量高于实际质量,那么旅游者会感到不满意。所以,高质量的实际服务水平并不一定意味着顾客也体验到了高度的满足感。旅游者对产品和服务的期望质量是根据旅游营销人员提供的信息及其他来源的信息综合形成的。因此,旅游营销人员在提供信息时一定不能将产品和服务的实际水平夸大,否则就会在期望质量和实际服务水平之间形成较大的差距,从而导致旅游者的不满。

旅游购买后的满意状况还会影响到旅游者的购后行为。如果旅游购买者在消费后最终获得了满足,那么在下一次购买中,该旅游者就倾向于继续购买该产品和服务。更为重要的是,获得了满足感的旅游购买者,会倾向于在日常生活中向相关群体中的成员称赞该产品和服务,而这种口头宣传往往对相关群体成员的购买决策产生巨大的积极影响。

当旅游者不满意时,其反应则会迥然不同。首先,该旅游者倾向于下次不再购买该产品和服务。旅游者还有可能当场向旅游服务企业、旅游管理机构或旅游行业协会提出投诉。旅游服务中出现失误从而导致旅游者不满意是不可避免的,这就要求旅游营销人员应该注重顾客投诉及补偿服务。顾客投诉在某种意义上讲是企业重新赢得顾客的良好机会,通过补偿服务可以使企业与顾客进行良好的沟通,并为顾客提供新的满足。不满意的顾客还有可能在相关群体成员及他人面前批评该产品,从而对这些人的购买决策产生极大的消极影响。对旅游营销人员而言,这种情况要比公开投诉糟糕得多。因此,旅游营销人员应首先关心服务质量是否使顾客得到满足,同时还应采取各种方法鼓励客人投诉。

当客人既体验不到满意感,又没有对产品出现明显不满时,顾客在旅游后就会出现购买后疑虑,又称购后失调。顾客在旅游前对各种旅游购买选择难以判断,或者在旅游中遇到了一些麻烦和不如人意的地方,都可能产生购后失调。而对购买后失调,消费者一般会继续选择性地接触与本次购买相关的有利方面的信息,以使自己坚信本次旅游确实不虚此行。针对旅游者可能出现的购后失调,旅游营销人员可以提供诸如寄送感谢卡、有关本产品的新的支持性资料或打电话问候等服务,帮助旅游者消除疑虑,从而使旅游者增大再次购买的可能。

二、不同购买决策及其购买过程

并不是所有的旅游购买都顺序经历上述各个阶段。购买过程根据旅游者购买的产品不同会呈现出很大差异。以旅游者购买当日往返旅游和购买远程旅游为例,其购买过程就有许多不同特点。如表2-2所示。

表2-2 旅游者购买不同产品的购买行为特征

	当日往返旅游	远程旅游
产品特点	价值低 所需闲暇时间少	价值高 所需闲暇时间多
购买行为特点	购买频率高 一般性或冲动性购买 决策时间短 购买者介入程度低 所需信息少	购买频率低 重大或理性购买 决策时间长 购买者介入程度高 所需信息多

一般来说,价值高及耗用时间长的旅游产品的购买过程大多经历上述五个阶段,而当日往返旅游的购买一般是出于冲动性的决策,也许根本不经过信息搜集和评估过程,需要的产生是瞬间完成的。因此,购买决策的五个阶段模式就不能完全应用到冲动性的购买过程中。

旅游营销人员应注重引发旅游者的冲动性购买行为。鲜明而有说明力的广告、精彩的人员推销往往能激起游客对价值较低的产品和服务的购买。由于旅游者一般不会主动地长时间寻找有关此类产品的信息,因此外来的刺激,尤其是广告,对购买决策就会产生举足轻重的影响。

总之,了解旅游者的购买行为是旅游营销的关键环节。通过对影响旅游者购买行为各个因素及购买过程的考察,旅游营销人员才能针对购买行为的每个环节及影响因素制定有效的营销规划。

第四节 组织机构的购买行为分析

除最终旅游消费者之外,组织机构也是重要的旅游购买主体。因此,旅游营销人员必须像重视个体旅游行为分析一样,重视组织机构的旅游购买行为分析。

一、旅游购买组织机构的分类及其特征

组织机构按购买旅游产品和服务目的的不同可划分为两类:一类是一般的组织机构,这些机构购买旅游产品和服务是为了自身的消费;第二类则是以营利为目的的旅游中间商,其购买是为了转卖或是一种代理活动。

进行旅游购买的一般组织机构有公司企业、政府机构及非营利性组织、企业行业协会及各种专业协会、社交性俱乐部以及会议机构等等。其中公司企业是进行旅游购买的最大客户,因为公司企业经常需要在当地为来访的同行或有业务联系的人提供食宿服务;这些公司的员工在外出差及召开董事会或其他会议也需要预订各种旅游服务;公司企业还往往是奖励旅游的积极购买者。另外,大公司也经常要为销售培训及特殊活动购买食宿、交通等服务。旅游企业还可能为大企业的商业谈判提供各种设施及服务。

政府及非营利性组织经常需要为接待来访客人、出访、会谈以及职工休假等购买旅游服务。政府进行旅游购买时对产品和服务的要求较高,而且客人的消费反应往往会给旅游企业的声誉带来极大影响。专业协会及会议机构购买旅游产品和服务时,往往会对旅游企业提出一些特殊要求。满足这些特殊要求,是使这些购买者及产品和服务使用者满意的重要保证。

向旅游企业购买产品和服务的组织机构还有中间商。在旅游购买中,产品和服务的最终使用者并非都向旅游产品的生产者进行直接购买,很大一部分旅游购买行为产生于各种旅游中间商。这些旅游中间商主要有:旅游零售商、旅游批发商、会议代理商、奖励旅游代理商。一般来说,组织机构购买旅游产品和服务具有购买的数量和批量大、价值高等特点。购买决策所需信息多,决策时间长,而且往往签订购买合同。因此,组织机构市场应成为旅游营销人员密切关注并应着重了解的市场。旅游营销人员也应针对这一市场制定专门的营销策略。

二、影响一般组织机构旅游购买的因素

与影响个体旅游者购买的因素相同,影响一般组织机构旅游购买行为的因

素也可以分为内部因素和外部因素。其中外部因素主要是指组织机构的环境因素,内部因素则包括组织机构的目标、政策、公司文化、业务特点及组织结构等因素。下面以公司企业的旅游购买行为为代表介绍各种影响因素。

(一)外部因素

影响公司企业旅游购买行为的外部因素主要包括经营环境因素和竞争者因素。

公司企业的经营环境由宏观经济、政治、社会文化以及技术等因素构成,这些因素对公司的旅游购买行为产生重大影响。宏观经济因素中诸如产业政策、经济周期、通货膨胀率、税率、利息率以及原材料价格、员工工资等因素的变化,都直接影响公司企业的现金流动、利润率等经营绩效,都会增强或削弱其经济实力,从而最终影响到员工出差、接待来访客人及员工奖励旅游、会议开支等旅游购买行为。当公司面临经济衰退、通货膨胀时,往往会降低旅游购买的档次和数量。

政治法律因素中对市场主体的各种立法及市场规则可能会影响公司业务的开展,有损或有利于其经营绩效的提高。立法对公司规模及垄断程度的限制,不但会降低其经营利润,还会由于公司规模的减小而降低旅游购买的数量。政治因素如政权的更替不仅意味着经济政策的变化,而且有可能在对外政治关系上发生变化。目前世界经济发展中出现了经济政治化的倾向。目的国和客源国两国政治关系的变化往往导致经济关系的改变,这对跨国经营的公司会产生重大影响,公司对商务旅游等产品的购买就必然会发生方向上的改变。

技术的变化一方面可以对公司的经营绩效产生重大影响,增强或削弱其经济实力,从而间接地影响到旅游购买;另一方面,通讯技术的发展可以使公司之间的商业信息得到更加及时而准确地传输。先进的通讯技术在很大程度上代替了公司之间业务人员的商务来访,使一部分商务洽谈活动失去了存在的必要性。这就大大影响了商务旅游市场的发展,减少了公司对旅游产品的购买。尽管通讯技术的先进程度不断提高,但通讯技术还是难以代替商务人员面对面的交流。

社会文化因素会影响公司企业对员工福利及奖励措施的选择。在20世纪70年代以前,增加员工奖金和工资以及提供其他物质利益是通行的做法。随着社会结构及文化观念的变化,目前奖励旅游已经成为工业化社会认可的较好的福利和奖励措施。在一个崇尚节俭的社会中,大多数公司企业的员工出差也倾向于避免选择豪华的食宿和交通设施。

在组织机构之间也存在着旅游消费的示范效应。因此,与某公司企业相关的其他组织机构,尤其是竞争者的旅游购买行为,往往会对特定公司企业的旅游购买产生很大影响。奖励旅游及员工休假等往往成为公司企业之间进行人才及声誉竞争的有力手段。而许多公司的员工在外出差时也允许购买豪华的旅游服务,作为本公司名声和实力的显示。

(二)内部因素

影响公司企业购买旅游产品和服务的内部因素包括:该公司的经营宗旨、制度和组织结构以及购买中心(buying center)或购买成员个人特点等因素。

首先,公司企业的经营宗旨和业务特点决定了该公司员工出差的方向、时间,并间接影响到对交通工具、食宿设施的购买。例如一个美国的汽车转卖商需要经常去底特律等汽车厂家集中的地区采购。有些公司的业务具有很强的季节性,因此,该公司的旅游购买也呈现出较强的季节性。

一个在经营目标和宗旨上重视员工发展的企业必然会重视员工福利及员工培训。旅游休假作为当今社会一种重要的福利手段已为越来越多的企业所重视并采用。销售培训也经常安排在该公司的主要市场所在地进行。一些工作强度大、操作复杂性程度低或污染大的工商企业的员工往往会获得较长时间的统一休假。这些企业一般会成为度假旅游的主要客户。

企业文化和公司的制度在很大程度上影响着企业商务人员的旅游购买行为。一个强调节俭勤奋的企业文化和与之相应的公司差旅制度,必然会大大制约公司差旅人员对豪华商务旅游服务的购买。而在一个认为员工的商务旅游购买是企业声望和实力象征的公司中,企业文化及差旅制度就会鼓励差旅人员购买豪华档次的旅游服务。

公司企业的组织结构特点也是影响旅游购买的因素。许多较大的公司企业专门设有旅游部这样一个单独的部门,全公司的旅游购买就由这一部门负责。在此类组织结构比较正规的公司中,由于旅游购买由专人负责,因此,这些购买者一般都接触大量的旅游信息,有较丰富的购买经验。在组织结构不太正规或旅游购买分工不太明确的公司企业里,旅游购买一般由有需要的各个部门自行负责,缺乏统一的购买。

权力的集中程度也在一定程度上影响批量大、价值较高的旅游产品和服务的购买。一般而言,权力集中程度高的企业,绝大多数较大的旅游购买决策都由集权者进行。而权力集中程度低的企业,直接负责旅游服务购买的人员可能有较大的决策权。

组织机构中进行旅游购买决策的实际上是企业中的一个或一组员工。由一组企业人员组成的购买决策单位通常称为购买中心。购买中心中的每个成员或集体都在不同程度上影响着购买决策,并一同承担由购买决策引发的各种风险。购买中心并不是指一个固定的组织,而是由担任不同角色的企业成员组成的集合体。每一个购买中心包括以下五种角色:

1. 使用者(Users)。使用者是组织机构中需要使用旅游产品和服务的成员。在很多情况下,使用者首先提出旅游服务购买建议,也可提出旅游服务的具体内容。

2. 影响者(Influencers)。影响者是指影响旅游购买决策者的人,他们一般是旅游部门的专职人员,有丰富的购买和消费经验。影响者为决策者提供各种决策信息。

3. 购买者(Buyers)。购买者是指按职责有权选择服务提供者并进行实际购买的人。

4. 决策者(Deciders)。决策者是指有正式或非正式的权力来选定供应商的组织成员。在公司日常的旅游预订中,购买人就是决策人。但当涉及大量订购时,如订购奖励旅游,一般由公司的高级管理人员作为决策人的身份来批准。

5. "守门人"(Gatekeepers)。"守门人"是指控制着接近购买中心其他成员途径的公司成员。这类成员的作用十分重大,他们控制着影响购买中心其他成员的各种信息。这类人包括秘书或采购人。

其中的三种或四种角色有时可以由大公司旅游部中的经理或小公司负责旅游预汀的秘书一人担任。他们往往对本公司要购买的旅游服务十分了解,并且控制着外界影响使用者的信息途径,有时他们还是一个购买者。

此外,公司旅游购买的重大决策,大多是不同决策参与者相互影响、共同作用的结果,因此,购买中心各成员的职位、工作经验、说服力以及成员间的相互关系在很大程度上影响着旅游购买决策的结果。

购买决策过程中每一个参与者的个人特点也是影响公司旅游购买行为的重要因素。参与者个人的特点包括每个人的个性、工作经验、受教育程度等。由于个人特点不同,不同的购买人员会表现出很不相同的购买类型。

三、组织机构的旅游购买过程

组织机构的旅游购买过程与个体消费者的旅游购买过程有相似之处,但也存在很大差别。组织机构的旅游购买过程要经过以下五个步骤:公司问题识别(Problem Recognition)、建立购买标准(Establishing Specification)、寻找供应商(Identifying Suppliers)、选择供应商(Selecting Suppliers)以及购后评估和反馈(Post-purchase Evaluation and Feedback),如图 2-5。

图 2-5　组织结构的旅游购买过程

(一)问题识别

当公司中有成员意识到某种需要和问题要通过旅游服务的购买和消费才能解决时,公司的旅游购买过程就开始了。旅游购买的需要除了使用者了解之外,还需要反映至购买人员或购买组织。购买人员或组织或高层管理人员会对需要进行重新判断和说明,并以此作为建立购买标准的前提。

旅游营销人员应仔细了解公司的需要,以便有针对性地制定营销策略。在公司中了解旅游需要的有以下组织或人员:旅游部经理或一般工作人员,某一固定部门的秘书,各部门的秘书,也有可能是某一旅行社。因此,旅游营销人员要了解公司的真正需要,首先要了解哪些人知晓这一需要并有权依据这一需要进行决策。在很多情况下,公司的这类成员也许很难找到,但是一旦旅游营销人员深入到公司内部了解公司的情况,就有可能与决策者和使用者建立密切联系,推销就会非常具有针对性,而且成功的可能性也会大大提高。

(二)建立购买标准

当使用者及购买者明确了旅游购买需要和问题后,就会为购买确立各种标准,其内容包括:该公司应购买哪一类型的旅游服务,有多少人参加本次旅游,旅游线路及目的地选择,具体的时间安排,活动项目安排,交通及饮食住宿设施的选择,所需费用的初步预算等等。当较为重要的购买标准经过上级主管人员批准后,就可以以此来寻找旅游服务企业。

(三)寻找旅游服务企业

购买人员可以通过各种方法寻找旅游服务企业。他们可以查找企业名录,请旅游行业协会的咨询机构推荐,或请同行推荐。在此基础上,购买人员可以选择4~7个旅游服务企业,把购买标准拟定为招标书或招聘书,寄送给各个旅游商,并请他们提出各自的建议书或投标书,以作为选择的依据之一。

(四)选择旅游服务企业

在这一过程中,公司决策人员依据各个旅游服务企业提供的投标书或建议书选择旅游服务企业。在选择中,公司成员会考虑旅游服务企业的信誉、产品质量、价格、支付条件、营销人员的素质以及对公司购买人员需要所作出的反应。广告、宣传品等均会对公司购买人员的决策产生重大影响。购买中心人员同样根据他们感知到的每个旅游企业属性、提供利益能力的不同及属性的重要程度进行综合权衡,找出最具吸引力的旅游服务企业。

在大批量、高价值的购买成交前,公司的购买中心成员一般会与两家以上的旅游服务企业进行洽谈,以便在价格和服务项目上获得更多的好处。有时,大公司还有可能将大批量的旅游购买分成几个小批量,选择几个旅游供应商,以便分散风险。

(五)购后评估和反馈

在这一阶段,购买人员对每个旅游服务企业的绩效进行综合评估。购后评估和反馈经常通过购买人员与旅游企业营销人员的交往来了解对产品的满意度。但在较重大的旅游购买发生后,购买中心人员一般都会向产品和服务的最终使用者征求意见,了解他们对产品和服务的满意程度。购后评估和反馈最终可导致购买中心作出下次是否继续购买该旅游企业的产品和服务的决定。因此,旅游营销人员应注重购买人员和最终使用者两方面对自己产品和服务的反应,以便及时向其提供购买后服务并更新产品。

同个体旅游者的购买过程类似,组织机构购买所有产品和服务时并非都要经历这样完整的五个阶段。只有价值高、批量大或重要程度高的旅游购买才需要经历这样完整的过程。对一般性的预订而言,购买人员大多依据个人经验或他人推荐或使用者要求直接购买,而不需要经历仔细的选择过程。

四、旅游中间商的购买行为分析

旅游企业的产品有很大部分是由旅游中间商购买或代理出售的。旅游代理商的业务又构成了旅游中间商的绝大部分。因此,旅游产品生产企业营销人员应重视对旅游中间商尤其是旅游代理商购买行为的考察。旅游中间商的购买行为分析应包括以下几个方面:为什么购买?购买哪些产品和服务?由谁来购买?影响中间商旅游购买的因素有哪些?中间商倾向于以什么方式购买?向哪些旅游服务企业购买?

旅游中间商是指以转售或代理的形式将旅游产品和服务提供给最终消费者的企业和个人。中间商购买或从事代理的目的是为了获得利润,获利是其购买行为的最基本的动因。因此,旅游中间商在产品和服务的选择上就十分注重产品和服务是否能给他们带来足够的利润和声誉。

为了达到获利的目的,旅游中间商可以对转售或代理的产品和服务进行以下组合:中间商可以代理或转售一个旅游服务企业的一种、部分或全部产品,也可以代理或转售部分旅游服务企业的一种、部分或全部产品,还可以代理所有旅游服务企业的一种、部分或全部产品和服务。中间商不同的产品和服务组合同时也意味着有不同的顾客组合及旅游服务供应企业组合。对旅游营销人员而言,了解中间商的产品和服务组合也就了解了自己的竞争对手有哪些。决定产品和服务转售或代理组合的中间商一般由地区经理或产品经理决定购买或代理哪些旅游产品和服务。因此,旅游营销人员应了解每个中间商企业中具有购买决策权的经理,从而便于有针对性地进行营销活动。

与一般组织机构的购买行为相似,影响中间商旅游购买及代理的因素也可以分为外部因素和内部因素。外部因素包括宏观环境因素(经济、社会文化、政治、法律、技术、人口)和中间商的市场与竞争者因素。旅游中间商对产品和服务的需求实质上是派生性需求,是由最终消费者市场决定的。消费者市场对旅游产品和服务的选择直接影响到中间商对旅游产品和服务的购买和代理行为。内部因素包括组织特点(机构设置和权力集中程度)和购买人员的个人因素(个性、经验、能力、职位、人际关系等)。

中间商也受旅游营销人员及营销活动的影响,并倾向于从他们认为最有利的旅游企业选择产品和服务。当旅游营销人员能够为自己的产品提出能为旅游者接受的证据时,中间商就倾向于购买这些产品和服务。旅游中间商还会为供应商作广告,进行促销活动。由于旅游中间商平时会收到无法计数的各种广告和宣传品,因此,旅游营销人员一定要使自己的广告宣传品简洁明了,与众不同,这样才会获得中间商的优先注意。此外,旅游中间商还会根据佣金或支付条件来选择供应商。当然,产品和服务质量及声誉也是中间商选择旅游服务企业的重要依据。

旅游营销人员对旅游中间商进行营销活动时,应该认识到旅游中间商的一切购买及代理行为均是以自身利益为出发点的。因此,旅游营销人员的宣传及促销用品可能被歪曲使用,有时中间商还故意不把有用的信息反馈给旅游企业的营销人员,而且中间商还会出于自身利益,较频繁地变化产品和服务组合,并有可能排斥旅游营销人员的直销努力。

案例

欧洲家庭的度假决策

1992年,来自于4个欧洲国家(英国、比利时、意大利和法国)的儿童接受了一项调查。调查是关于他们最近一次暑假旅游的情况,调查的目的在于明确:(1)在家庭度假决策中家长向孩子征求意见的程度;(2)在最后决策中,孩子所起作用的大小;(3)谁是最后决策者。

大多数孩子声称父母征求了他们的意见,分别有78%的法国儿童和74%的意大利儿童认为父母征询了他们的意见,而在英国和比利时儿童中这个比例较小,分别为67%和61%。

48%的意大利儿童认为他们在整个决策过程中起到了很大的作用,这个比例是英国儿童的4倍(11%),是比利时儿童的2倍(22%)。英国和比利时的大多数儿童倾向于认为他们自己所起到的作用很小或者没有起到作用。法国儿童的比例则稍逊于意大利,但要高于英国和比利时。调查显示,绝大多数欧洲儿童(所有国家超过60%的儿童)认为最终的决定是由他们的父母做出的。所有调查显示,度假目的地的选定并非是共同行为,母亲在最后决策中所起到的作用并不明显。

（资料来源：Seaton and Tagg, 1995. A. V. Seaton and M. M. Bennett 编著. 张俐俐, 马晓秋译. 旅游产品营销——概念、问题与案例. 高等教育出版社, 2004 年）

思考题

1. 旅游购买行为的含义是什么？如何对旅游购买行为进行分类？
2. 影响旅游者购买行为的因素主要有哪些？
3. 说明几种主要的旅游者购买行为模式，并简要分析每种模式对旅游营销活动的影响。
4. 旅游者的购买过程主要包括哪几个阶段？旅游营销人员需相应采取哪些营销措施？
5. 组织机构的旅游购买行为有哪些主要特点？
6. 影响一般组织机构和旅游中间商进行旅游购买的因素分别是什么？
7. 简要说明组织机构的旅游购买过程。

第三章 旅游市场细分与目标市场策略

学习目的

通过本章学习,了解市场与旅游市场的含义,明确旅游市场的构成要素,了解旅游市场细分的目的、原则和主要的细分标准,掌握选择目标市场的主要策略及各自的优缺点,了解定位的含义、意义和基本的定位方法。

主要内容

- 市场及旅游市场的含义
  市场　旅游市场　旅游市场要素
- 旅游市场细分
  市场细分　旅游市场细分　旅游市场细分标准　旅游市场细分原则　旅游市场细分的意义
- 目标市场的选择
  无差异市场策略　差异性市场策略　集中性市场策略
- 定位
  定位的含义　定位方法　定位原则　定位的实施

第一节 旅游市场

一、市场及旅游市场的含义

市场是生产力发展到一定阶段的产物,属商品经济的范畴,也可以说哪里有商品生产和商品交换,哪里就有市场。从经济学的角度出发,市场的概念有狭义和广义之分。狭义的市场就是指商品交换的场所。随着商品经济的发展,商品交换已不再仅仅局限于某一时间和某一地点,而是贯穿于整个交换过程的始终。因此,人们把市场不仅看作是商品交换的场所,而且看作是整个交换关系的总和。市场既体现着商品的买方、卖方和商业中间人之间的关系,还体现在商品流通过程中发挥促进或辅助作用的一切机构、部门与商品的买者和卖者之间的关系。这是一个广义的市场概念。

市场营销学着重研究在买方市场条件下,企业如何在竞争激烈和不断变化的经营环境中开展经营活动,以求得生存、发展和赢利。所以,市场营销学是站在企业的立场,亦即站在卖方角度来研究买方行为,研究如何满足买方需求以实现商品交换,从而达到企业的经营目标。因此,从市场营销学的角度看,市场即是指产品的买方或是需求一方。

同一般商品市场相似,旅游市场是社会分工不断深化、商品生产发展到一定阶段的产物。现代意义上的旅游是在英国工业革命发生 70 年后,市场体系确立,商品生产和商品交换获得了高度发展的情况下出现的。一方面,社会上出现了大量的旅游者;另一方面,出现了专门组织旅游者外出旅游并提供相关便利服务的经营性企业,原有的为旅行活动提供便利条件的小旅店、骡马车店也进一步扩大,并共同构成了专门为旅游者提供服务的旅游业。这样,便出现了以旅游者为一方的旅游需求和以旅游经营者为另一方的旅游供给,它们之间经济联系的主要形式就是交换——一种具有完全商品性质的交换,从而形成了旅游市场。由此可见,旅游市场是在商品生产和商品交换充分发展的基础上,实现旅游产品需求者与旅游产品供给者之间经济联系的场所。旅游市场也有狭义与广义之分。狭义的旅游市场是指旅游产品交换的场所,而广义的旅游市场则是指旅游产品交换过程中所反映的各种经济现象和经济关系,它不仅仅局限于旅游产品交换的场所,而且涉及一定范围内旅游产品交换中供求之间各种关系的总和。

同样地,从市场学的角度,旅游市场指的是旅游产品的所有潜在和现实的购买者。它既包括已经具备购买能力并愿意购买旅游产品的人,也包括现在不具备购买能力或者没有旅游产品购买打算,但在条件具备之后会购买旅游产品的人。前者组成的购买者群体称为现实的旅游市场,而后者组成的购买者群体称为潜在的旅游市场。由于旅游产品消费的特殊性,这里所说的购买能力不但包含了一般经济意义上的购买能力,还涉及是否具有足够的闲暇时间以及身体条件等方面的问题。

二、旅游市场要素

从市场的概念出发,市场的形成必须具备四个要素,即人、购买力、购买欲望和购买权利。这四个要素和市场的关系可用以下等式表示:

市场=人×购买力×购买欲望×购买权利

这个等式表示这样一个含义:当等式右方任一要素为零时,即缺少任一要素,那么等式的左边也将是零,即未形成市场。换句话说,人、购买力、购买欲望和购买权利四个要素缺一不可,少一个就无法构成市场。

对旅游市场而言,同样道理,无论缺少其中任何一个要素都无法形成旅游市场。我们可以用下列等式来表示旅游市场和这四个要素的关系:

旅游市场=人口×购买力×旅游愿望×旅游权利

其中,人口是构成旅游市场的基本要素。只有旅游者的存在才能产生对于旅游活动中的行、住、食、游、娱、购等各种需求,才能构成市场。人口要素又涉及总人口、人口的地理分布、人口的性别和年龄构成等具体内容。

购买力是指人们付出货币和时间购买旅游产品的能力,它一般受到一个国家或地区社会经济发展水平的影响。例如,经济发达国家或地区的人均收入水平较高,人们可用以自由支配的余暇时间较多,这些国家或地区的人们的旅游购买力就比较强,在不考虑其他限制因素的情况下,形成的旅游市场规模就会相对比较大。

旅游愿望是指消费者购买旅游产品的动机、欲望或要求,是消费者把潜在购买力变为现实购买力的重要条件,是驱使人们进行旅游活动的动因,因而也是构成市场的基本要素。

购买权利是指消费者可以购买某种产品的权利。如在法律上或社会习惯上,青少年都不能喝烈性酒,因此尽管一个青少年有钱,有喝酒的愿望,但他没有喝酒的权利,因此制酒厂家和卖酒商店都不能把青少年市场作为他们的市场。对旅游市场而言,尤其是国际旅游,往往由于旅游目的地国或旅游客源国一方的政策限制,如不发给旅游签证或限制出境等,那么即使人们有旅游愿望、有购买能力,但由于旅游权利受阻,也无法形成国际旅游市场。

第二节 旅游市场细分

旅游消费者有着各种不同的需求与偏好。任何一个旅游目的地或旅游企业都很难有足够的实力吸引和满足所有不同旅游消费者的需要,因此有必要在对旅游市场进行细分的基础上,选择出适合自己经营能力的目标市场。

一、市场细分

(一)市场细分的概念

市场细分(Market Segmentation)是指企业根据消费者群体之间需求的差异性,把一个整体市场划分为若干个细分市场,从而确定企业目标市场的活动过程。每一个需求特点相类似的消费者群体叫做一个细分市场。

市场细分的概念是在 20 世纪 50 年代中期由美国市场学家温德尔·史密斯(Wendell R. Smith)在总结企业按照消费者不同需求组织生产的经验中提出来的。由于消费者需求的千差万别和消费需求的千变万化,一个企业无论规模多么巨大,总不能满足全部消费者的所有需求,而只能满足市场上某一部分消费者的某种需求。因此,每个企业的经营者在进行营销决策时,都必须首先回答本企业的市场在哪里,本企业的产品在什么地方最能畅销等问题,以便明了自己的企业是为满足哪一类消费者的哪种需求而从事生产和销售的。这就是选择目标市场。

过去人们把市场看作一个整体,认为所有的消费者对于产品的需求是大致相同的,所以只是大量地生产单一品种、单一款式的产品。占领市场的主要办法是保证质量、降低价格。到了 50 年代,企业逐渐认识到可以有针对性地提供不同的产品去满足不同消费者的不同需求以占领市场,并运用这种方法取得了很好的经济效果。美国学者温德尔·史密斯总结了这种企业经营的经验,提出了市场细分这一新概念。这一概念一经提出就受到了企业家们的高度重视,并迅速得到广泛使用。

市场细分实际上是辨别具有不同欲望和需求的消费者群体,把他们加以分别归类的过程。在任何一个统一市场上,消费者之间的需求特点是不会完全相同的。以饼干这种产品来为例,有的消费者重视营养,有的则重视口味,还有的重视品种和包装;又如服装,有的追求流行式样,有的追求流行颜色,有的则要求结实耐用。通过这样划分,企业就可以比较准确地选择自己的服务对象。

市场可以分为同质市场和异质市场。所谓同质市场,即消费者对商品的需求、对企业的经营策略的反应有一定的一致性,如食盐、糖等的市场是同质市场,企业可采取整体策略,不必再对市场进行细分。经营者面对整体市场提供统一的标准化的产品就能满足消费者的需要。但大部分产品的市场属于异质市场,即消费者对产品或服务的需求差异性很大,如大多数消费品市场、旅游市场等。

由于消费者的需求千差万别且变化多样,任何一个企业,无论它的规模多大、资金多雄厚,也不能提供满足整体市场全部需求的产品和服务。因此,必须在市场细分的基础上确定自己的目标市场,才能制定有效的经营战略,从而取得竞争优势。市场细分不是根据产品分类而是从消费者的角度进行划分的,消费者的需要、动机、购买行为的差异性是市场细分的理论基础。

市场细分的方法是多种多样的。一般来说,企业要发现和选择对自己有利的细分市场就需要考虑以下几点:

1. 细分市场前,企业首先要确定消费者对本企业的产品或服务的需求类型属同质性还是异质性;

2. 市场细分的结果能否明显地显示出各细分市场在消费者或购买方式方面的特点;

3. 企业能否对各细分市场的潜力以及企业从各种细分市场中可能获得的利润进行比较;

4. 企业能否通过经营组合活动满足所选定的目标市场的需求;

5. 企业能否从可选定的目标市场中获得潜在消费者的购买习惯方面的信息。

(二)市场细分的一般程序

市场细分的一般程序由以下七个步骤组成:

1. 确定市场范围。企业在确定经营目标之后,就必须确定其经营的市场范围,这是市场细分的基础。企业必须在深入调查研究市场的基础上,分析市场的需求状况,作出相应的决策。同时企业必须结合自身的经营目标和资源条件,从广泛的市场需求中选择自己有能力服务的市场范围,不能过大或过小。

2. 了解市场需求。在选择市场范围后,根据市场细分的标准和方法,了解市场范围内现实和潜在消费者的全部需求和潜在需求,并尽可能全面而详细地分列归类,以便针对市场需求的差异性,决定实行哪种细分市场的因素组合,为市场细分提供可靠的依据。

3. 分析可能存在的细分市场。通过了解消费者的不同需求,分析可能存在的细分市场。在分析过程中,一方面,企业要考虑到消费者的地区分布、人口特征、购买行为等情况;另一方面,还应根据企业多年的经营经验,作出估计和判断。

4. 确定细分市场标准。在可能存在的细分市场中,各有其不同的需求因素,企业应分析哪些需求因素是重要的,删除那些对于各个细分市场都重要的因素,因为这些共同因素对于企业进行细分市场无关。比如说,价廉物美可能对所有潜在消费者都重要,但是它不能代表任一细分市场的特殊需要,因此,这类共同的因素对企业进行市场细分起不到作用。

5. 为可能存在的细分市场命名。企业应根据各个细分市场的不同消费需求与购买行为等主要特征,用最形象的方法为各个可能存在的细分市场确定名称。

6. 进一步了解各细分市场消费者的消费需求和购买行为。企业应深入分析各细分市场的消费需求,了解这些市场上消费者的购买心理、动机和行为,以便于对各细分市场进行必要的分解或合并,使之形成有效的目标市场,制定有效的企业经营策略。

7. 分析各细分市场的规模和潜力。企业对各细分市场的分析要与人口特征、地区分布、消费习惯、经济条件等特点联系起来,以便企业估算各细分市场的潜力,决定各个细分市场的规模,并找出市场的主攻方向,确定目标市场,完成整个市场细分工作。

二、旅游市场细分的内涵

旅游市场细分,也称作旅游市场细分化,就是将全部旅游市场根据旅游消费者之间需求的差异性划分为若干个不同的细分市场的过程。

同其他商品市场相似,旅游市场也同样存在着一个市场细分的问题。进行旅游市场细分,不是由人们的主观愿望决定的,从旅游产品的需求和供给双方来看,旅游市场细分是非常必要的现实问题。任何一个旅游产品的供给者,不管是一个旅游目的地国或地区,还是一家旅行社、一个餐馆,既没有精力也没有足够的实力面向整个国际、国内市场,满足所有旅游消费者的需要。因此,有必要将旅游消费者市场按不同消费特点细分为几个群体,把需求基本相同的旅游者群看成是一个细分市场。

由于旅游者的性别、年龄、收入、兴趣、偏好、价值观等各不相同,从而形成旅游需求的差异性很大。然而,我们也应看到,旅游消费者群体内也有十分相似的消费特点,这样就可以将整体旅游市场划分为具有不同特点的细分市场,如度假、观光、会议、商务、探亲访友、文化交流、宗教、探险、考古、体育等旅游市场。在同一市场中,旅游者的需求即使有差别,但相同的旅游目的决定了其在旅游过程中所需要的服务基本相同。例如,同是会议旅游市场,其吸引物都是会议事件本身,所住的饭店都需要有会议厅、投影仪、同声传译等会议设施设备,消费水平一般较高,同时会议之余常伴有游览观光活动。而在不同类型的细分市场中,旅游吸引物不同,游客需要的设施、服务也不尽相同。如以探亲访友为目的和以参加会议为目的的旅游者来看,在吸引物、设施、服务等方面的要求就有很大的差异。探亲访友旅游者以与亲友相聚为主要吸引物,他们往往对住宿条件要求不高,有些人就食住于亲友家中,而购物消费则相对要多些,与会议旅游市场的需求存在较明显的差别。

从旅游产品的供给者来看,任何一个旅游企业或旅游地,既没有足够的接待服务能力,也没有足够的旅游吸引物面向所有的国内外旅游者,满足他们各种各样的要求。例如一家饭店,不能同时经营不同档次的各类客房,也不可能拥有适应不同旅游者需求的各种接待设施,因此,有必要将旅游市场按不同的消费特点细分为几个旅游消费者群体,把需求基本相同的旅游者群看成一个细分市场,再根据自己供给条件的优势,从中选择自己的目标市场,针对目标市场的需求,制定有效的经营策略。

旅游市场细分工作的开展是一个以市场调研为基础的分析和判断过程,是旅游目的地营销组织和旅游企业深入分析不同旅游消费者人群的特点,从而判定其追求或需要的战略性营销工作。在现代旅游市场竞争激烈的情况下,一个旅游目的地或一家旅游企业或组织,要占领一定市场份额并得到发展,必须善于分析潜在需求,善于寻找市场机会,在有利于自身发展的细分市场上,充分发挥经营组合的力量,以获得最佳经营效果。

三、旅游市场细分的标准

市场细分对旅游业经营具有极为重要的意义。旅游市场细分的标准,原则上与一般市场细分无大差异,都以消费者需求的差异性为基础。消费者需求的差异性是由消费者的生理特征、社会经济地位和心理性格不同所致,因此,细分市场的常用方法是从分析消费者的两个主要区别入手,即消费者的社会属性和生理特征的区别以及消费者对市场营销因素反应的区别。前者包括消费者的社会经济细分、地理细分和心理细分;后者则包括消费者对产品的偏好、追求的利益,以及对广告宣传、价格和销售渠道的信任程度等。细分旅游市场要考虑以下两方面的因素:(1)旅游市场的有形属性,包括市场的规模、地理位置、旅游者的人口统计因素等;(2)旅游者的行为特点,包括购买时间、购买方式、影响购买的因素、购买原因等。

旅游市场细分的标准如表3-1所示:

表 3-1　旅游市场细分标准

细分标准	具 体 因 素
人口统计因素	年龄、性别、职业、收入、受教育程度、家庭规模、家庭生命周期、国籍、种族、宗教、社会阶层
地理因素	地理区域、气候、人口密度、城乡规模、交通及通讯状况
心理因素	个性特征、生活方式、价值观
行为因素	购买动机、购买频率、追求利益、购买方式、忠诚程度、购买时机、价格敏感程度、广告敏感程度

（一）人口统计因素细分(Demographic Segmentation)

人口统计细分是指根据各种人口统计变量，如按年龄、性别、受教育程度、家庭收入水平、家庭规模、民族、种族、国籍等，把旅游市场分割成若干群体。由于这些变量易于识别和衡量，据此划分出来的市场明确且有效，因此已成为旅游市场细分最主要和最常用的依据之一。旅游者的需求与爱好往往同这些因素有着十分密切的关系。

1. 按年龄和生命周期阶段细分。不同年龄段的人对旅游内容、旅游价格、旅游时间、旅游方式等有很明显的需求差别，随着年龄的增长需求也不断发生变化，因此可根据旅游者的年龄差异将旅游市场细分为老年旅游市场、中年旅游市场、青年旅游市场和儿童旅游市场。

老年旅游市场。随着世界人口平均年龄的增长，老年旅游市场日益扩大，越来越受到旅游经营者的关注。老年人收入较高并有一定的储蓄，闲暇时间也较多，旅游活动相对频繁。老年人的旅游目的主要是游览风景名胜，瞻仰历史古迹，品尝特色风味，重视食宿条件和交通条件，对价格不太在乎，旅游停留时间长，且文化意识和健康意识较强。因此，优质高价政策较容易被这个市场所接受。

中年旅游市场。中年旅游市场是当今旅游市场特别是国际旅游市场的主力。这一年龄段的旅游者人数最多，潜力最大。中年旅游市场中，会议、商务旅游者居多，消费水平较高，在外停留时间较长，是最有经济效益的旅游市场。

青年旅游市场。青年人富有朝气，精力旺盛，体力充沛，喜欢选择刺激性、探险性的旅游项目。可对其进一步细分为已婚青年旅游市场、青年团体旅游市场、新婚蜜月旅游市场、单身青年旅游市场等。这个市场潜力很大，但经济效益较差。

儿童旅游市场。小孩子生性活泼好动，多对知识性、趣味性、娱乐性旅游项目感兴趣，对美食、旅游纪念品也有浓厚兴趣。小孩子的需要和要求往往可以决定一个家庭的旅游决策。

按年龄不同划分旅游市场，可以帮助旅游经营者研究、分析具体游客的购买行为，以便有的放矢地开发目标市场，避免盲目行事，达到事半功倍的效果。当前值得旅游经营者注意的是,规模庞大的新生代旅游者群正在迅速崛起,他们的消费心理与消费行为与上一代相比发生了很大的变化。20年前,经常光顾豪华饭店的典型客人通常是穿着得体、举止斯文的中年男性企业高层主管,而如今许多客人都可能是30岁左右年纪,穿着T恤、牛仔裤,手中拿着高科技电子产品,他们不喜欢别人碰他们的行李,对饭店设施设备的个性化设计和高科技含量有着独特的要求。旅游市场的这些变化为旅游经营者带来了前所未有的机遇和挑战。

2. 按家庭结构与家庭生命周期细分。家庭是社会的细胞,也是消费的基本单位。家庭结构与家庭生命周期对旅游和旅游方式影响很大。一般说来,没有小孩的家庭进行旅游活动的可能性更大,旅游费用也较高。经济发达国家新婚夫妇常进行蜜月旅行,而小孩年龄大于15岁的家庭比小于15岁的家庭外出旅游的机会更多些,有子女的家庭在选择旅游目的地、活动内容和旅游时间上多考虑子女的需要。旅游经营者可根据各种家庭对旅游的不同需求来细分市场。例如,在海南岛等地开辟海滩度假旅游以吸引青年夫妇旅游者,游乐场所常设法吸引有子女的家庭等等。

3. 按性别细分。不同的文化传统对不同的性别赋予了不同的角色行为,从而导致男性和女性在社会结构中处于不同的地位。一般来说,男性在工作中承担着更多的责任,而女性则在家庭生活中发挥着主导作用。不同性别对旅游的需求不同,可据此细分为男性旅游市场和女性旅游市场。男性旅游者与女性旅游者对旅游服务和项目的需求表现出一定的差别。公务旅游通常以男性为主,但家庭旅游决策和目的地的选择常由女性决定。近年来,随着女性社会地位的提高,其收入不断增加,参加各类活动的时间增多,女性旅游者也在不断增加。她们注重人身财产安全,常结伴出游,喜好购物,对价格较敏感。因此,女性已成为旅游市场的重要客源目标。众多旅游目的地和旅游企业近年来大力开发女性旅游市场,尤其是女青年旅游市场,组织她们到世界著名的旅游胜地观光和购物旅游,一些度假地甚至还开办了专为女性服务的饭店。

另外,男性和女性在在生理特点方面也存在着先天的差异。男性的体力总是胜于女性,而且比女性更具有冒险和探索精神,因此探险性旅游活动的参加者往往多为男性。

4. 按收入、职业、受教育程度细分。一个人的收入、职业和受教育程度密切相关,这些因素又与个人的社会地位有着紧密的联系。人们收入水平不同,旅游消费水平和消费结构就会有很大不同。职业不同意味着人们在收入水平、受教育程度、外出旅游机会、闲暇时间等方面都会存在差异。受教育程度对旅游需求层次、旅游消费内容有着重要影响。例如,在西方国家企业中,管理人员大部分受过高等教育,喜欢旅游,而且有较多公务旅行的机会。美国对那些到芝加哥进行公务旅行的人所作的一次调查表明,76%的公务旅行者接受过高等教育,其中半数公务旅行者从事专业工作或管理工作,1/3是推销人员和科学技术人员,这些人的收入也较高。旅游营销人员通常可以单独或综合考虑这三方面的因素来对旅游市场进行划分。但需要注意的是,在一项对新加坡饭店的研究中发现,收入作为市场细分变量的效果并不很理想。营销人员不能完全凭借收入来预测顾客会购买哪一种产品和服务,收入往往和生活方式、价值观念等变量一起对人们的消费行为发生影响。因此,市场学大师菲利普·科特勒曾指出"单凭收入进行市场细分容易误入歧途"。

(二)**地理因素细分**(Geographic Segmentation)

根据地理因素细分市场,是一种传统的、至今仍然得到普遍重视的细分方法,这种细分方法比较简单易行,且资料容易得到。旅游目的地和旅游企业的接待对象来自世界各地,这就要求旅游经营管理者必须了解来访游客的地理分布,因为各个国家和地区的游客对旅游产品和服务的需求具有很大的差别性。地理细分因素包括地区、气候、城乡规模、人口密度及交通和通讯条件等。

1. 按地区细分。地区变量是细分旅游市场最基本的变量,具体又分为洲别、国别和地区等变量。从国际旅游市场看,世界旅游组织(UNWTO)将全世界划分为五大旅游区域,即欧洲旅游区、美洲旅游区、亚洲及太平洋旅游区、中东旅游区和非洲旅游区。其中以欧洲旅游区域的旅游市场最为繁荣,其次是亚太旅游市场,美洲旅游市场位居第三位。

从客源国与接待国之间的距离看,国际旅游市场可分为远程市场和近程市场。一般来说,远程旅游需要时间较长,旅游消费较高,游客多属经济比较富裕、闲暇时间较充裕的中上层人士。由于他们在一个国家或地区的停留时间较长,消费支出较高,就会给旅游目的地带来较高的旅游收入。随着交通技术的发展,旅行的空间距离和时间距离相对缩短,远程旅游也有逐渐发展的趋势。近程旅游是指旅游客源国和目的地国之间的距离短,甚至是相邻国家间的旅游活动。近程旅游由于旅途时间短,旅游消费也相应减少,因此常被那些余暇时间短、收入水平一般的游客所采用。近年来,不少国家之间制定了很多有利于旅游的政策,如互免签证、简化出入境手续等,使游客以国内旅游相同的支出却能享受异国情调之美。因此,近程旅游市场是各旅游区旅游市场中最为活跃的力量。根据世界旅游组织的统计,2008年接待的所有国际旅游者中,客源产生自同一区域的比例高达78.3%。作为一个整体旅游目的地,我国当前国际入境旅游业的最大客源市场就是亚洲市场。

在研究按地理因素细分旅游市场时,旅游营销人员也经常用旅游者的国际流向去划分旅游市场,把国际旅游市场细分为一级市场、二级市场和机会市场。一级市场是指一个目的地国接待的旅游者人数在接待总人数中占比例最大的几个国家或地区的旅游市场。在通常情况下,一级市场可占目的地国接待总人数的40%～60%。在制订市场营销计划时,不论是产品策略还是价格策略或其他经营职能,都应优先考虑一级市场的市场需求和消费特点。二级市场即在目的地国接待总人数中占相当比例的旅游市场。二级市场的特点是有较大的市场潜力,只是由于外部环境和内部营销组合的不力,市场对旅游目的地国的情况不十分了解或购买动机尚未形成,因此,潜在需求还没有完全转变为现实需求,需要花大力气去开发。机会市场(也叫边缘市场)是指一个旅游目的地国计划新开拓的市场。其特征是,该市场的出国旅游人数与日俱增,但前往本目的地的人数很少,有待于进一步开发的市场。机会市场通过目的地的有效经营可能成为将来的二级市场甚至一级市场,当然必须通过认真调研,确认其有潜力,才能加以开发。

从宏观角度研究国际旅游者的流向,对确定目标市场和制定市场营销策略,集中有限的人力、物力、财力开发一级、二级市场方面具有相当重要的意义。

2. 按气候地形因素细分。按气候可将旅游市场划分为热带、温带、寒带等地的市场,按地形因素可分为山区、高原、平原、盆地等地的旅游市场。构成自然旅游资源的要素中,地形地貌和气候起主导作用。往往以气候为主导因素的自然旅游资源是最具有吸引力的。北欧各国旅游者近几年已形成了赴地中海地区旅游的热潮,北欧各国地处寒带,冬季时间长,日照时间短,他们把寻求阳光、温暖和潮湿的空气作为旅游的主要目的,纷纷去西班牙、法国、意大利等旅游胜地,享受那里的地中海气候和美丽的海滩,进行日光浴。作为我国主要客源国的俄罗斯,冬季气候寒冷,越来越多的俄罗斯游客纷纷深入我国东部和南部地区享受温暖的阳光。我国北方冬季寒冷,而南方广东、海南岛等地冬季气候温和,很适宜北方旅游者冬季去旅游;反之,江南一带冬季少冰雪,严寒北方的冰雕和冰上运动便吸引着南方的广大旅游者,哈尔滨的"冰雪节"、吉林的"雾凇节"都以其独特的北国风光成为颇具魅力的吸引源。此外,如内蒙草原、西北荒漠、偏远山区都会引起久居在平原城市的旅游者的兴趣。

3. 按人口密度和都市化程度细分。世界各国的人口密度差别很大,有的国家虽然地域辽阔,但人口数量少,无论是国内旅游还是发展国际旅游都会受到人口密度的限制;而像日本、韩国等人口众多、国土面积狭小、人口密度大的国家,其出国旅游的可能性就要大得多。即使是在同一个国家内,人口分布也极不均匀。例如,美国人口最密集的地区是大西洋沿岸和五大湖边缘地区以及加利福尼亚沿海地区,而美国西部人口密度却很低。世界人口分布不仅极不均匀,而且还在不断变化。近一个多世纪来,世界各国人口的地区分布中出现的一个重要变化是,乡村人口逐步向工业化地区和都市转移。1880 年,美国有 70% 的人住在农村,而现在却有70%左右的人住在城市。一般说来,城市居民要求旅游的人数比乡村多,比例也比乡村高。这是因为,首先,城市居民收入一般比乡村居民高,产生旅游需求的经济条件较充分;其次,城市交通发达,旅游信息灵通,人们进行旅游的社会条件比乡村更充分;第三,城市人口稠密,环境质量差,污染严重,促使城市居民产生出外一段时间以转换所处环境的需要。针对城市旅游市场,旅游企业可开发各类乡村旅游项目,使旅游者能够欣赏田园风光、了解乡村居民生活、体验农作、享受乡土情趣。

(三) 心理因素细分(Psychological Segmentation)

心理因素细分是指根据旅游者的生活方式、个性特征等对旅游市场进行划分。属于相同人口统计群体的人,可能具有非常不同的心理特征。心理因素比较复杂难测。

1. 按生活方式细分。生活方式是人们在所处社会环境中逐渐形成的。按生活方式细分市场主要是根据人们的习惯活动、消费倾向、对周围事物的看法以及人们所处生活周期来划分。人们生活方式的不同必然带来需求的差异,把生活方式雷同的旅游者作为一个市场群体,有计划地提供符合该市场需求的产品和服务,对于有针对性地满足顾客需要、扩大市场占有率非常重要。用这种方法细分市场需要心理学家和市场学家共同进行研究。

20世纪80年代初期,SRI International,一个著名的应用研究机构拓展了生活方式的分析研究方法,开发了一种VALS(价值Values,态度Attitudes,生活方式Life Styles)的多变量分类方式。以消费者的自我意象、抱负、价值观、信仰和他们所用的产品等信息为甚础,将消费者分为九种生活方式群体。VALS分类方法及每种生活方式的主要特征如表3-2所示。在实际应用中,九种生活方式类型的每一类都代表了一个不同的旅游者细分市场,暗示了一个系列的旅游需求和预期,从而需要一个不同系列的旅游产品和服务。

表3-2 九种生活方式及其主要特点

生活方式	主要特点
赤贫型	年老,极度贫困,受压迫的,绝望的,远离主流文化的,不合群的
温饱型	生活在贫困的边缘,易怒而不安的,常卷入地下经济
保守型	中老年,传统的,墨守成规的,极度爱国,感情丰富,极稳定
奋斗型	年轻而雄心勃勃,富有力量的,爱卖弄的,企图打破传统,夸张的
成功型	中青年,富有,领导者,自信的,唯物的
自我中心型	不稳定,风头主义,自恋的,年轻的,冲动的,戏剧性的,活跃的,有创造力的
经验主义型	寻求直接经验,以人为中心,有审美能力,极度追求内心的满足
社会意识型	有使命感,某个观点的领导者,成熟的,成功的
完整型	心理成熟,视野开阔,宽容且善解人意,适应性强

西赫(Shih)曾经在美国宾夕法尼亚州的某个项目中使用了 VALS 方法。他认为 VALS 方法是一个实用的旅游营销工具,并指出:"生活方式细分方法所使用的变量揭示了许多人口学方法所不能揭示的信息,这些信息是真实的、含义深刻且中肯的。"

2. 按个性特征细分。美国学者斯坦利·帕洛格将人的个性心理特征分为五种类型:依赖型、近依赖型、中间型、近冒险型和冒险型。个性心理特征不同,消费者的旅游需求和旅游偏好也会有所不同(具体可参见第二章中有关内容)。旅游营销人员可使用这个变量进行旅游市场细分。

(四)行为因素细分(Behavior Segmentation)

行为因素细分就是按照旅游者购买动机、购买状态、购买频率、忠诚程度、服务敏感程度及广告敏感程度等因素来细分旅游市场。

1. 按旅游目的细分。以旅游目的来细分市场是一种非常基本的方法,它为旅游产品的开发设计和营销组合的制定提供了主要依据。按旅游目的主要可细分为以下几类市场:

观光旅游市场。主要是以观光、游览为目的,到本国或异国观赏自然风光、奇峰异景、名胜古迹,了解各地风俗习惯、民族风情,以陶冶性情和增长知识。观光旅游市场是传统的旅游市场。

会议、商务旅游市场。该旅游市场的特点是游客身份地位较高、对旅游服务要求较高、消费水平较高,因此也会为旅游目的地和旅游企业带来较大收益。会议、商务旅游者往往还会附带有观光旅游活动。

度假旅游市场。度假旅游是当今旅游市场中的主流旅游活动方式。其主要目的是休养生息。旅游者喜欢到海滨、山林等地享受清新空气与幽静环境。度假旅游者的最大需求是健康与娱乐。这一市场的旅游者停留时间较长,且重复旅游者占比例较大。

奖励旅游市场。奖励性旅游者的旅游费用开支多是公司、企业、协会对员工的奖励资助,发展潜力很大。加强奖励旅游市场的开发,尤其在旅游淡季更具有意义。

探亲访友旅游市场。这一市场旅游者的目的是探亲访友或寻根问祖,是为了旧地重游、探访亲友、追根求源、寻求文化渊源。探亲访友旅游者并不在意住宿条件和美味佳肴,一般停留时间较长,对价格较敏感。

体育旅游市场。这一市场旅游者的目的是希望通过旅游增强自己的身体素质。无论是传统的还是现代的体育旅游都吸引了大量的旅游者。体育旅游的形式多样,可根据旅游地的自然条件和气候条件,开展以强身健体、锻炼意志为主要目的的各种活动,如登山旅游、水上运动、驱车运动、骑马旅游、举办各种运动会等等。

购物旅游市场。这一市场主要以外出购物为目的，他们对目的地的购物品种类、质量和价格以及购物设施、购物条件非常在意。在目前我国的出境旅游市场中，这部分市场占了相当的比例，香港地区以及韩国、美国和欧洲一些主要国家成为这一市场的重要目的地，这些地区和国家的商家也运用各种营销手段加大吸引我国出境购物旅游市场的力度。

2. 按购买时间和方式细分。即根据旅游者出游的时间、购买旅游产品的渠道和旅游方式来划分旅游市场。由于旅游活动的时间性、季节性非常突出，按购买时间可划分为旺季、淡季和平季的旅游市场，还可以分出寒暑假市场以及节假日市场（如春节、国庆、双休日等）。购买方式是指旅游者购买旅游产品过程的组织形式和所通过的渠道形式，依此可分为团体旅游市场和散客旅游市场。在不断发展的散客市场中，旅游形式也日益复杂多样，包括独自旅游、结伴同游、家庭旅游等等，出行方式也不一而足，包括驾车旅游、徒步旅游等等。

3. 按购买数量和频率细分。指按旅游者购买旅游产品的数量和频率特征来细分，可分为较少旅游者、多次旅游者、经常旅游者和频繁旅游者。通过分析细分市场可以发现形成旅游者购买数量和频率差异的深层次原因，同时对确定主要的目标市场也具有重要意义。通常，频繁出游者由于其旅游消费支出对总的旅游收入贡献很大而对旅游企业具有重要价值，因此很多旅游企业如航空公司、饭店，专门针对这部分高质量的细分市场推出了频访顾客奖励计划。

4. 按消费者所追求的利益细分。市场学家认为，结合旅游者消费某种产品和服务时所追求的利益来细分市场，将更有助于确定企业的经营方向。旅游包含多种产品和利益，因此可根据旅游者所追求的利益对旅游市场进行细分，并提供差异性的产品。地位追求者在购买旅游产品时考虑其能否提高自己的声望，时髦人物参加旅游是为了顺应潮流，不随俗者特别关心自我形象，享乐主义者主要考虑感官上的利益，等等。

四、旅游市场细分的原则和方法

（一）旅游市场有效细分的原则

1. 差异性。差异性是指旅游市场细分后，各个细分市场之间的旅游者需求应具有差异性，并且对旅游市场营销组合策略中任何要素的变化能做出差异性反应。如果不同的细分市场对不同的营销组合方案的反应基本相同，该细分就没有存在的必要。

2. 可衡量性。可衡量性是指细分后各个细分市场的规模和潜力能够予以有效衡量。要保证细分市场的可衡量性，首先要做到所确定的细分标准必须清楚明确,容易辨认,不能模棱两可;其次,要做到依据所确定的标准能够从消费者那里得到确切的信息,以便能够进行定量分析。

3. 可进入性。可进入性是指能够有效地接触和服务于旅游细分市场。也就是说,旅游企业能够凭借资源条件和竞争实力进入某个细分市场,有关产品的信息能够通过一定的传播途径顺利传递给细分市场中的消费者,同时细分市场中的消费者能够通过畅通的销售渠道购买到本企业的产品和服务。

4. 可盈利性。可盈利性是指旅游细分市场要具备一定的规模和容量,以使旅游企业实现其利润目标。进行旅游市场细分时,营销人员要考虑细分市场上旅游消费者的数量、购买力和潜力,以及是否有足够多的消费者可以对特别针对他们的营销努力产生响应。

(二)旅游市场细分的方法

旅游市场细分的标准和因素复杂多样,旅游营销人员要根据旅游市场的实际状况以及要达到的目标来加以选择运用。进行旅游市场细分的方法通常有以下几种:

1. 完全细分法。即把整体旅游市场中的每一个旅游者都视为一个细分市场,是一种极端形式的市场细分方法。从理论上说,不同的旅游消费者都会有不同的需求和偏好,因此理应针对每位旅游者的不同需求开发设计产品,采用不同的营销方案。实际上,由于完全细分法的成本过高,工作程序过于复杂,在绝大多数情况下都无法被旅游经营者所采用。但针对高端市场提供高档次产品和服务的旅游企业,可以此方法为指导。现今信息技术的发展降低了获取市场信息以及与消费者互动的成本,也为更多的企业采用这种细分市场的方法提供了可能。

2. 一元细分法。也称作单一变量法,顾名思义就是只根据某一种细分因素对旅游市场进行细分,这一因素一般是与旅游者需求差异相关的某一最重要的变量。例如,主题公园根据年龄变量将市场细分为儿童市场和成人市场。这种方法对旅游市场只是较为粗略的划分,一般适用于产品和服务通用性较强的市场。旅游营销人员还可在以某一变量细分市场之后,再用该变量进行程度更深的市场细分,如主题公园将儿童市场再进一步细分为 2 岁以下、3～6 岁、7～10 岁等市场,以更好地满足不同的旅游需求。

3. 多元细分法。多元细分法又称作综合变量细分法,即综合运用两个或两个以上的细分因素对市场进行细分。这样细分出来的市场更为细致,对旅游需求的差异也能更好地把握。这种方法往往适用于选择性强、竞争激烈的市场。例如,同时以旅游者的年龄(青年、中年、老年)、收入水平(高、中、低)和性别(男性、女性)三个变量来划分我国入境旅游市场,就可以细分出比单纯使用其中一个变量多很多的旅游市场。欧洲一些目的地国家努力吸引日本年轻未婚女性旅游市场，这一市场就是综合运用几个变量细分出来的。

五、旅游市场细分的意义

市场细分对于一个旅游目的地或旅游企业正确制定营销计划和营销战略、顺利实现营销目标有着极其重要的意义。

1. 有利于旅游目的地或企业发现新的市场机会，形成新的目标市场。市场机会是指市场上客观存在的未被满足或未被充分满足的消费需求。在市场营销中，企业要使自己的产品在市场上站稳脚跟，就必须首先根据市场的现状和已经上市的产品在满足社会需要方面不足的情况，根据竞争者的市场占有情况来分析市场被满足的程度，发现那些尚未得到满足或未被充分满足的需求，以发现新的市场机会，形成新的目标市场，这样，旅游目的地或企业就可能通过提供这一细分市场需求的产品或服务，来增加销售量，扩大市场占有率。

2. 有利于旅游目的地或企业提高经济效益。市场细分对提高目的地或企业经济效益的作用主要表现在两个方面，一是在市场细分的基础上，可以集中人力、物力、财力投入目标市场，通过集中优势兵力打歼灭战的方法取得理想的经济效益。这一点对于知名度不高的旅游目的地或中小企业特别重要。因为他们在市场竞争中处于弱势地位，但如果将全部力量集中于某一市场，则可把自己的劣势变为局部市场上的优势，从而提高了这些区域或企业的竞争能力，取得好的经济效果。二是在市场细分以后，企业可以面对自己的目标市场生产适销对路的产品，既能满足消费者的需求，又可增加企业的收入。因为产品适销对路可以加速产品流转，有效地使用企业的资源和发挥企业特长，提高产品质量，从而降低企业的生产销售成本，提高企业的经济效益。

3. 有利于旅游目的地或企业及时调整营销策略，以适应消费者的要求。市场细分后，每个市场变得小而具体，经营者比较容易了解消费者的需要，因而可以根据不同的消费者需求制定有针对性的市场营销策略。同时，在细分市场上，信息反馈快，一旦消费者需求发生了变化，经营者可以迅速改变原来的营销策略，制定出相应的对策。

4. 有助于市场渗透。旅游目的地或企业集中全部精力，对某一细分市场或某几个细分市场进行销售活动，有利于这些市场对旅游目的地或企业产品的了解，更好地满足目标市场消费者的需要，从而达到扩大市场占有率的目的。

第三节 旅游目标市场的选择

通过市场细分,旅游目的地或企业能够明确各种可供选择的细分市场,并在此基础上进行目标市场的选择。

一、评估细分市场

市场细分是旅游目的地或企业选择目标市场的前提。所谓目标市场,就是企业经过市场细分后要进入的、作为企业销售目标的细分市场。一个企业往往根据自己的条件确定一个或几个细分市场,作为自己的目标市场。

在从各个细分市场中选择目标市场时,旅游营销人员首先要对各细分市场的经营价值进行评价,即要对细分市场的规模和增长趋势、市场吸引力以及目的地或企业的目标和资源条件进行考察和评估。

(一)细分市场的规模和增长速度

此项评估主要是分析各个细分市场的当前销售额、增长率,以确定具有适当规模和增长特征的细分市场。这里的"适当"只是一个相对的说法。例如,有些旅游企业可能把销售额最大、增长速度最快和边际利润高的市场作为目标市场,但最大的和增长最快的细分市场并非对所有旅游企业来说都是最有吸引力的市场。一些规模较小、实力较弱的旅游企业可能会发现自己没有足够的资源和竞争力来应对这样的市场,而去选择一些规模不是最大但对他们来说更为有利可图的市场。

(二)细分市场的结构性吸引力

评价细分市场吸引力的大小,不但要考虑各细分市场的规模和增长速度,同时还要研究每一个细分市场的需求发展趋势、竞争状况以及盈利潜力。如果一个细分市场中已经有很多颇具实力的竞争者,那么该细分市场的吸引力就不大;如果存在很多现实的和潜在的替代品,就会影响从该市场所能获取的利润,从而使该细分市场吸引力下降。市场中旅游者的相对购买实力也对细分市场的吸引力产生影响。如果某个细分市场上的买方比卖方拥有更强的议价能力,他们就会试图压低价格,或者要求更高的产品价值,那么该细分市场的吸引力就会下降。另外,如果一个市场中有几个具有很强控制力的上游供应商,那么该市场的吸引力也会下降,因为这些供应商有能力抬高价格,或是降低所供产品的质量。

(三)旅游目的地或企业的目标和资源条件

在选择目标市场时,除了要考虑上述两个方面之外,旅游目的地或企业还需要考虑自身的目标和资源条件是否与市场相匹配。虽然有些细分市场颇具吸引力,但由于与企业的长期目标不吻合,也不适合作为目标市场。例如,近几年有些饭店连锁集团已经决定不进入赌业市场。如果一个细分市场符合企业的目标,但是企业缺乏在该市场上进行有力竞争的优势,那么也不适宜进入这个细分市场。

在经过详细的市场调查和分析并对市场细分后,旅游目的地或旅游企业就应根据自身的资源情况选择一个或几个细分市场作为目标市场,然后针对目标市场研究和拟定营销策略。

总之,目标市场的选择是在市场细分化的基础上进行的,选择目标市场的依据是细分市场吸引力的大小以及旅游目的地或旅游企业本身的资源情况和营销能力。

二、目标市场选择策略

在选择目标市场时可应用的策略一般有三种:无差异市场营销策略、差异性市场营销策略和集中性市场营销策略。

(一)无差异市场营销策略

无差异市场营销策略,也称作整体市场策略,即把整体市场作为目标市场,只提供一种营销组合。采用这一策略的旅游企业认为旅游者对其产品或服务具有共同的需要,单一的经营组合就能满足整个市场的需要。单一产品、大批量分销和大众广告成为基本的营销工具。如图 3-1 所示。

图 3-1 无差异市场营销策略

无差异市场营销策略的优点在于:(1)可以大规模地销售,简化分销渠道;(2)由于不需要细分市场,可以相应地节省市场调研和广告宣传等经费开支,使平均成本降低。

但是,无差异市场策略只适用于少数垄断性强、吸引力大的旅游产品,如长城、秦兵马俑等,这类旅游产品一旦创出品牌,取得信誉,采用此种策略就可以长期占领市场。而在当今的旅游市场竞争环境中,对于多数旅游目的地或旅游企业而言,都不适宜采取此种策略。因为在现实生活中,旅游者的需求是多种多样的,而且随着社会经济的发展,旅游者的个人兴趣和生活方式不断发生变化,旅游者的需求更趋多样化和个性化。显然,采用无差异市场策略无法满足旅游者的多样化需求。此外,当多家旅游企业都采用这一策略时,不可避免的结果就是在大的市场上形成激烈的竞争,而小的细分市场的需求又得不到很好的满足。尤其是实力较弱的中小旅游企业往往会发现自己无力在这一大市场上与大企业抗衡。正因为如此,许多旅游企业会选择较小的细分市场作为目标市场。

(二)差异性市场营销策略

差异性市场营销策略是指根据消费者的不同需求特点对整体市场进行细分,从中选择几个细分市场作为目标市场,并分别为每个目标市场设计不同的营销方案的一种市场策略(见图3-2)。

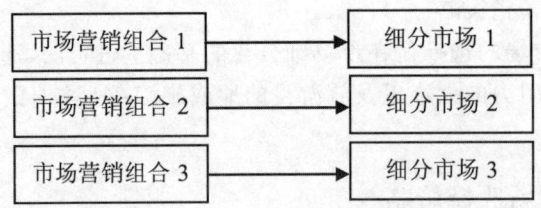

图3-2　差异性市场营销策略

例如,总部设在法国的雅高国际饭店集团(Accor International)是全球最大的饭店集团之一,经营管理着不同品牌和类型的饭店,分别针对高档商务客人、会议客人、观光度假客人和经济型旅游者等市场提供产品和服务。其中包括国际豪华饭店品牌索菲特(Sofitel)、高档饭店品牌诺福特(Novotel)、中档饭店品牌美居(Mercure)以及经济型饭店品牌宜必思(Ibis)和佛缪勒1号(Formula 1)等。雅高集团为每个目标市场提供不同的市场营销组合,通过这种细分策略满足了不同需求层次顾客的需要。实际上,在当今全球前十大饭店集团中,几乎无一例外都是拥有多个品牌,分别针对不同的细分市场。

差异性市场营销策略的优点是:(1)差异性市场策略较无差异市场策略更能适应旅游者的需要,能增加总销售量。实行差异性市场策略,是市场竞争的产物,现代旅游目的地或旅游企业大多都在实行差异性市场策略。(2)一个旅游地或旅游企业,如果同时在几个细分市场都占有优势,就会大大提高旅游者对旅游地或企业的信任感,扩大声誉,提升形象,并提高经济效益。(3)实行差异性市场策略,旅游地或旅游企业提供不同的旅游产品和服务,满足不同市场的需求,在竞争激烈的市场环境中必然处于优势的竞争地位。

差异性市场营销策略的缺点是:(1)由于采用差异性市场策略,势必要增加产品品种,导致研发经费增多,要求分销渠道和广告宣传媒体多样化和复杂化,推销费用和各种管理费用增多,必然要导致成本增加、投资加大。(2)实行差异性市场策略,由于产品品种多、数量少,限制了大批量销售,在一种产品经营中难以实现规模经济效益。(3)由于投资大、成本高、经营范围广,给旅游目的地的管理和企业经营带来困难。

(三)集中性市场营销策略

集中性市场营销策略又称为产品—市场集中化策略,即在市场细分化的基础上,选择一个细分市场作为自己的目标市场,集中力量服务于该市场,实行专业化生产和经营。实行这种策略的往往是资源能力有限的旅游地或中小型企业,它们在较大的市场上很难取得竞争优势,因而寻求在较小的细分市场上进行渗透。这样做比较容易在某一特定市场上拥有较高的市场占有率,在竞争中取得有利地位,获得较高的经济效益(见图3-3)。

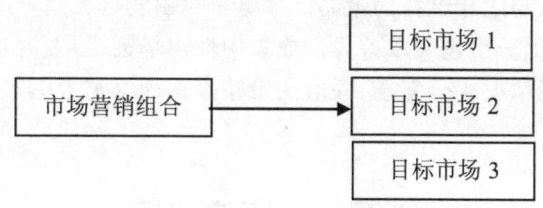

图3-3 集中性市场营销策略

这一市场策略的优点在于,首先,有助于旅游企业获得"集中兵力打歼灭战"的效果,在特定市场上占据优势;其次,资源有限的旅游地或中小企业采用这一策略,能够在特定市场上与知名度高的旅游地或大型企业进行有力的竞争。

这种策略的不利之处是目的地或旅游企业经营具有较大风险性。由于市场面窄,一旦该市场需求发生不利变化,目的地或企业就会处于被动局面。

由此看来,以上三种目标市场选择策略各有其优缺点。旅游目的地或企业在选择目标市场时,必须综合考虑自身特点、产品或服务的特点以及市场的具体情况,加以权衡。一般来说,选择目标市场策略要依据以下几个主要因素:

一是经营者实力。经营者实力是指生产能力、技术能力和销售能力等。如经营者实力强,资源丰富,就可以采用差异性市场营销策略;如实力不足,规模较小,则以采用集中性市场营销策略为宜。

二是产品特点。对于同质性产品,比较适合采取无差异市场策略;而对于异质产品,则较宜采取差异性或集中性市场策略。旅游地或企业可根据所经营的产品特性采取不同的目标市场策略。大多数旅游企业如饭店、餐馆、航空公司等都更适合选择差异性或集中性市场策略。如果某旅游地吸引物具有很强的垄断性,则可考虑采取无差异市场策略。

三是市场特点。旅游者的兴趣、爱好及其他特点很相近,也就是市场类似程度较高时,可采用无差异市场策略。如海外观光旅游者多是慕中国文物古迹之名而来,因此一些历史古迹、文物、风土人情项目可采用无差异市场策略;反之,宜采用差异性市场策略或集中性市场策略。

四是产品生命周期。处于投入期或成长期的产品,由于经营者对市场需求了解得尚不深入,且竞争者稀少,宜采用无差异市场策略,以便进一步通过市场的扩大,探测市场需求和潜在需求,以利产品的深化开拓。当产品进入成熟期或衰退期时,通过对大量需求者的深入了解,宜采取差异性市场策略,以更有针对性地满足市场;或者采取集中性市场策略,缩小市场面,集中满足某个细分市场,以延长产品生命周期。

五是竞争者市场策略。经营者采取哪种目标市场策略,往往视竞争者的策略而定,一般采取与之相抗衡的策略。如竞争对手实行无差异市场策略,经营者就应当针对有关细分市场采取差异性或集中性市场策略,去占领几个有利市场。不过,竞争双方的情况十分复杂,采取的策略也必须缜密考虑多方面的因素。

第四节 定位决策

一、定位的内涵与意义

(一)定位的内涵

早在 20 世纪 40 年代,定位(Positioning)一词就出现在市场营销的著作中。随着市场营销研究的发展,产品定位逐渐包含有使产品在消费者心目中更加具有吸引力,并创造一个更加有利的销售地位的含义。进而,本企业产品与竞争者产品的区分化的概念也逐渐发展起来。60 年代,公司形象(Corporate Image)得到了理论界和实业界的重视和充分的研究,进入了所谓的形象时代,产品定位理论与实践得到了进一步发展。人们大量地利用广告手段宣传品牌的形象,强化品牌形象的价值。强调产品的特性以及与众不同的促销运动取得了广泛的成功。然而单纯基于产品形象的宣传易于模仿,企业及产品的形象由于被竞争对手模仿而很难实现区分化的目的。70 年代以后,人们更加重视消费者的心理因素及定位,更加重视产品在消费者心目中的形象的创造。在这一领域,目标市场对产品的认知得到了更广泛的关注。

所谓定位,通常也称为产品定位或形象定位,是指为本企业及其产品在目标市场的顾客心目中树立起某种形象或占据某种地位的活动过程。定位是市场营销中的一项战略性工作,目的是要在目标顾客心目中创造一个期望的形象和位置。它通过识别顾客需要,开发并向顾客传播与竞争者不同的优势产品或产品的独特优势,使顾客对该企业及其产品有比竞争产品更好的认知的过程。定位不仅仅是一个市场沟通的过程,而是贯穿于市场营销整体的战略,是与目标市场的需要、产品开发、促销、定价、销售渠道、顾客服务紧密相关的内容。同时,市场定位也是一个产品区分化的过程。

(二)成功定位的意义

成功的定位对于企业经营具有重要意义,它主要表现在:(1)有助于企业在目标市场上创造出某种竞争优势;(2)有助于企业利用自己在某些方面的优势或长处去吸引对其感兴趣的市场;(3)有助于在消费者心目中造就本企业产品的持久形象。

对于旅游业经营而言,无论是旅游目的地还是旅游企业,恰当的定位尤其具有重要意义。一方面,当今的旅游目的地和旅游企业均面临着激烈的市场竞争。以饭店业为例,很多饭店特别是同档次饭店,都在以相差无几的价格面向相同类型的市场提供十分相似的产品与服务。另一方面,由于旅游产品的无形性特征,使得旅游者在真正消费之前无法对产品质量做出判断,增大了购买决策风险和在不同的可选服务商之间进行选择的难度。这样,如果一家饭店企业在消费者心目当中具有不同于竞争者的形象或地位,将成为消费者做出购买决策的重要依据。因此,旅游经营者有必要利用自己产品和服务的某些独特之处甚至创造出与众不同之处,通过市场营销组合手段的运用,使之成为目标顾客心目中本组织或产品的典型代表,树立起独特的形象。例如,在快餐业中,温迪(Wendy's)快餐店强调其不用冷冻肉、提供高质量美味食品的形象,汉堡大王(Burger King)以其火烤食物著称,麦当劳(McDonald's)连锁店定位为"家庭乐趣"餐馆。

二、旅游形象定位策略

任何一种产品和服务在消费者心目中都有一个形象和相对位置。这种形象和位置的形成可以是未经过营销人员策划,自然产生的;也可以经过仔细策划,作为整体营销战略的一个环节而形成的。对产品和服务定位的策划主要是基于产品和服务的一项或几项能够满足消费者需要的特征进行的。例如,不同的旅游目的地会宣传不同的形象。泰国会宣传其具有美丽的海滩、异国情调的饮食及独特的佛教文化,而肯尼亚则侧重其丰富的热带动植物,香港注重展示其美食和购物天堂的美誉,纽约必定强调其具有的多元都市文化。

(一)定位方法

旅游营销人员在制定定位策略时主要可以考虑以下几种方法:

1. 根据产品的特色属性进行定位。任何一旅游产品都可以看作是一组属性的结合,比如饭店产品的属性包括地理位置、建筑风格、服务质量、设施设备、餐饮质量、安全、价格等,餐馆的属性涉及菜品质量、上菜速度、服务质量、卫生、价格等。旅游营销人员就可以根据自己产品的某种或某些有特色或有优势的属性来进行定位。例如希尔顿饭店强调其地理位置,有些饭店可强调其完善的会议设施。

2. 根据提供的利益进行定位。产品能满足目标顾客的哪些需要或能为其提供哪些利益,也是可用以定位的依据。当然,这些需要或利益应当是目标顾客所看重的。例如,一家饭店在广告中强调自己是一家女性饭店,同时针对这一市场的需要,突出自己在安全方面所能给目标顾客提供的利益。

3. 根据产品类别进行定位。通过针对另一产品类别或者通过变换自己产品类别的归属来定位。例如,有些游船公司把自己定位为不同于在旅游地度假的一种独特的度假方式,会议中心一直将其产品与饭店的会议设施相区别,有些度假地饭店将自己定位为诸如温泉疗养中心之类的场所。

4. 针对现有竞争者进行定位。通过将自己与市场声望较高的某一同行竞争者进行比较,借助竞争者的知名度来实现自己的定位。其通常做法是通过推出比较性广告,说明自身产品与竞争者产品在某一或某些方面的联系,从而达到引起消费者注意并在其心目中形成印象的目的。例如,主营墨西哥式快餐的连锁企业塔克钟(Taco Bell)给自己的定位是"主流快餐的替代品",七喜(Seven up)成功地把自己定位为"非可乐",我国江苏省苏州市以"东方威尼斯"著称。

(二)定位应遵循的原则

一项产品可能有一个或几个特点能够比竞争产品更好地满足消费者的需要,不同细分市场对产品的各项特征或功能也都有不同的要求。以饭店为例,有些顾客可能更加注重饭店内客房的舒适及安静,而有些客人可能会更加注重饭店档次给他带来的社会地位和声誉的满足。尽管市场需要及产品特征千差万别,但在定位时仍需遵循以下几个重要原则:

1. 重要性。选择产品和服务的一个或几个特点进行定位时,这些特点对于目标市场必须是非常重要的,是目标顾客购买时首先要考虑的因素。

2. 独特性。用以定位的产品和服务属性要与众不同,其他竞争对手均不能提供相同特点的产品和服务,或无法用相同的方式来提供。

3. 可沟通性。营销人员能够用一种既简洁又明确的方式让顾客了解这一不同之处。

4. 可支付性。由于某项特征使该产品与众不同,有可能使产品成本增加、价格提高,但价格的提高不应使消费者感到超出了他的支付能力。消费者希望以合理的支出增加获得合理的价值增加。

5.可获利性。通过提高产品的优势而进行有效定位的前提是，必须能够获得新增的利润。定位不应以大幅提高产品成本、降低获利能力为前提。

很多企业在进行定位时往往没有满足上述原则而遭到失败。例如，新加坡Westin Stamford 旅馆在广告中称它是世界上最高的旅馆，但事实上这项特征对许多游客来说并不是最重要的，甚至有人可能因患恐高症而不敢前往住宿。

(三)定位工作的步骤

营销人员策划定位一般要经过五个过程：确定定位的层次，明确产品的特征，确定定位位置，评估定位选择以及实施定位。

1.确定定位的层次。对于旅游企业及旅游目的地而言，一般应考虑三个层次的定位：组织定位、产品线定位和单一产品定位。组织定位是指一个企业整体或目的地整体的定位。例如，某一旅游城市可将本城市定位为海滨度假和历史文化并重的目的地，而城市中的某一家饭店可定位为最富创造力的奖励旅游及会议饭店。产品线定位是对一组或一系列产品和服务的定位。如上述城市中的一家旅游经营商，可将自己的城市一日游系列定位为最适宜家庭旅游的项目。单一产品定位是对某一项产品和服务的定位。

一般情况下，营销人员不会在这三个层次上同时进行定位。组织定位往往与企业的长远发展战略紧密相关，短时间内很难发生改变。更多的情况是企业会针对不同目标市场的组合开发不同的产品并为其定位。

2.确定产品和服务的特征。当定位层次确定之后，就应根据目标市场的需要选定能够使本企业产品和服务区别于竞争对手的产品特征。而消费者正是在不同竞争产品和服务的差异性评估的基础上进行购买决策的。有些营销学者认为，为每种品牌的产品选择一种特征或属性比较恰当，然后全力专注于这一主题。

需要指出的是，消费者根据对竞争产品差异性的了解进行购买决策，这种差异性并不一定表现在影响购买决策的最重要的因素上。例如，对航空公司的乘客而言，安全是影响其购买决策的最重要的因素，随着全球主要航空公司安全标准逐渐统一，面对诸多竞争的航空公司，乘客开始将航班时间、舒适性、机上餐饮等因素作为乘机选择的主要标准。

3.确定定位位置。当选定了用来定位的产品特征后，就应确定目前该产品在定位图上的相对位置。定位图通常是由两个坐标轴分别代表两种产品特征，各竞争产品以这两种特征为标准而确定在定位图上的位置，如图3-4所示。

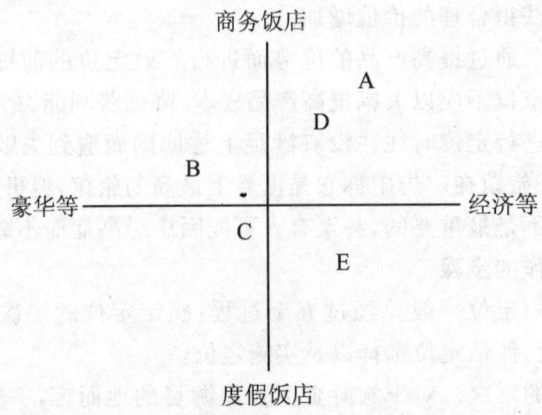

图 3-4 定位图

营销人员可以根据定位图判断并分析自己的产品与竞争对手的产品的相对位置,从而更好地了解竞争产品之间的相似性和差异性。

4.定位选择。最终的市场定位主要应从以下两个类型中选择:

(1)强化与竞争对手的现有相对位置。此种定位方式主要可以避免面对面的定位冲突。规模较大的企业可以以"最大的"或者"提供产品和服务类型最多的"来定位,如迪斯尼就可以以"全世界最大的主题游乐场"来定位;而小的企业可以强调自己虽不是最大的,但是最重视顾客服务的经营商。

(2)针对市场需要重新定位。定位最根本的是不能脱离目标市场的需要,而市场对同种产品或服务会有不同方面的需要。同样以商务旅游者为目标市场的饭店,有的可以强调能够提供个性化的服务,有的可以强调能够满足现代商务旅游者对通讯及信息方面的高要求。

在进行定位选择决策时,应充分考虑以下因素:

①哪一种定位最能够把本企业同竞争对手区分开来;

②我们的竞争对手已经确立了何种定位;

③什么样的定位最能使目标市场感觉到产品和服务最有价值;

④什么样的定位最经常为竞争对手使用;

⑤什么样的定位较少为竞争对手考虑。

以上定位主要是根据消费者对企业的认知进行的。除此之外,营销人员还应该了解竞争对手、消费者以及本企业三者之间复杂的认知关系对定位选择的影响。应该指出的是,企业对自身的认知往往同竞争对手及顾客对该企业的认知有很大差距,营销人员在确定产品和服务定位时必须要首先了解竞争对手及目标顾客对本企业的认知。

5. 定位的实施。定位的最终确立是通过企业与目标市场的互动过程完成的。这些互动过程包括企业各个部门、员工以及市场营销活动对目标市场的各种接触和作用。而企业的运营制度、内部的人力资源、财务方面的政策则直接影响着各部门、员工及市场营销活动对目标市场的接触和作用。因此，不但企业的市场营销活动和对顾客的服务过程，而且企业的内部制度及政策的制定也应反映并适应定位战略。

为保证定位战略的成功实施，所用营销组合中各项营销手段之间必须相互支持和配合，以便最终向目标市场传达鲜明的形象。例如，如果一家高档饭店决定以大公司商务人员为目标市场，提供豪华级饭店服务产品，那么其宣传品就不能使用劣质的纸张、浓烈的颜色和难以阅读的密集排版，就不宜采用直接降价的方法去促销，也不宜将经营廉价产品的中间商纳入自己的分销渠道。

案例 1

超级市场细分专家——万豪酒店

在市场细分这一营销行为上，万豪酒店可以被称为"超级细分专家"。

万豪集团针对不同的细分市场成功推出了一系列品牌：Fairfield, Courtyard, Marriott 以及 Marriott Marquis, 等等。在早期，Fairfield 是服务于销售人员的，Courtyard 是服务于销售经理的，Marriott 是为业务经理准备的，Marriott Marquis 则是为公司高级经理人员提供的。后来，万豪酒店对市场进行了进一步的细分，推出了更多的酒店品牌。在原有的四个品牌都在各自的细分市场上成为主导品牌之后，万豪又开发了一些新的品牌。在高端市场上，Ritz-Carlton 酒店成为优质服务的代表；Renaissance 作为商务和休闲品牌与 Marriott 在价格上基本相同，但它们面对的是具有不同消费心态的顾客群体——Marriott 吸引的是已经成家立业的人士，而 Renaissance 的目标顾客则是那些年轻的职场人士。在低端酒店市场上，万豪酒店由 Fairfield Inn 衍生出 Fairfield Suite，从而丰富了自己的产品线。位于高端和低端之间的酒店品牌是 Town Place Suites, Courtyard 和 Residence Inn 等，它们分别代表着不同的价格水准，并在各自的娱乐项目和风格上有效进行了区分。

伴随着市场细分的持续进行，万豪又推出了 Springfield Suites——比 Fairfield Inn 的档次稍高一点，主要面对一晚 75 至 95 美元的顾客市场。为了获取较高的价格和收益，酒店使 Fairfield Suite 品牌逐步向 Springfield 品牌转化。

案例 2

主题游乐场的定位分析

某主题游乐公司想在洛杉矶地区建立一处新的主题游乐场,以吸引众多想到洛杉矶参观迪斯尼乐园及其他旅游胜地的游客。目前洛杉矶地区已有包括迪斯尼在内的 7 家主题游乐场。这 7 家主题游乐场的管理者都必须知道如何为自己定位,如何与其他公司和新竞争者进行竞争。

新的竞争者应利用以下程序进行其定位。首先,提供 3 个游乐场为一组的调查表给游客,并要求他们在 3 个之中选择两个最类似的及两个最不相似的游乐场。然后,应用统计分析获得所需信息。

其次,游客在这些游乐场所寻求的 9 种满足感有:现场表演、交通便利、精美食品、新奇、运动性、趣味性、经济性、等待时间短以及教育性。其中,太平洋海底世界被游客认知为"等待时间最短",而魔术山(Magic Mountain)的等待时间最长,顾客认为布希公园(Busch Garden)是最为经济的选择等等。这样就可在定位图中得出各游乐场的相应位置。

新的主题游乐场公司利用这些信息,就可以了解洛杉矶地区原有各主题游乐场可能采用的各种不同的定位策略,在此基础上制定自己的定位策略。

思考题

1. 简述市场及旅游市场的含义。
2. 市场细分的标准及具体细分因素有哪些?
3. 旅游市场细分的意义何在?
4. 简述目标市场的概念及选择依据。
5. 试对主要的目标市场选择策略进行评述。
6. 什么是定位?
7. 旅游企业可运用哪些方法进行定位?
8. 请在所住社区挑选 3 家分别针对不同目标市场的餐厅,你认为它们应分别如何定位?

第四章 旅游营销信息与营销调研

学习目的

通过本章学习,了解旅游营销信息在旅游营销中的重要作用,了解旅游营销信息系统的概念和构成,明确旅游营销调研的类型,了解旅游营销调研的程序以及主要的营销调研方法。

主要内容

- 旅游营销信息系统

  旅游营销信息　旅游营销信息系统

- 旅游营销调研

  旅游营销调研　第一手调研　第二手调研　定量调研　定性调研　旅游营销调研过程

- 收集第一手资料的基本方法

  调查法　观察法　实验法

第一节　旅游营销信息及营销信息系统

详细的旅游营销信息是营销人员进行市场分析的依据,同时也是制定旅游营销战略战术规划和控制评估的基础。因此,获取营销信息是旅游市场营销过程中一个非常重要的环节。

一、旅游营销信息

旅游营销信息(Tourism Marketing Information)是反映旅游组织内外部营销环境及市场营销活动的实际状况、特征和相关关系的消息、数据的总称。由于旅游营销信息是为完成旅游组织的营销功能所需的各种信息的总和,因此,旅游营销信息具有复杂多样性。旅游营销信息可分为外部营销信息和内部营销信息。

(一)外部营销信息

外部营销信息分别来源于旅游组织所处的外部宏观环境和微观环境。其中宏观环境涉及经济、政治、法律、社会文化、技术、人口以及自然环境等因素,外部微观环境则包括顾客、供应商、营销中介单位、竞争对手及社会公众等因素。

1. 外部宏观环境信息

来源于外部宏观经济环境方面的信息主要有:客源地和接待地双方的经济发展战略以及宏观的财政、货币政策,产业结构及产业政策,国民经济发展的主要指标如国内生产总值、人均国民收入、通货膨胀率、失业率及国际收支等指标。

来源于政治法律方面的营销信息主要包括:客源地和接待地双方的政治制度和政治体制,基本的对外政策尤其是双方的外交政策和政治关系,双方所处的国际政治环境,恐怖事件发生的频率,双方居民的政治文化心理等。旅游企业还应关注政府和立法机关有关的立法,以及政府为保护消费者权益而制定的法律和法规。开展国际营销的旅游企业,还应关注双边和多边的有关公约和协定。

有关社会文化的信息主要包括:社会结构及人们基本的价值观、信仰和生活准则,社会中的阶层结构及其相应的消费观念,家庭结构及家庭生命周期情况,宗教信仰和习惯,民族特点和习俗,社会的职业构成,等等。

技术因素既对人们的旅游消费产生巨大影响,又给旅游企业提供的服务带来巨大变革。旅游营销人员应关注的技术因素主要有:信息技术的发展,通讯、交通领域的技术变革,代替人工的自动服务设备的发明与革新,新能源的利用技术,以及主要客源市场技术变革对产业结构及人们消费结构的影响等。

2. 外部微观环境信息

开展旅游市场营销活动的目的,就是要向顾客提供能满足其需要的产品和服务,并在此基础上实现旅游目的地或旅游企业的长期发展。对目标顾客的深入了解是旅游市场营销的基础性工作。旅游营销人员应注重收集目标顾客的消费能力、出游频率、出游方式、出游季节性、价格敏感程度及特殊服务需要等方面的信息。

对某一旅游企业而言,其供应商就是向本旅游企业提供生产特定产品和服务所需的各种生产要素的组织机构。旅游营销人员应关注上游供应商的商业信誉、产品价格、合作意愿及其产品和服务的质量。

旅游营销中介单位是指便利本企业将产品和服务分销给最终用户的所有企业和个人,包括旅游中间商、营销服务机构以及支持旅游企业的金融机构等。旅游营销人员尤其应注意搜集中间商的目标市场类别、商业信誉、销售实力、销售服务的种类及其佣金要求等信息。

旅游目的地或旅游企业的营销活动往往会受到竞争对手的影响,因此旅游营销人员必须识别并注意搜集竞争对手的信息。这些信息主要包括:本目的地或本企业的主要竞争对手有哪些?它们在资金、人员及服务等方面的实力如何?与本目的地或本企业相竞争的主要产品和服务是什么?其产品质量如何?另外,还有竞争对手的产品价格以及其促销宣传和销售渠道的情况等等。

除了以上因素外,旅游营销活动还受到公众的影响。旅游产品供应商应密切关注的有关公众的信息有:公众的群体类型及其各自的规模和相对影响力,公众尤其是当地居民、大众传播媒介、政府机构以及非官方的旅游组织的态度和意见及其强度,公众对旅游者的态度及其对旅游的潜在影响。

(二) 内部营销信息

对旅游企业来说,营销人员首先应注意搜集本企业内提供产品和服务的一线部门的有关信息。这些信息主要包括:一线部门服务人员的数量、质量、专业知识和技术水平,一线部门的管理水平,服务设备设施的状况,服务质量是否满足旅游者的要求等。

本企业在财务管理方面的信息也是旅游营销人员应密切关注的内容。这些信息主要包括:本企业主要的财务政策,资金来源及现金管理,企业的现金流动状况,产品和服务的成本构成,产品和服务的销售额及其对本企业现金流量的贡献等相关财务信息。

除对本企业内相关部门信息的搜集外,营销管理人员还应了解本部门的工作情况,主要包括:与企业营销组合(如产品和服务、价格、促销及销售渠道等方面)决策有关的信息,本部门的人员数量、素质、组织结构情况以及部门间的协作与信息沟通的状况。

二、旅游营销信息系统

旅游营销信息系统(Tourism Marketing Information System，TMIS)是指旅游企业内部由旅游营销人员、信息处理设备以及运作程序构成的相互影响的系统，这一系统收集、选择、存储、分析并传输准确而及时的旅游营销信息，以便旅游营销决策人员对营销活动进行更好的管理。

旅游企业的营销信息系统通常由四个子系统组成：内部报告系统、营销情报系统、营销调研系统和信息分析系统。这些子系统从旅游企业的内外部营销环境中收集各种营销信息，经过系统加工之后传输给旅游营销决策人员，作为营销决策的依据。旅游企业的营销信息系统及其运作形式如图4-1所示。

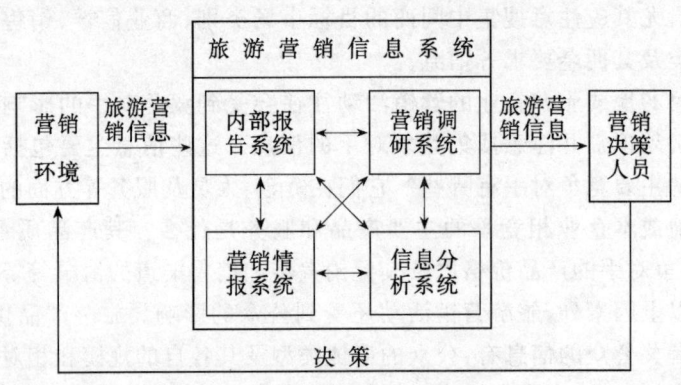

图4-1 旅游营销信息系统

(一)内部报告系统(Internal Records System)

在旅游企业的营销信息系统中，营销人员首先接触并最常使用的就是本企业的内部报告系统。这些内部报告主要来自于企业的一线部门、财务部门和人力资源管理部门，它们向旅游营销人员提供各部门与营销活动有关的运作情况，营销人员可以从中获得有关企业日常经营及其他所需的信息。例如，饭店营销人员可通过内部报告系统了解饭店每日的客房出租率、住客人数、平均房价、团队客人数量等信息；还可根据预订记录了解未来某段时间的客房预订情况，从而做出促销活动的安排。

旅游企业的内部报告系统由企业各部门协作建立，相互定期或不定期地报告与彼此运作有关的特定信息。内部报告系统所提供信息的数量和质量应与旅游营销信息使用者的素质相统一，以便于营销人员的使用。对于任何一名旅游营销决策人员而言，并不是信息量越大、信息复杂程度和精确程度越高就越能提高其决策水平。事实上,过于复杂和过多的信息往往会超过营销决策人员的信息处理能力,从而为其决策过程增加干扰因素。而过于频繁或即时性过强的信息也往往使决策人员花费过多时间,从而干扰了其营销管理工作。

因此,在设计内部报告系统时,旅游营销决策人员应向其他部门提出自己进行营销决策所必需的信息要求。其原因在于,其他部门的信息提供者往往对营销决策者的信息要求并不了解,在不加控制的情况下,很难将本部门的信息筛选出适当的种类和数量提供给旅游营销人员使用。所以,每位营销决策人员应将自己所需信息的种类、所需信息的时间期限、特定问题的有关信息以及对待特定信息的分析和解释等各种要求,告知其他部门的信息提供者。

(二)**营销情报系统**(Marketing Intelligence System)

旅游企业的营销情报系统是旅游营销决策人员获取有关营销环境及营销活动进展情况的信息来源,它为旅游营销决策人员提供当前外部正在发生的情况的各种信息。营销情报的来源可以分为内部来源和外部来源两类。

1. 内部来源。对于外部即时状况的了解,旅游营销决策人员可以通过自己收集资料的方法获得。这一过程存在于旅游营销决策人员日常工作的各个环节之中。他们通过浏览网络信息、阅读专业报刊杂志、收看电视以及同顾客交谈、与供应商或销售人员交谈,或参加行业举办的各种活动等了解到一些信息。但通过这种方法搜集营销情报非常有可能漏掉大量有价值的信息,或者对某些重要的信息了解得太晚或过于片面。

旅游企业的其他员工也是营销情报的重要收集者,一线服务人员、销售人员、采购人员等都有机会获得有关营销环境的重要信息。但实际当中,这些人员往往没有意识到自己作为信息收集者的角色,或者忙于本岗位的工作而忽略了对营销情报的收集,或者根本不知道如何收集。因此,旅游企业的管理人员应培训员工具备信息收集者的角色意识,并有能力发现及报告营销环境出现的新变化。

2. 外部来源。旅游企业还可从其供应商、分销商、竞争者、行业协会、政府机构、互联网以及提供有偿服务的市场调研公司那里获得重要的营销情报。比如,专业杂志上的文章、旅游管理机构发布的年度报告和统计数据、竞争者的新闻发布会和广告宣传活动等,都提供了可能颇有价值的信息。旅游代理商也应成为旅游企业营销情报的一个重要来源。在当今信息时代,互联网成为搜寻信息的重要渠道。营销人员利用互联网搜索引擎就可以从为数众多的网络数据库中搜索信息,其中有些数据库是免费的,而有些数据库是要注册缴费才能使用的。除此之外,旅游企业还可从外界营销情报提供机构如专业的旅游咨询公司那里购买一部分信息,这些企业或机构在营销情报收集方面通常较为专业,提供的营销情报较为可靠。

(三)营销调研系统(Marketing Research System)

管理人员经常需要对某种具体的情境和问题作正式的有针对性的研究。例如,当航空公司想增加某种机上服务项目时,就需要了解乘客对公司推出该服务项目可能作出的反应,如是否会因为此服务项目而选择本公司,或者是否愿意为此服务项目多付费,等等;饭店的餐厅经理可能想了解近期餐饮销售额下降的原因或者想了解某次广告宣传活动的效果。由于日常收集的营销情报较为零散且没有针对性,往往无法对这些问题做出回答,在这种情况下就需要进行相关调研。营销调研是识别和界定营销问题与机会,控制和评价营销活动及绩效,以及与管理层沟通调查结果的过程。有关营销调研的问题将在下一节中作重点介绍。

(四)信息分析系统(Information Analysis System)

通过以上三个子系统,旅游企业可获得大量的营销信息。为了从已经收集到的信息及情报中进一步选择和提炼可为决策直接使用的信息,旅游营销人员还需借助信息分析系统进行相关数据分析。信息分析系统由营销信息和分析技术构成。旅游营销人员通常运用统计分析方法和数学模型,了解数据当中存在的关系,并据此作出有效决策。

收集到的信息必须在适当的时间传递到营销管理人员手中。目前许多大企业已经实现了营销信息系统的集中化管理,定期将各类信息提供给各管理人员。近年来,信息技术的发展改变了传统的信息传递方式。企业的管理人员现在只需一个终端就可以直接进入企业信息网络,及时获得企业内外部营销信息,在此基础上分析数据,并通过电子沟通渠道与他人进行沟通。信息处理和传输效率得到了前所未有的提高。

第二节 旅游营销调研

旅游营销人员除了从内部报告系统和营销情报系统中获取关于内外部营销环境及营销活动的信息外,还需要对特定的问题或突发的情况进行集中性的研究,这一过程就是旅游营销调研过程。

一、旅游营销调研概述

营销调研是指为提高营销人员的决策水平而系统地收集、加工、分析以及传输数据资料,并提出与本企业面临的特定营销状况或问题的相关调研结果的过程。营销调研的含义与我们通常所说的市场调研(Market Research)是有一定区别的。市场调研主要关注于消费者行为的调研；而营销调研涉及的内容更为广泛，它除了包括消费者行为调研外，还包括对一系列营销活动的调研。

一般而言，旅游营销调研按调研内容的不同可以分为旅游营销环境调研、旅游者及市场需求调研、旅游营销组合调研以及旅游营销活动评估性调研几类。旅游营销调研的目的也有很多，马里奥特酒店的前服务营销经理 Frank Camacho 曾列出了该酒店开展营销调研的主要目的：市场细分及衡量细分市场规模；产品概念开发和产品测试；市场价格敏感性评估；广告与促销评估；市场跟踪；顾客满意度调查。

对旅游营销者来说，不论是要了解市场需求的变化、目标顾客的特征以及旅游者的购买行为，还是要明确各种营销举措的效果，抑或是要制定营销战略和行动规划，几乎无一不需要以开展营销调研为基础。

二、营销调研的类型

在旅游市场营销研究中，人们对营销调研的类型多有不同的划分。这里，我们重点讨论几种最为常见的营销调研类型：第二手调研和第一手调研，定量调研和定性调研。

（一）第二手调研与第一手调研

根据开展营销调研时所使用的信息来源，可将营销调研划分为第二手调研和第一手调研。

1. 第二手调研（Secondary Research）。第二手调研是利用现有的第二手资料就某一问题开展的调研。第二手资料（Secondary Data）是指为了其他目的而收集的、已经存在的数据。

当需要收集信息时，营销调研人员应从第二手调研入手，因为收集第二手资料相对来说省时省力，而且耗资较少。如果收集到的第二手资料已经能满足当前调研的需要，则无需进行新的资料的收集。但这种情况往往并不多见，因为第二手资料毕竟不是出于当前调研的需要而专门收集的，其相关性、时效性、可信性、适用性都是需要考虑的因素，所以在很多情况下，第二手资料不能完全满足调研需要。调研人员在第二手调研的基础上，根据当前调研项目所需资料的缺失情况，就可以设计有关原始资料的收集方案。

第二手资料的来源范围很广，主要有以下几种：

（1）本企业的内部记录，如财务报表、销售记录、有关营业档案等；

（2）政府机构，如我国各省市旅游主管部门公布的旅游业统计资料和调查报告；

（3）各旅游组织发布的各类旅游统计资料、调研和预测报告，如世界旅游组织(UNWTO)、亚太旅游协会(PATA)发布的统计数据；

(4)各类旅游相关出版物,如旅游行业报刊、旅游学术期刊等；

(5)市场调研公司。

2.第一手调研(Primary Research)。在无法获得第二手资料,或者第二手资料满足不了当前调研项目需要的情况下,营销调研人员就要开展第一手调研。第一手调研就是针对某个调研课题,专门展开原始调查来收集资料,并对资料进行分析和研究的调研方式。

第一手调研所收集和使用的资料是第一手资料,即专门为当前调研目的而收集的原始资料,因而只要这些资料的收集方法得当,其可靠性和时效性通常都会很高。但第一手调研开展起来往往费时费力,而且费用很高。

(二)定量调研与定性调研

根据调研方法的性质,可将营销调研划分为定量调研和定性调研。

1.定量调研(Quantitative Research)。定量调研是指针对需要进行数量估算的调研项目,通过对有关调查统计数据的收集、处理和分析研究,得出调研结果或找出问题解决方案的一种调研方式。定量调研通常都是在事先设计调查问卷的基础上展开的,因而调查问卷的设计质量将直接影响调研结果的可靠性。除此之外,调查对象的选取或者说调查样本是否具有代表性对于成功的定量调研也至关重要。

2.定性调研(Qualitative Research)。定性调研不对调研结果进行量化分析,常被用于以探索旅游消费者的态度、感知和动机等为目的的调研项目。由于消费者的态度、感知等心理认知领域的问题很难通过量化的方式予以考察,此时以定性描述为主要形式的调研就相对更为可靠。此外,在有些情况下,为了进一步确证定性调研中的发现,旅游营销者还可以基于这些发现,进一步设计和组织有关的定量调研,从而提高定量调研的效率。

三、旅游营销调研过程

一般而言,旅游营销调研过程包括如图 4-2 所示的四个基本步骤。

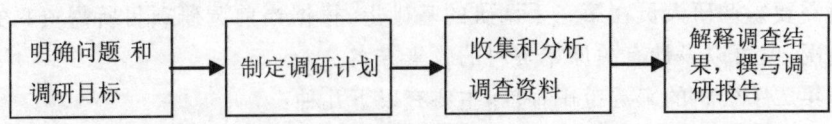

图 4-2 营销调研过程

(一)明确问题并确立调研目标

在营销调研过程的第一个阶段,营销人员要十分审慎地确定本次调研要解决的问题,并据此确立调研的目标。并不是所有营销人员一开始就对营销调研的目标十分清楚,这是因为旅游营销过程中出现的任何一个问题都有许多方面的因素值得研究。如果营销人员没有能够对问题有清楚的认识,那么在收集信息时就极有可能盲目行事,最终收集大量毫无价值的信息,耗费大量的时间和费用。

营销调研的目标主要有三种类型:(1)探索性调研,即初步收集信息以便识别问题或提出假设;(2)描述性调研,是指通过收集信息来了解并描述目前的状况,即回答"是什么"的问题;(3)因果性调研,是指通过调研来对假设的因果关系进行验证,即说明"为什么"的问题。

(二)制定营销调研计划

旅游营销调研过程的第二个阶段,就是制定调研计划。在制定详细的调研计划之前,旅游营销人员应根据对问题的初步了解、解决问题的紧迫性、经费来源以及自身素质和工作经验等因素,决定是否需要进行调研,还是直接根据个人经验进行决策。在很多日常营销决策前,营销人员由于时间和经费的限制,或者因为决策本身并不是关系到全局的重大决策,并不一定必须获得全面而准确的信息。在这种情况下,决策前不可能也不必要做到面面清楚,而决策者在专业领域中的丰富经验、个性,尤其是决断的勇气经常在信息不足的情况下导致良好决策的产生。但是,企业在制定重要战略决策时,一般应针对特定营销问题进行详细深入的营销调研,以避免较大的决策风险。因此,并非没有营销调研就不可能进行营销决策,但是缺乏营销调研的决策往往存在较大的风险。

当确定要进行营销调研时,调研人员就应在明确了问题和调研目标的基础上,进一步制定营销调研计划。调研计划的内容一般包括:

(1)该项调研的时间进度安排;

(2)本次调研的经费预算;

(3)所需要收集的第二手资料和第一手资料;

(4)收集第一手资料时所拟采用的调查方法;

(5)调研人员的选择;

(6)本次调研是利用外部营销调研机构还是由本企业独立完成,等等。

(三)实施调研计划

在此阶段,调研人员将上一阶段的调研计划付诸实施,收集第二手资料和(或)第一手资料,并对收集来的信息进行加工和分析。对于大多数旅游营销调研而言,信息收集阶段通常是耗时最长、花费最大,而且是最容易出现错误的阶段。数据收集工作可由本企业的营销人员来完成,也可由企业外部专门从事数据收集的营销调研公司来完成。前者的优势在于本企业能够对信息收集过程进行有效控制,而后者的优势则在于这些外部公司在收集信息方面可能效率更高。

资料收集完毕之后，营销人员应将所有的信息加以整理、筛选，以保证其系统性和真实性。营销人员一般应运用恰当的统计分析方法，以便提出更多的研究结果，并得出全面而合乎逻辑的结论。

(四)解释结果，撰写调研报告

营销调研人员有必要对调研结果进行解释，提出决策者所关心的营销问题的最终答案并上报管理层。调研人员对调研结果的陈述不应仅停留在大量的统计数字、表格以及统计公式上，而应以清晰明了的语言和数据，以解答问题的形式展示给管理人员。

营销调研报告是对营销活动中面临的问题进行调查研究后，将研究结果进行的书面陈述。调研报告是调研成果的体现。撰写调研报告时，应注意以阅读者为导向进行编写。调研人员在调研报告中必须明确回答营销调研之初确定的问题。报告引用的数据均应加以复核，力求准确无误。

第三节 收集第一手资料的基本方法

一、调查法

最为常用的收集第一手资料的方法就是调查法(Survey)。

(一)选择接触方式

调查法在实际运用中，根据与被调查者接触方式的不同，主要有人员访谈、电话调查、邮寄问卷调查以及利用互联网开展调查等几种具体方法。

其中，人员访谈又有两种不同的形式。一种是个人访谈，调研人员根据需要在旅游景点、机场或港口、商场、大街上或访谈对象家里等任何选定的地点，进行与访谈对象两人间的面谈。开展个人访谈时，调研人员通常借助于事先设计好的问卷，请访谈对象进行回答。但当对为数不多的几名被调查者分别进行深度访谈(In-depth interview)时，往往并没有事先拟定好的调查问卷，而主要是依靠调研人员的引导。深度访谈常被用于探寻旅游消费者的购买动机以及对某产品的态度和感知等深层次问题的调研中。

人员访谈的另一种形式是集体访谈，即调研人员同时对多人进行面对面的访谈，其最典型的代表就是焦点小组访谈(Focus group interview)。开展焦点小组访谈，通常是邀请6~10名访谈对象聚集在一起就相关问题进行讨论。为激发小组成员表达出真实的想法和感受，负责访谈的调研人员通常鼓励他们进行开放式的讨论,加强彼此间的互动。焦点小组访谈一般要由受过专门培训的调研人员负责,通常选在舒适的场所,在轻松的氛围下展开。在旅游营销实践中,焦点小组访谈正日益成为一种主要的营销调研方法,它尤其适合饭店、餐馆这样的易于与其顾客接触的服务企业使用。

无论是传统的人员访谈、邮寄问卷调查,还是新兴的互联网调查,每种调查方法在使用上都有各自的优点和局限性。表4-1列出了它们在灵活性、数据质量和成本等方面的优劣势,调研人员可根据具体调研项目的数据要求、时间要求、经费预算以及其他具体条件来选择合适的调查方法。

表 4-1 各种不同接触方式的调查法的优劣势

	邮寄问卷调查	电话调查	人员访谈	网络调查
灵活性	差	好	非常好	中
所收集数据的质量	好	中	非常好	好
对访谈者影响的控制	非常好	中	差	非常好
对样本的控制	中	好	非常好	中
数据收集速度	差	非常好	好	非常好
反馈率	差	好	好	中
成本	好	中	差	非常好

在运用调查法收集第一手资料时,除了要对具体的调查方法做出选择之外,一般还要就样本和问卷做出安排。

(二)选择样本

样本(Sample)应该具有代表性,能让调研人员借以推断更大规模的人口群体的情况。对样本进行设计,实际上就是要对以下问题做出回答:

(1)调查对象是谁?例如,要对家庭度假的决策过程进行研究,调研人员就要确定调查对象,是家庭中的丈夫、妻子、其他家庭成员,还是旅行社,抑或是把他们都作为调查对象。

(2)需要调查的人数是多少?样本越大,结果越可靠,但调研成本也越高。调研人员需要在结果的精确度与调研成本之间做出权衡,从而确定样本规模。在有些情况下,如果抽样合理,即便规模较小的样本也能得出可靠的结果。

(3)如何抽样?抽样方法有简单随机抽样、分层随机抽样、定额抽样、方便抽样等等。抽样方法不同,调查费用和结果准确性方面都会有差异。

(4)何时对样本进行调查?在旅游业中,顾客的类型可能会因为时间的不同而发生变化。例如,某餐馆午餐时间的客人可能多是在该餐馆附近区域工作的人,而晚餐客人可能多是该地的居民;某饭店平日里的客人可能以商务客为主,周末则以消遣性客人为主。这样,调查时间的选择对所收集的信息就有重要影响。

(三)问卷设计

问卷是目前营销调研中运用最为普遍的调研工具。由于问卷的设计质量将直接影响信息收集的质量,因此调研人员要十分重视问卷的设计工作。

在设计问卷时,调研人员需要确定问题的内容、提问的形式、问题的措辞以及问题的前后排列顺序。一般来说,问题有封闭式问题和开放式问题两种。封闭式问题即是问题后面给出所有可能的答案供被调查者选择,比如是非选择题、多项选择题或量表性问题都属此类。开放式问题则是让被调查者用陈述的方式来回答问题,比如"您对本饭店有何意见?"或是"当您选择旅行社时,最看重的因素是……"封闭式问题便于调研人员日后进行统计分析,但设计要求比较高,它所提供的备选答案应力求覆盖所有可能的选择,否则将会影响信息的准确性。而开放式问题的设计一般比较简单,也可能收集到更多的信息,但不便于进行统计分析。由于开放式问题需要占用答题者相对较长的时间,所以在一份问卷中此类问题不宜过多。表 4-2 举例说明了问卷中可以采用的问题类型。

表 4-2 问题类型举例

问题类型	名称	含义	举例
封闭式问题	二项选择法/是非法	提供两个可选答案	"您是否通过网络来进行此次的酒店预订?" 是 □　　　　　　　　　否 □
	多项选择法	提供三个或以上可选答案	"您与谁结伴乘坐本次航班?" 无人 □　　　　　　孩子 □ 伴侣 □　　　　　　伴侣及孩子 □ 商务伙伴/朋友/亲戚 □　有组织的旅行团 □
	李科特量表	列出同意或不同意的程度供答题者选择	"担任您本次旅行的导游的服务质量很好。" 非常不同意　不同意　无法判断　同意　非常同意 1 □　　2 □　　3 □　　4 □　　5 □
	重要性量表	列出某种属性的重要程度供答题者选择	"对我来说,航班上的餐饮服务" 极为重要　很重要　有些重要　不很重要　根本不重要 1 □　　2 □　　3 □　　4 □　　5 □
	购买意向量表	列出购买意向程度供答题者选择	"如果航班飞行过程中提供电话服务,我会" 肯定购买　可能购买　不确定　可能不买　肯定不买 1 □　　2 □　　3 □　　4 □　　5 □
	等级量表	将某种属性从"差"到"非常好"进行排列	"本酒店的客房服务" 非常好　很好　好　中　差 1 □　　2 □　3 □　4 □　5 □
	语义差别法	给出两个处于极端位置的词,让答题者选择能表示其感觉的位置	"您认为本航空公司" 大　＿＿＿＿＿＿＿　小 有经验　＿＿＿＿＿＿＿　无经验 现代　＿＿＿＿＿＿＿　过时

(续表)

问题类型	名称	含义	举例
开放式问题	高度非结构化	被调查者可以自由回答	"您对本酒店的看法如何?"
	完成句子	提供未完成的句子,由答题者来完成	"当我选择旅行社时,最重要的考虑因素是＿＿＿＿＿＿＿＿＿＿"
	完成故事	提供不完整的故事,由答题者来完成	"前几天我乘坐本公司的航班,我注意到内外机身的颜色都很明亮,这使我产生以下的想法和感觉"请完成这个故事
	词语联想	提供一个词,由被调查者回答看到该词后进入脑海的第一个词	"当我听到以下词语时,进入我脑海的第一个词是"经济型酒店＿＿＿＿＿＿＿旅行＿＿＿＿＿＿＿

在设计问卷时,主要需注意以下几点:

(1)对问题的表述应避免使用有可能引起歧义的词语;

(2)对问题的表述应避免使用学术性语言;

(3)对问题的表述应避免使用可能会对答案产生提示性影响的措辞或语气;

(4)调查问题的设计应考虑调查对象的背景,避免询问令调查对象难以理解或没有把握回答的问题;

(5)不宜询问可能涉及调查对象隐私,或者令调查对象感到有伤自尊从而不愿回答的问题;

(6)避免询问需要调查对象费力回忆才能作答的问题;

(7)问题的先后顺序要符合逻辑;

(8)备选答案要覆盖所有的可能性选择,等等。

通常,在大规模使用问卷前,调研人员需要在小范围内对其进行检验,以便对问题的内容和形式做出修正。

二、观察法

观察法(Observation)是指调研人员通过观察相关的人、活动和情境来获取第一手资料的方法。例如,某餐饮企业的调研人员作为普通顾客到竞争者餐馆就餐,通过观察收集竞争者的菜单内容、菜品价格、客流情况等方面的信息。

观察法在实际运用中,通常有直接观察和间接观察之分。前者指的是调研人员通过对调查对象进行直接观察来获取有关信息。例如,餐饮企业的调研人员观察一线员工的对客服务流程,对每个工作环节及其耗用时间进行记录。通过对观察记录的分析,调研人员可能会发现需要改进的环节,最终有助于员工工作效率的提高。间接观察指的是通过对调查对象进行间接观察来获取信息的方法。例如,餐馆调研人员为了解各菜品的受欢迎情况,定期去倾倒残羹剩菜的垃圾桶前看看,而不是直接去询问顾客对各菜品的感受。调研人员还可借助某些仪器设备来进行观察。

观察法可以帮助调研人员获得一些人们通常不愿或不能提供的信息。但观察法也有一定的局限性。当被观察者知道自己在被观察的情况下,信息的可靠性可能会受到影响。另外,使用观察法得到的调查结果也会受到观察者自身知识、经验的影响。观察者不同,得出的结论就有可能不同。

三、实验法

实验法(Experimentation)就是通过选择对照组,给予他们不同的条件并控制无关因素,检查每组不同的反应,从而获得有关信息的方法。例如,一家航空公司在推出某项新的机上服务项目之前,想了解不同的定价将会对这一新服务的销售产生怎样的影响。运用实验法,公司可以在其经营的某一航线的航班上以一种价格推出这项服务,而在其另一条航线的航班上以另一种价格推出该服务。如果两条航线的飞行距离、抵离地条件、乘客类型等因素都非常相似,而且其他营销努力都相同的话,那么两个航班上该服务不同的销售额就与不同的定价密切相关。

案例

一张"有问题的问卷"

假设一家餐馆的营销经理准备了下面这样一个问卷来对餐馆的潜在顾客进行调查。你对每个问题如何评价?

---

1. 你的收入最接近多少?

人们往往不知道自己收入的准确数字,而且也不愿披露自己收入的详细数字。调查者决不能以这样一个私人性问题来作为一张问卷的开始。

2. 你外出就餐有多频繁?

这个问题非常模糊,它没有明确就餐餐馆的类型或是一天当中的哪一餐。在描述性调研中,加上适当的类别限制是很有帮助的。

3. 在每周的工作日期间,你有几天会吃早餐?

1 _____   2 _____   3 _____   4 _____   5 _____

提供的答案没有穷尽所有可能的选择。如果一个人从来也不吃早餐呢?还应给出第六个选择,即 0 _____。

(续表)

4.平均而言,你在午餐上的消费是多少?
　　　＿＿＿＿0～2美元　＿＿＿＿2～4美元　＿＿＿＿4～6美元　＿＿＿＿6～8美元
　　选择有重叠。如果有人花2美元、4美元或6美元,那他可以选择两个答案当中的任何一个。而且,提供的答案也没有穷尽所有可能的选择,如果有人花费在8美元以上,那他就没有可选答案。

5.你希望餐馆在周末晚上提供乐队的现场演出吗?
　　是＿＿＿＿　　　　　　　　否＿＿＿＿
　　"希望"这个词不能代表购买行为。许多被调查者会选择"是",因为给他们提供了娱乐选择,但他们并不会每个周末都出来用餐。而且,增加服务属性在很多情况下都意味着成本的增加。如果需要顾客支付这笔费用或用提高酒水价格的办法来弥补,就应该明确提出来(被调查者的选择就有可能不同)。另外,问题当中没有明确乐队的类型。如果希望听到乡村音乐或西部音乐的人选择了"是",而实际上由重金属乐队来演出时,这些人就可能会很失望。

6.去年4月份你收到了较多的餐馆折价券吗?今年呢?
　　谁记得住这些?

资料来源:Philip Kotler, *et al.*, *Marketing for Hospitality and Tourism* (4th edition), Pearson Education, Inc., 2006.

思考题

1.简述旅游营销信息的概念和构成。
2.试述旅游营销信息系统的概念及内涵。
3.在收集第二手资料时,有哪些主要的信息来源渠道?
4.试述开展营销调研工作的基本程序。
5.用于收集第一手资料的方法主要有哪些?每种方法各有何优缺点?
6.在设计调查问卷时,需要注意哪些问题?

第五章 旅游市场营销计划

学习目的

通过本章学习,了解旅游市场营销计划的概念和类型以及制定营销计划的重要意义,了解营销战略与营销战术的区别,明确基本的旅游营销战略决策内容,掌握制定旅游市场营销计划的基本程序以及各阶段的主要工作内容。

主要内容

- 旅游市场营销计划
  旅游市场营销计划的概念 战略性旅游市场营销计划 战术性旅游市场营销计划
- 旅游市场营销战略决策
  战略业务单位(SBU)组合 成长—份额矩阵 市场渗透战略 市场开发战略 产品开发战略 多样化发展战略 产品定位决策
- 旅游市场营销计划的制定
  旅游市场营销计划的制定程序 PEST 分析 SWOT 分析 营销目标 营销预算方法 营销组合 评价与控制

第一节 旅游市场营销计划概述

一、旅游市场营销计划的概念及其重要意义

旅游市场营销计划(Marketing Planning)是旅游目的地或旅游企业通过对目前市场发展态势以及自身地位和实力的分析,对今后特定时期的营销目标以及实现这些目标的营销战略和行动方案进行系统策划的工作过程。反映这些既定目标、营销战略和行动方案的书面文件,便是该旅游目的地或旅游企业的市场营销计划(Market Plan)。由此可见,在不同的语境下,"旅游市场营销计划"这一中文表述有不同的语义,它或者指旅游营销计划的制定工作过程,或者指营销策划工作的产物或成果。

在不断变化着的市场环境中,为了使自己的经营决策不致迷失航向,在激烈的竞争中生存和发展,任何企业都不得不对自己的业务活动进行系统的规划,识别有利的经营机会,制定有效的经营策略,策划具体的行动方案,从而使业务的开展有据可依。一个企业的规模越大,它所涉及的产品和细分市场也就越多,有效地规划其业务的重要性和系统地开展市场营销工作的必要性也就越大。尤其是旅游行业,它在经营中面临的突出问题是市场需求的波动,这一特点愈发显示出旅游行业需要在计划规定的目标范围内开展工作。

由于市场的发展变化往往会掩盖或削弱计划工作的必要性,从而使一些企业因忽视计划而招致破产。如20世纪60~80年代的西方国家的度假市场,在总体需求规模迅速增长的背景下,任何公司都易于生存和发展,营销计划似乎成了可有可无的事情。而一旦出现需求下降,那些没有制定营销计划以应对各种变数的企业就会面临较为严重的生存威胁。因此,为了在随时都有可能出现变动的市场环境中有目标地开展工作,无论是旅游目的地营销组织还是旅游企业,都应把营销计划作为工作重点加以考虑。

二、营销计划的类型

一般地讲,任何计划工作都包括两方面的主要内容,一是制定今后的发展目标,二是规划实现这些目标的实施方案。目标的制定通常要在市场调研与分析的基础上进行。实施方案的策划则需要考虑有关的费用成本,并且要考虑以何种方式控制计划的实施以及评估计划目标的实际落实程度。但是,由于计划所

涵盖的时间长短不同,所定目标的层次也会有所差异。有的目标是长远性的战略目标,有的目标则属于为保证长远性战略目标的最终落实而在某一时期内要实现的阶段性目标。因此,围绕不同层次的目标,营销计划可划分为战略性营销计划和战术性营销计划两大类。

(一)战略性营销计划

战略性营销计划(Strategic Marketing Plan),通常也被称为战略性营销规划,是一种长远性规划,通常指三五年或更为长久的时期。战略性营销计划同一个旅游企业同期内的总体经营规划,或者一个旅游目的地旅游业同期内的总体发展规划有着密不可分的关系。它们都要回答以下三个基本问题:

第一,本企业经营的现状如何?或者本地旅游业发展的现状如何?

第二,今后某一较长时期内要达到什么目标或实现何种市场地位?

第三,如何实现这些目标或这一市场地位?

不同的是,旅游企业总体经营规划或旅游目的地总体发展规划所涉及的内容范围要比营销规划广泛得多。以旅游企业总体经营规划为例,除了市场营销方面的内容以外,还需要就财务、人事、运营以及管理等方面的发展做出基本规划。企业总体经营规划将影响未来若干年企业总体发展的决策。对于任何以营销为导向的旅游企业来说,战略性营销规划是企业总体经营规划中最重要的组成部分。其主要原因在于,市场营销计划在很大程度上决定着企业未来的营业收入。企业总体经营规划中的其他工作的开展与落实,都需要以盈利为前提条件。而企业能否实现长远的盈利,则取决于能否争取到足够数量的顾客购买其产品,这一点恰恰是市场营销工作所需要解决的问题。因为市场营销工作的根本职能在于直接负责识别和刺激未来顾客的需求,并将这些需求转化为营业收入。当然,我们并不是说企业总体经营规划只是同市场营销有关,更不是说企业的战略营销计划就是企业的总体经营规划。这些显然都是不正确的观点。但是我们不难证实,无论是一个旅游企业还是整个国家或地区的旅游业,其发展规划都应以增加旅游收入为主导,从而都应将营销规划置于首要的地位。

战略层次上的营销计划总是着眼于长远性的营销决策,它所反映的是未来的发展蓝图。在这个意义上,战略性营销规划具有主动、超前的特点,同时,它也是针对市场供求发展趋势所做出的一种策应性计划。

战略性营销规划的主要内容包括:

1. 战略目标。所谓战略目标,是指一个旅游目的地或旅游企业在将来某一时期内在其市场中所要占据的位置,通常要就未来的目标市场、产品范围、销售量、计划增长率、市场份额以及创收或利润额等方面做出大体规定。

2. 形象地位。规定未来某一时期内企业或旅游目的地在市场上应努力树立起何种形象,以及在人们心目中达到何种地位。所谓在市场上的形象,既指该企业或旅游目的地及其产品在客源市场心目中的看法,同时也包括在有关中间商心目中的看法。实际上,关于未来形象地位的决策也是一种战略目标,但这种目标通常不便以量化的形式来表达。例如,英国威尔士旅游局曾将其战略目标定为:"改变顾客目前对威尔士的印象,树立威尔士是一个四季皆宜旅游的目的地形象。"

3. 营销预算。指实现计划营销目标所需要的资金。

4. 营销战略。指为实现既定目标所需采取的路线。

(二)战术性营销计划

战术总是着眼于短期决策。战术性营销计划(Tactical Marketing Plan),亦称营销行动计划,是一种短期性的营销计划,其执行期一般在 3 年以内,所计划的营销工作内容比较详细和具体。

前面有关章节已经谈到,市场营销的定义和理论主要与企业经营的长远战略有关,即通过实行以消费者需求为导向和消费者满意为目标这一长远性战略,实现本企业的长远性发展目标。但是,市场营销工作的大量实践活动却往往都是在短期内发生的,属于战术性范围。这两种情况其实并不矛盾。从长远战略意义上讲,一个旅游目的地或旅游企业应当根据自己对未来市场需求的分析和预测,更新自己的产品和定价战略,在满足消费者需要的同时,实现其自身的发展。但是,一个旅游目的地或一个旅游企业在近期内,只能在某些限制性因素的制约范围内,提供和出售自己的产品或服务。这些限制性因素中,既包括外部因素,也包括内部因素。在外部因素方面,市场需求的变化除了其方向之外,还有一个变化的速度问题。这意味着在筹划新产品开发的同时,短期内仍然需要以尚未过时的现有产品去开展经营。在内部因素方面,一个旅游目的地或旅游企业因自己的生产能力所限,短期内可能难以使自己的产品迅速适应消费者需要的变化。为了生存,它们可能不得不通过自己所能利用的一切营销手段去刺激现有的需求和应付竞争者的挑战。这些情况都说明,长远计划的实现不可避免地要以近期目标的落实为基础。

战术性营销计划的主要内容包括:

1. 营销目标。战术性营销目标要围绕总体目标和战略性目标来加以制定,尤其要以量化形式具体规定计划实现的销售量和营业额指标或者其他方面的营销目标。

2. 营销手段与营销预算。指实现目标所涉及的营销组合决策及费用预算。

3. 行动方案。指有关营销工作的执行方案,尤其是促销活动的安排与协调。

4. 评价与控制。指如何定期检查、评价和控制营销活动的效果。

第二节　旅游市场营销战略决策

近些年来,市场环境所发生的变化更凸显了营销战略的重要性。这些变化主要包括由国际经济、政治和环境的动荡所引发的全球范围内的不确定性和持续变化,信息沟通技术的迅猛发展,企业跨行业经营能力的增强,以及旅游业中少数大型跨国组织的持续发展与扩张,等等。对于旅游目的地或旅游企业来说,如果没有营销战略来引导其对这些外部经营环境的变化做出反应,就会失去未来发展方向。

所谓旅游市场营销战略,即是指旅游目的地或旅游企业为了实现其战略目标,在综合分析内外部环境的基础上,对未来一定时期内市场营销发展的总体设想和规划。旅游市场营销战略与营销战术的区别最突出地体现在三个关键的战略性概念上,即战略业务单位(Strategic Business Unit,SBU)、产品—市场发展模式(Product-market Growth Models)以及产品定位(Product Positioning)。本节即以此为线索,就这三方面的营销战略决策进行重点阐述。

一、战略业务单位组合决策

每个企业都必须确定其战略业务单位的组合,以便根据这些战略业务单位的不同发展潜力,对资源进行合理分配。一个战略业务单位应有三个特征:(1)它是一项独立业务或相关业务的集合体,能与公司其他业务分开而单独作业;(2)它有自己的竞争者;(3)它有一位专职经理,负责具体计划和经营业绩。对大型组织如集团饭店而言,它可能在全球范围内进行多样化经营,那么其所拥有的战略业务单位就可能分属于不同的产业部门或服务于不同的市场空间,每一个战略业务单位都会有自己的管理结构和未来规划,还可能会有各自的品牌。而对小型组织来说,往往根据其产品—市场组合来确定战略业务单位。

在任何战略业务单位组合中,通常会出现一些单位不断发展,而另外一些单位逐步萎缩的情况。不同单位的市场盈利水平、发展潜力都是不同的。根据一些关键变量,旅游企业可以对不同业务单位的发展状况进行定期分析,从而分别采取不同的营销策略。这些关键变量包括市场占有率、市场增长率、投资回报率、竞争实力、产品所处生命周期等等。

美国波士顿咨询集团(Boston Consulting Group,BCG)开发的成长—份额矩阵(Growth-Share Matrix),亦被称为"波士顿矩阵",是优化战略业务单位组合的一种非常有效的方法。在图 5-1 中,纵轴表示市场成长率(销售增长率),横轴表示相对市场份额(市场占有率);8 个圆圈及其大小分别代表某个假设公司目前的 8 项业务及其各自的规模,每项业务在矩阵中的位置表明它的市场成长率和相对的市场份额。

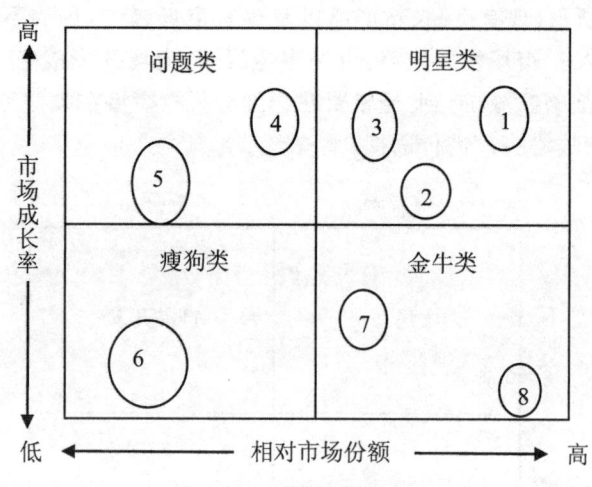

图 5-1 成长—份额矩阵

成长—份额矩阵分为 4 个部分,每部分代表一类业务。在有效衡量了各个业务或产品的获利能力和获利潜力后,公司需要就每个具体的业务单位做出相应的决策。

1. 明星类:处于此部分的产品,是市场占有率高、销售增长率高的双高产品,一般处于成长期阶段。旅游经营者对这类产品应给予积极的支持,保证其现有的地位和将来的发展。

2. 金牛类:位于这个位置的产品目前能创造丰厚的利润,一般处于成熟期。旅游经营者应维持这类产品的现有地位,并努力改进产品,提高赢利。

3. 问题类:这类产品通常处于成长期阶段,很有发展前途。但对于某个具体目的地或企业来说,可能由于产品质量问题或推销方面的问题,尚未形成优势,带有一定的经营风险。它或者向明星产品转化,或者失败退出市场。旅游经营者应集中力量进行市场调研,及时解决问题,扩大优势,尽快使其成为明星产品。

4. 瘦狗类:此类产品市场占有率低,市场销售增长率也低。对于这类产品,应有计划地予以淘汰,另开发新产品,开拓新市场。

二、产品—市场发展模式决策

面对着快速变化的市场环境,任何组织都不能指望长期维持现有的产品—

市场组合不变还能保持稳定的利润水平。无论是旅游目的地还是旅游企业,要想保持竞争优势,必须持续不断地对其产品—市场组合进行审视。安索夫(Ansoff)提出的"产品—市场拓展方格"(Product-Market Expansion Grid)为旅游经营者提供了有用的产品—市场发展战略决策框架。

如图 5-2 所示,现有产品、新产品以及现有市场、新市场的不同组合产生了四种基本的产品—市场发展战略:市场渗透战略、市场开发战略、产品开发战略和多样化发展战略。旅游企业通常要在详细分析权衡潜在收益和潜在成本的基础上,对这四种战略决策进行选择。

	现有产品	新产品
现有市场	市场渗透	产品开发
新市场	市场开发	多样化发展

图 5-2　产品—市场发展战略的四个基本选择

(一)市场渗透战略

市场渗透战略即努力在现有的市场上增加现有产品的销售额,这是一种风险相对较低的战略选择。例如,一家以商务旅游市场为主要目标市场的饭店,决定通过采取一系列进攻性的促销活动扩大现有产品在这个市场中所占的份额,比如提供优惠性措施来刺激老客户增加对本饭店产品的消费或提高回头率,从竞争者手中争取顾客,说服市场中的潜在顾客购买本饭店产品。

(二)市场开发战略

市场开发战略即用现有产品满足新的市场的需要。例如,一家经营荷兰农庄旅游的旅游公司原来以欧洲大陆国家的旅游消费者为主要市场,现将产品推向英国市场。采取市场开发战略的旅游经营者除了要加强对新市场的促销努力之外,还可考虑利用新的分销渠道把旅游产品销售给其他市场。

(三)产品开发战略

旅游经营者要提高自己的适应能力和竞争能力,最重要的途径就是要不断开发适销对路的新产品。产品开发战略即是指针对现有市场开发新的产品。例如,一家旅行社原主要经营前往东南亚目的地的包价旅游产品,现决定开发前往欧洲目的地的长途包价旅游产品,满足出境旅游市场的需要。对于旅游产品这一综合性服务产品而言,进行产品开发的渠道很多,比如在原有产品基础上增添一些新的服务项目或新的特色。

(四)多样化发展战略

多样化发展战略就是将业务活动多样化,以新的战略业务单位满足新市场的需要。实施多样化发展战略有助于企业提高经营的稳定程度,减少经营风险。目前国内外的大型旅游企业集团几乎无一不是实行多样化经营。例如,维京(Virgin)集团的业务涉及航空、铁路、酒店、游船、音像、通讯等多个不同的领域。

多样化发展一般有三种途径:其一是同心多样化,即开发与本企业现有产品线的技术或营销有协同关系的新产品,以满足新市场的需要。如一家经营包价度假旅游产品的经营商可在市场和本企业条件分析的基础上,开始推出面向新婚市场的蜜月包价旅游产品。其二是水平多样化,即开发某种能满足现有顾客需要的新产品,尽管这种新产品与公司现有产品的关系并不密切。如上例中的旅游经营商可开发与其原有包价旅游产品具有不同营销手段的奖励旅游产品。其三是跨行业多样化,即开发与现有产品、市场毫无关联的新业务。如该旅游经营商可考虑进军房地产、物流运输等新的业务领域。

三、产品定位决策

旅游目的地或旅游企业无论采取怎样的发展战略,其目的都是要保持自身的竞争优势并保证长期的盈利能力。而竞争优势和长期盈利能力的获得,主要是通过在潜在顾客和其他利益相关者心目当中树立并保持长期的、良好的形象来实现。

定位就是指为本目的地或本企业及其产品在目标市场的顾客心目中树立起某种形象或占据某种地位的活动过程。就旅游企业而言,定位实际上又可分为产品定位、品牌定位和企业定位三个逐级上升又相互影响、相互依存的层次。旅游营销者不仅要认识定位的重要作用,找到在市场中适合自己的位置,而且需要制定一个用来取得和巩固这个位置的实施计划,亦即定位策略的实施步骤(具体可参见第三章有关内容)。

第三节 旅游市场营销计划的制定

同其他行业一样,旅游业中市场营销计划的制定并没有统一的固定模式,营销计划的结构和制定程序也不尽相同。不仅旅游业中各部门之间的营销计划是如此,甚至同一旅游部门中不同组织或企业的营销计划也是如此。尽管存在这些差异,尽管人们就不同类型旅游营销计划制定工作提出过不同的模式,但几乎所有的市场营销计划制定工作都包含一些带有共性的基本内容。其中比较重要的内容包括:目前及将来市场状况分析,竞争分析,确定营销目标,提出营销预算,拟定营销组合方案,以及营销计划执行工作的评价与控制等等。

营销计划制定程序可归纳为如下七个步骤:

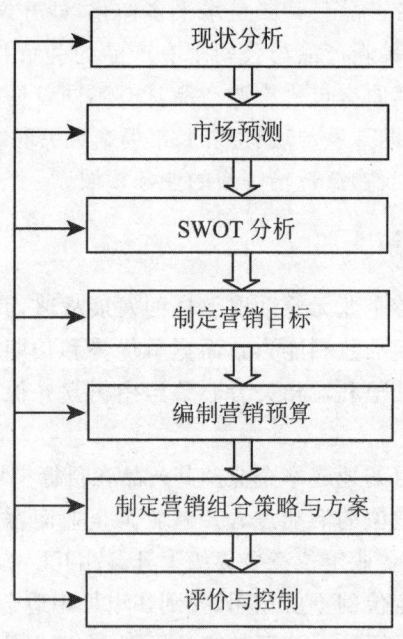

图 5-3 市场营销计划的制定程序

这七个阶段不仅表明了市场营销计划工作的逻辑顺序,而且显示着各阶段的工作内容。需要注意的是,在这种七段式的营销计划制定程序中,虽然从逻辑上讲,每一阶段工作完成之后都按顺序进入下一个阶段,从而使整个计划过程形成一种大的往复循环。但在营销计划的实际制定过程中,由于新情况的出现,每一阶段计划工作都有可能需要重新修订前面有关阶段的计划内容,从而在整个计划制定过程中出现多次小的反馈循环。

此外,还需强调说明的是,市场营销计划体系中的各类营销计划,无论是战略性的营销计划还是战术性的营销计划,其制定工作都需经历上述相同的基本阶段,而且通常都需要利用同样的调研资料,往往都由同一批人员承担这些计划的制定工作。所不同的是,就战略性计划而言,前三个阶段的工作,即现状分析、市场预测和 SWOT 分析是计划工作最重要的组成部分,它更关注未来几年的趋势变化;而就战术性计划而言,制定明确的营销目标及实现这些目标的行动方案则是工作的主要重心。

一、现状分析

这是营销计划制定过程中第一阶段的工作。西方国家中有些学者称其为"诊断"阶段或市场因素分析阶段。这一阶段所涉及的分析和评价的内容很多,除了要对旅游目的地或旅游企业自身的经营发展现状进行分析之外,还需要对所有与自身经营有关的社会经济因素进行分析和评价。虽然其中很多外部因素并非旅游目的地或旅游企业所能控制的,但由于旅游业是在这些外部因素所构成市场环境中进行经营,直接或间接地受到它们的影响,在某种程度上甚至决定着旅游经营的成败,因此,这方面的分析至关重要。著名的市场学家科特勒曾将这种外部因素的分析称为"环境分析"。在制定旅游营销计划,特别是制定战略性营销计划时,必须要加以分析和评价的这类外部因素主要包括:经济因素、社会文化因素、人口特征因素、技术发展因素、政治和政策因素以及自然环境因素等等。

归纳起来,营销计划制定过程中第一阶段的工作主要是,在市场调研的基础上,利用所有可以得到的资料,分析和评价下述四个主要方面的发展现状:

1. 整个市场至少 5 年以来的销售量、销售额的实际变化情况。其目的是要搞清总的市场变化状况,摸清同自己经营有关的某些特定目标市场的实际规模,自己产品所占的市场份额和竞争者产品所占的市场份额。通过这种纵向和横向的比较分析,一个旅游目的地或旅游企业不仅可以了解自身经营业绩的变化趋势,而且能够了解自己在整个有关市场中所占的地位。一般地讲,这方面的分析做起来是比较容易的,无论是旅游目的地还是旅游企业,只要将自己的有关销售数据同有关旅游组织提供的调查统计数据加以比较,便可以得出基本结论。

2. 有关自己的顾客和竞争者的顾客的特征情况。换言之,要了解、分析和评价这些消费者的人口统计特征,对有关旅游产品的态度和购买行为等方面的详细情况。通过了解这些顾客的构成及其购买行为的变化情况,有助于确定或调整自己的目标市场组合。这方面的分析资料一般来自旅游目的地或旅游企业自身的各种营业记录和调查所得。

3.有关自己的产品和竞争者的产品的发展情况。通过对这些产品的分析,摸清有关产品的生命周期发展动态,尤其注意评价哪些类型的产品正处于上升阶段,哪些类型的产品已进入衰退期。这一分析的主要目的是为了确定自己计划期内的产品组合和产品开发方向。这种分析资料一般可通过分析内部营业记录以及通过行业报刊和行业调查资料获得。

4.外部环境中有关因素的发展动向。就是要对所有可能影响本企业经营以及旅游市场需求的有关政策、经济、社会、文化、技术等方面因素的变化情况进行分析。这种对外部经营环境状况的分析通常被称作 PEST 分析。PEST 是英文首字母缩略词,其中 P(Politics)是指政治或政策法规方面的因素,E(Economy)指经济方面的因素,S(Society)为社会文化方面的因素,T(Technology)为科学技术方面的因素。一般地讲,这类资料主要可取自行业报刊和行业调查资料等现成的二手资料,但其中有些方面的情况可能还需要通过实地调研才能获得。

从上述四个方面的内容看,现状分析阶段要汇总所有有关的基本事实,作为制定一切营销计划的依据。由于旅游业的资料来源很多,所以对资料的选择和利用是一项保证正确分析的重要技术。现状分析阶段所涉及分析内容的详尽程度需要由有关单位自己决定,它反映着本单位的规模和经营范围的大小。需要注意的问题是,在有些情况下,现状分析的内容可能会超出与本单位直接有关的产品和市场,扩及相邻的产品和市场。例如,一家目前针对中档客源市场经营的饭店,在制定其战略营销计划时,除了要详细了解中档住宿市场及产品的情况之外,也可能需要考察高端住宿市场的发展情况,以便对自己可能具有未来战略意义的目标市场问题作出评估。

二、市场预测

这一阶段的工作虽然也是以市场调研为基础,但重点在于评估和判断市场需求的未来发展。其内容包括对现状分析阶段中业已涉及的四个方面的发展情况进行预测。

由于影响旅游产品供需的因素很多,加之这些因素变化无常和难以预知,因此不能指望预测结果非常准确。随着意料之外的新情况的出现,必须及时更新先前的预测。尽管预测结果应力求准确,但实际上预测的根本目的并非要准确无误地测定有关因素的未来发展结果,而是要通过仔细地并且不断地评估这些因素的发展方向和发展速度,来制定如何利用或避开这些发展的可能性。由于营销计划工作着眼于未来收入目标的实现,所以它必须依靠具有现实性的预测。如何对影响旅游经营的各种变量进行预测,如何提出便于营销决策使用的预测报告,都有很多技巧问题。

三、SWOT 分析

通过现状分析工作掌握了必要的信息资料,以及通过预测工作了解了确实的发展动向之后,下一阶段的工作便是评定这些信息对营销战略和战术的意义。这一评定工作的基本范围可以用西方学者所称的 SWOT 这一英文字首缩略词来概括。所谓 SWOT,即是指优势(Strenghth)、劣势(Weakness)、机会(Opportunity)和威胁(Threat)。

(一)优势

优势通常指本单位(旅游目的地或旅游企业)所拥有的那些强于竞争对手的条件和能力。这些优势中,有些属于本单位在经营实践中有意识地造就出来的,有些则属于历史遗产。例如,拥有刻意开发出来的"明星"产品显然是一种优势,在某些主要市场上居控制地位也是一种优势。就饭店而言,便利的坐落地点可能会成为一项主要优势。旅游目的地或旅游企业的优势也可存在于其独具特色的历史遗产或建筑风格之中,因为这些因素有助于在消费者心目中形成非常有利的形象。优势亦可存在于营销团队或销售系统的专业技术之中,或存在于能够向顾客提供优质服务的员工队伍之中。

实际上,除了上面所列举的产品方面的优势、地点方面的优势、历史遗产或建筑风格方面的优势、人员和技术方面的优势之外,有可能构成一个旅游目的地或旅游企业之优势的其他方面还有很多,我们不可能巨细无遗地列举有可能构成优势的所有各个方面。但必须注意的一点是,所有这些方面都应该是可以辨认的因素,而且必须是已经得到或者经过努力能够得到客观反映的因素。这些因素之所以能构成一个旅游目的地或旅游企业的优势,是因为该旅游目的地或旅游企业在这些方面比其竞争对手拥有更多的数量或更好的质量。一旦认清这些优势之后,便可在更大的范围内向潜在市场进行宣传,并需考虑在计划期内如何巩固和进一步发展这些优势。

(二)劣势

所谓劣势,通常是指不如竞争对手的那些方面。在制定营销计划时,对自己的劣势也必须识别清楚。例如,日趋过时的所谓"瘦弱"产品,工作质量低劣和待客无礼的员工,都是劣势的典型表现。一旦识别这些劣势之后,便应考虑在计划期内采取管理行动,尽量减小其影响或者在可能条件下将其根除。

需要指出的是,在以提供服务为中心的旅游经营中,劣势和优势常常是人们的主观看法,而不一定是"客观事实",因而往往只有通过消费者调查才能识别出来。此外,由于人们的看法是可以改变的,因此,有些最初表现为劣势的因素经过管理人员的努力也可能会转化为优点。例如,某城市旧城区有一家古老的饭店,不少顾客认为该饭店式样陈旧、环境嘈杂。该饭店的经营管理人员针对这一问题,计划通过对其产品进行重新定位和树立新的形象来改变现状。他们决定在以后的经营工作中强调该饭店的古朴韵味、坐落地点的便利以及店内的生活气氛等等。与此同时,为了体现这些优点和克服原先的某些缺点,该饭店对设施设备也做了很多整修和更新工作,包括改用双层玻璃窗和更新家具陈设等等。这些努力为将劣势转化为优势提供了一条可行的战略路线。在实行营销导向的旅游企业中,为了及时了解本企业的优势和弱点,通常的做法是搞定期自查,或者委托咨询公司进行独立而无偏见的测查。

(三)机会

所谓机会,一般指有利于本目的地或本企业借以实现发展的因素。从市场营销的意义上讲,机会可能产生于旅游目的地或旅游企业直接控制下的某些因素,如开发出某一独特的产品或服务程序;但更多的情况是,机会往往产生于外部环境的有利变化,如奥运会、世博会等重大国际性事件的举办,通常会极大提高举办地在全球范围内的知名度。不论机会产生于旅游目的地或旅游企业可直接控制下的某些因素,还是产生于外部环境的变化,旅游目的地或旅游企业都可对这些有利的情况加以利用。在制定营销计划时,最重要的是要能够发现和识别机会,并对能否利用这些机会以及如何利用这些机会作出决策。

(四)威胁

无论是旅游目的地或旅游企业控制之下的内部因素还是不可控制的外部因素,其不利于旅游经营的变化都可能会给旅游目的地或旅游企业带来威胁。汇率的不利变动、油价上涨、经济衰退、恐怖主义活动的猖獗、竞争对手强有力的竞争、出入境控制收紧等等,都可构成威胁。例如,始于2007年末的美国次贷危机以及由此引发的全球性金融危机,使欧美等主要客源产生国的旅游需求出现下降,一些以这些国家为主要客源国的目的地的入境旅游业受到了不同程度的打击。在制定营销计划时,能够认识和预测威胁之所在是最重要的,因为只有能够知其所在,才能有针对性地考虑如何去避开这些威胁或尽量减小其影响的程度。

四、制定营销目标

经过前述几个阶段的分析工作之后,计划过程下一步的工作便是提出营销目标。所谓营销目标,是指一个旅游目的地或旅游企业的管理部门计划在某一特定时期内应当实现的经营业绩。对旅游业来说,营销目标基本上可以划分为两大类。一类是以利润为核心的营销目标,包括计划期内旨在实现的利润额、销售额、销售量、市场占有率或市场份额,等等。另一类是以形象和顾客满意为主要内容的营销目标。对于旅游目的地管理部门来说,其营销目标多以塑造形象为主,同时也可能包括接待量和旅游收入等目标。对于旅游企业来说,其营销目标则多以利润目标为核心,然后分解出保证这一目标实现的其他有关目标或指标。当然,在旅游企业的营销目标中也会涉及形象和顾客满意方面的内容。具体设置哪些目标,则需视一个旅游目的地或旅游企业的具体情况和具体需要而定。

营销计划类型不同,营销目标制定的要求和标准也不同。在战略性营销规划中,营销战略目标通常不以定量化形式表现出来,而是对将来某一时期内要在市场中占据的位置进行较为宽泛的表述。而对于战术性营销计划,营销目标的设定则必须遵守以下一些标准:

1. 销售量、销售额和利润额等营业目标的设定必须要确切,并且要以数量来表示。如果可能,市场份额目标的设定也应如此。

2. 数量营销目标要在产品—目标市场间进行详细分解。

3. 实现目标的期限要明确、具体。

4. 在考虑市场需求和营销预算资金方面要现实。

5. 制定目标时,要同有关行动方案的具体执行人员商议,所制定的目标要能够为他们所接受。

6. 所定目标要能够直接或间接地进行测定和评估。

在制定营销目标方面,很多旅游企业往往都很注意将营销目标数量化,却忽视了将营销目标在具体的产品—目标市场间进行分解,从而在营销计划的执行过程中经常会遇到很多操作层面问题,比如难以具体分配营销预算和安排营销活动、难以对目标的实现过程行使有效控制等等。下面试举一例,对此问题进行说明。

假设有一家中等规模的欧洲旅游经营商。该旅游经营商最近几年每年大约出售50万份包价旅游产品,其战略是通过市场渗透和产品开发来谋求发展。眼下,该经营商正着手制定下一年度的营销计划。通过对市场的分析和预测,该旅游经营商认为市场环境较为有利,自己又处在不错的竞争位置上。经过讨论,公司管理部门将"到××年末,实现销售量增长15%,即售出57.5万份包价产品"作为下一年度的营销目标。从营销管理的角度来讲,这一营销目标虽然体现出数量化,却缺乏足够的可操作性,主要原因在于营销目标没有在相关的产品—市场中进行分解。结合上述制定营销目标的六项原则,可将该旅游经营商的这一营销目标表述为:

到××年末,实现销售量增长15%,即售出575 000份产品,其中:

欧洲夏日阳光之旅:实现销售355 000份(增长2%);
欧洲湖光山色游:实现销售115 000份(增长15%);
欧洲海滨度假游:实现销售30 000份(增长5%);
欧洲城市观光游:实现销售75 000份(增长25%)。
以这种形式制定营销目标将会使其可行程度大为增加。

五、编制营销预算

营销预算是指为了实现营销计划中所规定的目标而必需的费用总额,或者说是营销管理人员在分析和判断的基础上,认为实现既定营销目标所必需的营销开支数额。

测算和确定营销预算是一项既有难度而又十分重要的工作。一方面,营销费用属于必须预先花费的资金,或者说是在所预期的目标销售量和销售额实现之前所必须花费的资金。对于旅游企业来说,这些资金只能在将来某一时刻从扣除营业费用之后的营业利润中得到补偿。另一方面,如果取消这些款项,则营销计划目标便不能实现。

在旅游业的经营实践中,人们用于编制营销预算的方法不尽相同。常见的方法基本上有四种,即有能力支付法、营业收入百分比法、竞争对等法和目标任务法。

1. 有能力支付法(Affordable Method)。旅游企业或旅游目的地营销组织根据自己的资金能力来确定营销计划执行期内的营销预算。

2. 营业收入百分比法(Percentage of Sales Revenue Method)。旅游企业按目标营业收入的某一百分比来确定营销计划执行期内的营销预算。例如,按照国际饭店业中的经验做法,饭店企业通常都是按营业收入的2%～5%安排营销预算。对于旅游目的地营销组织来说,这一方法是指将该目的地旅游收入的某一百分比作为营销计划执行期内的营销预算。例如,世界旅游组织曾建议,旅游目的地的营销预算应按该目的地年旅游收入的1%进行安排。

3. 竞争对等法(Competitive Parity Method)。这一方法是指以主要竞争对手的营销预算额作为参照来安排本企业的营销预算。

4. 目标任务法(Objectives and Task Method)。这一方法是指旅游企业或旅游目的地营销组织根据实现营销目标所需开展的各项营销活动(实际上集中于各项促销活动),分别测算所需费用,然后将其汇总作为营销计划执行期内的营销预算。

前三种方法实际上大体相同,都主要依赖历史资料(先前的营销预算水平)和有关竞争者行动的市场情报。从根本上讲,它们都属于凭经验的做法,都是通过对本单位在营销费用方面的支付能力的粗略估计,然后按其在营业额中所占的百分比来表示。这一比率也就确定了营销费用的最高限额。除非在特殊情况下,如为了抗衡或击败竞争对手的营销攻势,或者为了应付其他未曾预见到的突发情况,这一最高限额一般不得突破。虽然这些方法由于其使用简便而在旅游业的实践中得到广泛使用,但它们都只能计划预算总额,而难以说明或者根本无法说明这一预算总额应如何分配使用。

实际上,计划营销预算时应考虑的基本问题一般有三个:

第一,为了实现计划期内的营销目标,在营销活动方面总共需要多少资金;

第二,这一总额将如何在各产品—目标市场间进行分配;

第三,这一总额将如何在各项营销活动或营销手段间进行划分。

因此,上述的第四种方法即目标任务法在理论上是一种较为理想的营销预算编制方法。利用这一方法计划营销预算时,首先要明确所要实现的营销目标,然后分析实现这一目标所需开展的各种营销活动,并估算各项活动所需的费用,最后得出预算总额。这种方法同所谓零基预算法(Zero-budgeting Method)十分相似。在针对各产品—市场组合确定出具体目标后,便可采用目标任务法,通过详细分析和规定实现各项目标所需开展的营销活动及其费用,自下而上制定出营销预算,从而使前面所提到的三个基本问题都能得到解答。然而从实践上讲,目标任务法也有其不足之处。用这种方法计划营销预算耗时较多,并且需要对营销工作作出准确的判断,因此不大容易实施。特别是对于那些有着多项目标,并且以多个产品面向多个目标市场经营的旅游目的地或旅游企业来说更是如此。

六、制定营销组合策略与方案

营销组合(Marketing Mix)是现代市场营销理论中的一个重要概念。所谓营销组合,按照菲利普·科特勒的解释,就是"企业为了在目标市场中实现其营销目标而采用的各种可控营销手段的组合"。这里的"可控营销手段",就是通常所说的 4Ps——产品(Product)、定价(Pricing)、促销(Promotion)和渠道(Place)。4Ps 理论是由杰罗姆·麦卡锡(E. J. McCarthy)于 1960 年在总结尼尔·鲍登(Neil Borden)之前提出的"市场营销组合"这一术语以及一整套"市场营销变量"的基础上提炼出来的,后被人们广泛接受,并视为市场营销组合的核心内容。

随着市场竞争日趋激烈,对市场营销组合理论的研究也越发深入。1990 年美国学者罗伯特·劳特朋(Robert Lauteerborn)针对 4Ps 提出了被认为是更具消费者导向的 4Cs 营销组合理论,即顾客(Cusotmer)、成本(Cost)、沟通(Communication)和便利(Convenience)。伴随着服务业在全球范围内的发展,为适应服务营销管理的需要,学者们针对服务产品所特有的性质,在 4Ps 的基础上对传统的市场营销组合进行了拓展。例如,20 世纪 80 年代早期,布姆斯和彼特纳(Booms and Bitner)在原有 4Ps 基础上增加了另外三个"P",即服务传递过程中的人员/参与者(People/Participants)、传递过程(Process)和有形环境(Physical evidence)。虽然有人认为这新增的 3Ps 在某种程度上都可纳入到原有的产品和沟通组合要素中,但这三个"P"对旅游营销尤其具有意义,其主要原因就在于旅游产品是一种典型的高度接触的服务产品。

因此,在制定营销计划过程中,这一阶段的主要任务就是为了实现既定的营销目标,对将要在计划期内实行的营销组合策略进行筹划。需要注意的是,旅游目的地营销组织或旅游企业在制定营销组合策略时,必须以明确界定目标市场为前提,并将目标市场的需求特征作为制定营销组合策略的核心依据。

就战术性营销计划而言,营销者应将确定下来的营销策略转化成为具体的营销行动计划或营销行动方案。这里有两点需要加以强调。第一是要根据每一个产品—市场组合的具体情况,计划出需要采取哪些营销行动;第二是要安排好实施这些营销行动的时间表。在制定营销计划过程中,需要注意协调目标、预算和行动方案三者之间的关系。计划目标反映旅游目的地或旅游企业总的经营战略和所要实现的经营指标。对每一项营销目标,都需要有相应的营销组合行动方案来保证其实现,如是否做广告、是否采取价格折扣,等等。营销管理人员需要运用判断、经验以及对过去工作结果的分析来考虑这些方案的选择及其所需的费用。如果已定的预算不能支持所选取的行动方案,则需要增加预算。如果因实力所限无力增加预算,则需要修改原定目标,并根据修订后的目标选定相应的行动方案。在制定营销计划的过程中,需要对上述三项关联因素不断进行修订,直至取得协调统一,将营销组合实施方案最后定妥。

七、评价与控制

对营销计划的评价包括计划期工作结束后的总体评价和计划执行期间对每一项计划措施执行情况的评价。所谓评价,是指将执行结果参照计划目标进行比较,从而评定计划措施的成功与否。总的来讲,评价工作的标准是所定的计划目标。计划目标和指标制定得愈详细和精确,则评价工作愈容易和有效。除根据计划目标进行总体评价之外,还可根据具体情况从多个方面去评价每一产品—市场的营销工作执行结果。例如,参照计划销售量评价每个月的实际销售量,评价各种广告活动的效果,评价实施各种价格折扣的效果,评价顾客对产品及其质量的满意程度,等等。究竟应该从哪些方面进行评价,需要根据情况确定,并列入营销计划之中。

评价的目的是为了控制。就计划执行期结束后的总体评价而言,其主要目的在于总结哪些方面以及哪些举措是成功的,哪些方面以及哪些做法是失败的或是效果不理想,从而为以后的营销计划工作提供宝贵的信息和经验。就计划执行过程中的评价工作而言,其主要目的在于及时地发现问题,并在分析问题产生原因的基础上,采取适当措施加以纠正。这种类型的控制也就是西方学者所称的"差异分析"。

案例

英国 Withbread 集团的战略决策流程

Withbread 是英国著名的餐饮酒店连锁公司,其营业历史已达 250 年之久。Withbread 曾主营酿酒和酒吧业,20 世纪 90 年代开始进行多样化经营发展。目前其业务种类广泛,包括多个餐饮和休闲品牌,其主要业务分布在英国。其中几个品牌,如万豪酒店(Marriott Hotel)、必胜客(Pizza Hut)、星期五餐厅(TGI Friday's),是与其美国品牌所有者共同经营。其他几个品牌,包括 Beefeater、Travel Inn、David Lloyd Leisure(健身俱乐部品牌)、Brewer's Fayre 则主要专注于英国市场。

Whitbread 高效的自上而下的战略决策流程,是各企业可效仿的榜样。Whitbread 采取自上而下的评估方法,对每个品牌及相应市场进行分析。低价酒店 Travel Inn 被归为"发展"型,Beefeater 餐厅则被归为"提高"型。Travel Inn 在英国发展迅猛,海外扩张机遇明显。Beefeater 是英国主营牛排的餐馆中的领先品牌,但一直表现欠佳,当务之急是提高其盈利能力,保证它能收回成本。

另外,公司通过评估工作考察了 30 个细分市场,发现近来消费者支配闲暇时间的方式发生了改变,如外出用餐与休闲活动的联系日益紧密,这些变化会带来新的商机。Withbread 对这 30 个细分市场进行了快速分析,很快就认定其中有两个细分市场可能会给公司带来新的发展机遇。

Whitbread 将公司的宗旨定义为开发休闲品牌,提升业务表现,改善品牌定位,培养善于管理休闲品牌的管理者。这些技能并非专门针对休闲产业的某一分支,但与这两个新机遇比较吻合。

其中之一与公司现有业务联系紧密,所以被融入同一商业计划。经过九个月的战略论证,这一商业提案得到批准,相关工作随即展开。战略决策工作的另一部分内容涉及的是扩展两个现有品牌的市场地域范围。对其中一个品牌,公司计划第一步是在西班牙设立合资公司。对另一品牌,则决定向其他市场延伸其特许经营概念。

思考题

1. 简述旅游市场营销计划的概念及主要类型。
2. 战略性市场营销计划和战术性市场营销计划有何区别？
3. 简述制定旅游市场营销计划的基本程序。
4. 试述 PEST 分析以及 SWOT 分析涉及的主要内容。
5. 营销目标的制定应主要遵循哪些标准？
6. 编制营销预算主要有哪些方法？它们各有何特点？

第六章 旅游产品策略

学习目的

　　通过本章学习，掌握旅游产品的概念及构成，了解旅游产品的生命周期与旅游产品组合的内涵，了解这些因素对旅游营销策略所产生的影响，熟悉旅游新产品开发的内容与程序。

主要内容

- 旅游产品概述

  旅游产品　旅游产品的构成　旅游产品的特点

- 旅游产品的生命周期与营销策略

  旅游产品生命周期　旅游地生命周期　旅游产品营销策略　延长旅游产品生命周期

- 旅游产品组合

  旅游产品组合　旅游产品组合策略　旅游产品组合优化

- 旅游产品的开发

  旅游新产品　旅游新产品开发程序

第一节　旅游产品的概念与构成

一、旅游产品的概念

所谓旅游产品,从供给者角度来说,是指旅游经营者凭借一定的旅游资源和旅游设施,向旅游者提供的满足其在旅游过程中综合需要的旅游服务。通过旅游产品的生产与销售,旅游经营者达到盈利的目的。这里,旅游产品最终表现为活劳动的消耗,即旅游服务的提供。而旅游服务是与具有一定使用价值的有形物结合在一起的服务,只有借助一定的资源、设施设备,旅游服务才能得以完成。而从需求者的角度来看,旅游产品是指旅游者支付一定的货币、时间和精力所获得的满足其旅游欲望的经历或体验。旅游者通过对旅游产品的购买与消费,获得心理上和精神上的满足。

旅游产品有总体旅游产品和单项旅游产品之分。其中,总体旅游产品是指满足旅游者在旅游活动中所需要的各种接待条件和相关服务的总和。这些条件中既包括有形的物质条件,也包括无形的非物质条件;服务部分既包括商业性服务,也包括社会公共服务。一个旅游目的地为旅游者提供的全部旅游供给内容就构成了总体旅游产品。一家旅行社推出的旅游线路也可以看作是总体旅游产品,这时旅游者虽然只同该旅行社进行交易,但在其旅游过程中要由多家旅游企业以及目的地相关部门共同提供服务。单项旅游产品则是指旅游企业向旅游市场提供的产品和服务,比如饭店提供的接待住宿服务,餐馆提供的饮食产品与服务,航空公司提供的交通客运服务,旅行社提供的导游服务等等,都属于单项旅游产品。这些企业各自提供的旅游产品和服务也构成了旅游者的旅游经历,但它们并不能单独构成旅游者的一次完整的旅游经历,而只是一次完整旅游经历的片断或者说组成部分。

二、旅游产品的构成

旅游产品是一种组合产品。对于总体旅游产品来说,从供给的角度,旅游产品可分为旅游资源、旅游设施和旅游服务三大部分。在旅游产品的经营中,三者必须在质量上保持协调一致,否则就会影响整体旅游产品的质量及市场营销效果。因为旅游者往往是从最薄弱的环节评价总体旅游产品的质量的。从需求的角度,根据旅游者对旅游产品各部分的需求程度,旅游产品可分为基本旅游产品与非基本旅游产品。前者是指旅游者在旅游活动中必需的、需求弹性小的产品，如住宿、交通、餐饮、游览等；后者是指并非每个旅游者必需的且需求弹性大的产品，如购物、娱乐、医疗保健服务等。对于非基本旅游产品，不同旅游者的需求程度有很大不同。这种划分有助于旅游目的地的国家或地区、旅游企业针对不同的旅游市场提供不同构成的旅游产品，使产品更好地满足旅游者的需要。

对于单项旅游产品来说，也是由各种无形服务和有形产品组合在一起形成的。以度假饭店为例，往往包括客房、餐饮、健身、娱乐、市内交通等多种产品。旅游营销人员可以将饭店各种产品捆绑组合形成新的产品。如针对新婚蜜月市场，可推出套房、香槟酒、房内用餐、地面交通、房内鲜花以及新婚夫妇在饭店内合影等组合。

从旅游企业的角度来考察，旅游营销管理人员需要从四个层次上研究产品：核心性产品（Core Product）、便利性产品（Facilitating Product）、支持性产品（Supporting Product）和扩展性产品（Augmented Product）。

1. 核心性产品。核心性产品是产品为顾客提供的基本效用和利益，它是产品最基本的层次。如饭店的核心产品部分即是提供给顾客的住宿服务，航空公司的核心产品部分是将顾客从出发点运送至目的地。同类旅游企业所提供的核心性产品都是基本相同的。营销人员必须找到每一种产品给消费者带来的核心利益，并且出售这些利益。

2. 便利性产品。便利性产品是顾客为了消费和使用核心性产品而必须存在的产品或服务，换句话说，如果没有便利性产品，目标顾客就无法顺利地享受到产品的核心利益。例如，一家高档商务饭店必须配备入住和结账服务、商务服务、管家服务、宽带上网服务；而经济型饭店可能只需配备入住和结账以及电话服务。便利性产品不同，决定了核心性产品层次并无差异的同类旅游产品也各有不同，甚至存在相当大的差异。

3. 支持性产品。支持性产品是在顾客消费和使用核心性产品时并非必不可少，但其存在能够增加顾客所获价值和利益的产品与服务。支持性产品同时也起到与竞争产品区别化的作用，能给顾客带来更多的利益和更大的满意感。例如，商务饭店中的保健中心就是支持性产品。

需要指出的是，便利性产品与支持性产品之间的界限并非总是很明晰。同一种产品与服务对于一个市场而言是便利性产品，对另一个市场可能就是支持性产品。例如，机上餐饮服务对于长途飞行乘客来说是必不可少的，属于便利性产品，而对于短途飞行乘客就属于支持性产品范畴。另外，随着社会发展和市场需求的变化，同一种产品与服务也可能在两者之间转换。例如，客房宽带上网曾是一些高档次商务饭店用以支持其核心产品的服务，但如今这种支持性产品在此类饭店中都已成为便利性产品。因为随着信息技术的发展以及人们生活工作方式的转变,很多旅游者尤其是商务旅游者在外出住宿过程中也需要方便的互联网接入,导致饭店纷纷采取类似做法,从而使这种产品和服务现已成为高档次商务饭店必备的便利性产品。

4. 扩展性产品。扩展性产品包括可进入性、氛围、顾客参与、顾客与组织的互动以及顾客之间的互动等因素。服务营销专家克里斯蒂·格朗鲁斯(Christian Grönoos)认为,核心性产品、便利性产品和支持性产品决定了顾客能得到什么,但不能决定顾客怎样得到它们。而扩展性产品展示的就是顾客得到服务的过程,或者说是企业如何提供服务的。服务过程不同,产品也就不同。

旅游产品是一种服务性产品,顾客参与了绝大多数旅游产品的生产与传递过程。其结果是,旅游服务是否容易获得以及服务场所的有形环境都成为游客所得到的旅游产品的组成部分。同时,顾客的参与产生了顾客与旅游企业或目的地之间以及顾客与顾客之间的互动。例如,餐馆距主要目标市场的距离及其营业时间都决定了它的可进入性程度,可进入性越强,顾客就能越方便地得到服务。同样是结账服务,有的饭店采用人工服务,有的饭店则利用自助结账终端使顾客自助完成结账过程;同样是把客人安全地运送到目的地,不同的航空公司在登机手续办理程序和效率方面都会存在差异。

旅游产品的不同层次如图 6-1 所示。

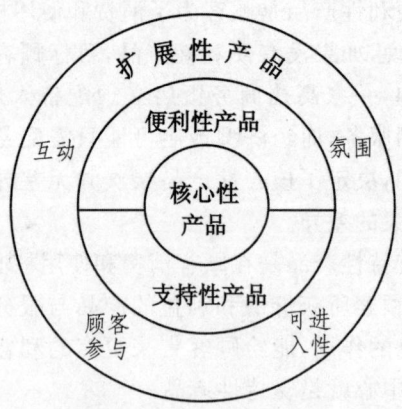

图 6-1　旅游产品的层次

这种对旅游产品层次的划分对旅游市场营销具有重要意义。旅游经营者在进行旅游营销时,应注重旅游产品的整体效能,从满足旅游者需求的角度出发,提供整体概念上的产品,并在支持性产品部分和扩展性产品部分形成自身产品的差异化,以赢得竞争优势。

第二节 旅游产品的生命周期与营销策略

一、旅游产品的生命周期

产品的生命周期(Product Life Cycle,PLC)是指产品从正式投放市场开始,直到最后被市场淘汰、退出市场为止的全部过程中,产品大体上经历了类似人类生命模式的周期性规律。产品的生命周期一般包括四个阶段,即投入期、成长期、成熟期和衰退期。

1. 投入期(Introduction Stage),也称作引入期或介绍期,是产品引入市场,销售缓慢增长的时期;

2. 成长期(Growth Stage),产品被市场迅速接受和利润大量增加的时期,生产和销售费用都有所下降;

3. 成熟期(Mature Stage),产品已被大多数的潜在购买者所接受,市场需求量渐趋饱和而造成销售增长趋缓的时期;

4. 衰退期(Decline Stage),产品销售下降的趋势日益增强,利润迅速减少的时期。

产品生命周期的各个阶段通常是以销售额、利润额的变化来衡量的。在大多数有关产品生命周期的讨论中,都把典型的产品销售历史描绘成 S 形曲线。图 6-2 为一典型的产品生命周期曲线。

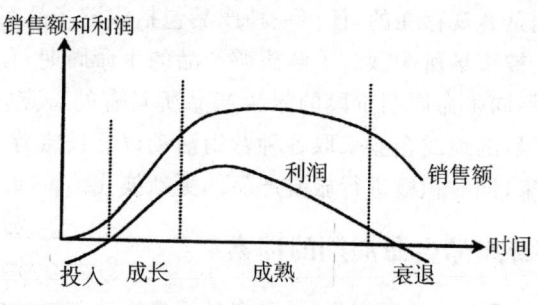

图 6-2　产品生命周期曲线

一条旅游线路、某专项旅游产品、一个以某种旅游资源为核心的旅游地、某种类型的饭店或航空公司以及具体某家饭店或航空公司等,都可以用生命周期的概念来进行描述。旅游产品的生命周期通常以接待游客人次或旅游收入来衡量,典型的旅游产品生命周期一般也被认为经历上述四个阶段。在有关旅游产品生命周期的研究中,研究重点多集中于旅游地的生命周期(Tourism Area Life Cycle,Destination Life Cycle)。一般来说,世界上接待规模较大的旅游目的地的生命周期也大体呈 S 形曲线,而接待规模较小的旅游地生命周期曲线则出现不规则变化状态。巴特勒(R. Butler)把旅游地生命周期划分为六个阶段:探索(Exploration)、起步(Involvement)、发展(Development)、稳固(Consolidation)、停滞(Stagnation)、衰退(Decline)或复兴(Rejuvenation)阶段,并且引入了被广泛使用的 S 形曲线来加以描述,见图 6-3。他认为旅游地衰落往往与接待量超过一定容量限制或过度商业化有关。

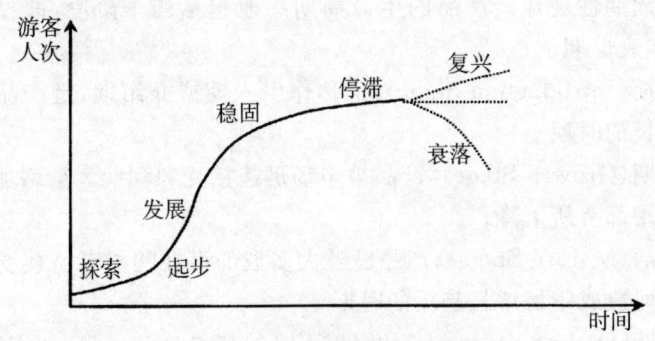

图 6-3　旅游地生命周期曲线

具体到一个饭店产品或娱乐场产品等,同样存在生命周期。也有人认为产品生命周期理论只能作为一种对产品在市场上发展状况进行经验描述的工具,而不具备预测的能力,因此对研究生命周期理论的意义提出了质疑。但无论如何,产品生命周期是客观存在的,任何一种产品包括旅游产品都有一个有限的生命,都会或早或晚被市场所淘汰。了解旅游产品的生命周期,有助于旅游目的地或企业针对处于不同生命周期阶段的旅游产品所具有的特点,作出相应的市场营销决策;有助于目的地或企业采取各种营销活动以延长旅游产品的生命周期,延缓衰退期的到来,同时积极进行旅游产品的更新换代。

二、影响旅游产品生命周期的因素

一种产品在市场上的发展变化,是受多种因素影响与制约的结果,有时甚至会出现各种非典型或非正常的变化现象,我们称之为产品生命周期的变异。旅游产品是一综合性产品,其生命周期更易受到主、客观条件以及宏观、微观等各种因素的影响,而出现各种变异情况。如某种专项旅游产品作为时尚产品,生命周期可能只表现为快速成长和快速衰退两个阶段;某旅游地在成长阶段时可能由于自然灾害或战争等一些偶发因素,没有经过成熟期就直接进入衰退阶段;某饭店产品因管理混乱或选址错误,会在开张不久即关门倒闭退出市场;某旅行社经营的一条旅游线路在进入成熟期后,由于企业努力促销或大力改进产品,从而促使产品销量突发性地扩大,在成熟期内又出现一个成长期,等等。

由于旅游产品在市场上的发展变化是由供给和需求两方面共同作用的结果,所以影响旅游产品供给和需求的所有因素都可以成为影响旅游产品生命周期的因素。旅游目的地国和客源国政府有关旅游政策和技术环境的变化,旅游产品之间及其与其他产品之间以及目的地或旅游企业之间的竞争状况,目的地或旅游企业本身的资源条件和管理水平,还有其他一些偶发因素,都可能影响某种旅游产品的供给能力或供给质量,使该种旅游产品的吸引力发生变化,从而导致生命周期的变化。例如,技术的发展已使太空旅游产品的开发和投入成为现实,网上虚拟旅游可能会对某些传统旅游线路和旅游景点形成一定的冲击,饭店内部管理不善也可能使该饭店过早地进入衰退期。

在需求方面,经济和社会的发展,社会观念和时尚的变化以及游客需求口味的改变,都会在某段时期内影响某种旅游产品对旅游市场的吸引力,从而使一种旅游产品被市场接受的程度随着时间的推移呈现出由小到大、再由大到小的发展过程。比如,随着当今世界经济和社会的发展,人们的价值观也在发展变化,越来越多的人选择旅游作为其生活中不可缺少的内容,一些旅游目的地在这种大环境下迅速成长起来。当前能源短缺及环境污染的加剧,又使生态旅游成为一种备受旅游者青睐的旅游产品而得以发展。

总之,影响旅游产品生命周期的因素很多,有自然的,有人为的;有微观的,有宏观的;有些是可控的,有些是不可改变的。旅游业经营者应清楚地认识到这些影响因素及产品所处的生命周期阶段,以便有针对性地采取相应的策略,尽量缩短产品的投入期,延长成熟期,延缓衰退期的到来。

三、旅游产品不同生命周期阶段的营销策略

处于不同生命周期阶段的旅游产品有着不同的特点,旅游目的地和旅游企业需要对其所经营的产品在市场中所处的位置及发展状况进行正确的判断和预测,采取有针对性的策略,并随着时间的推移和市场形势的发展变化不断地加以调整。

(一)投入期

在这一阶段内,旅游新产品正式投向市场,具体表现为新的旅游景点的开发,新的旅游饭店和旅游娱乐设施的建成,新的旅游线路的开通,新的旅游项目、旅游服务的推出等。因为产品尚未被市场广泛了解和接受,旅游目的地或旅游

企业的接待量很小,销售量增长缓慢;为了使市场了解和认识产品,需组织大量的促销活动,投入较大的费用,单位成本较高;利润往往很少甚至出现亏损;市场上一般很少有同行竞争。

对于处于投入期的产品,旅游经营者所采取的营销策略应以尽量缩短投入期的持续时间为主要目标,以求迅速进入和占领市场。

1. 产品策略。应根据产品试销的结果改进产品,力求产品尽快定型;同时要注重旅游产品质量的稳定,质量是旅游产品扩大知名度的基础。

2. 促销策略。由于产品刚进入市场,还未被广大旅游者了解和熟悉,因此需要综合运用广告、人员推销、销售促进等各种促销手段,宣传产品的特点及能给旅游者带来的利益,以使顾客(包括旅游中间商)尽快认识产品,从而迅速打开销路。

3. 价格策略。在考虑市场类型与特点的基础上,旅游产品的定价有高价和低价两种策略可以选择。很多旅游经营者对新投入的产品采取高价策略,以弥补较高的生产成本和推销费用,并为以后竞争激烈时留有降价的空间;而采取低价策略的旅游产品经营者认为低价有助于迅速占领市场,而且能减少潜在竞争者的数量。

4. 分销策略。对于投入期的旅游产品适于采用全方位的分销策略。因为这时旅游经营者还难以判断何种销售渠道为最佳选择,同时全方位销售还有利于迅速扩大市场面,使产品较快地进入成长期,并在此过程中探索判明较理想的销售渠道。

(二)成长期

在成长期内,旅游景点、旅游设施建设已基本上初具规模,旅游产品基本定型并形成一定的特色。产品销售量迅速增长,消费者对产品已有所了解,促销费用相对减少,单位成本大幅下降,利润迅速上升。在利润的吸引下,新的竞争者将会进入该市场,市场上开始出现竞争趋势。这一阶段营销策略的重点应放在提高产品质量上,根据旅游者需求的明显变化提供有针对性的系列服务,同时明确真正的目标市场,努力扩大市场占有率。

1. 产品策略。旅游产品提供者应注重提高产品质量,根据旅游产品在投入期的销售情况,及时发现和弥补产品的不足,进一步完善和改进产品,创立企业的名牌产品或拳头产品。由于旅游产品是组合产品,旅游产品的改进和发展可通过变动原组合内容来实现,如在旅游线路中增加游客参与项目,或减少雷同内容的游览时间,可能会使整个产品更具吸引力。

2. 促销策略。促销投入可适当减少,销售促进活动可停止。这时期的广告宣传应从单纯介绍产品转为宣传、树立企业整体形象,提高企业声誉,创立名牌,并为企业以后开发系列产品做准备。如日本交通公社经营的旅游产品都以"展望"为标志来对产品和企业进行促销。在服务业中,企业形象起着"过滤器"的作用,直接影响人们对企业产品质量的感知。所以,这一时期应把促销的重点放在争取潜在顾客和增强旅游消费者对旅游产品和旅游企业的信任感上。

3. 价格策略。对于高价旅游产品应适当降价,对团体旅游或包机、包船旅游给予一定的优惠,以合理的、有竞争力的价格,防止竞争者进入市场。

4. 分销策略。对处于成长期阶段的旅游产品,应采取选择性渠道策略,选出对生产商和产品销售都有利的中间渠道,并对选定的中间商给予相应的优惠。

(三)成熟期

由于现实游客的迅速增加,在产品成熟期内,潜在顾客已经很少,大多属于重复购买的市场,旅游产品的市场需求量已达饱和状态,销售量达到最高点,后期的销售增长率趋于零,甚至会出现负增长。利润在前期也将达到最高点,随着成熟期延续的需要,成本将逐渐上升,利润将出现逐渐下降的趋势。很多同类旅游产品和仿制品此时都已进入市场,扩大了旅游者对旅游产品的选择范围,加之更新产品的竞争,使市场竞争十分激烈,差异化成为竞争的核心。旅游经营者在产品成熟期应把经营重点放在维持现有市场和开拓新市场上,用产品和价格的差异化来吸引顾客。

1. 产品策略。应集中力量改进现有产品,提高产品质量,增加产品的附加价值,通过差异化的产品来赢得竞争优势;根据市场变化趋势迅速设计和生产旅游新产品;或者根据主客观条件的分析,提前淘汰某一前景不佳的产品,着力开发新产品,开创新市场。

2. 促销策略。由于此阶段的竞争异常激烈,旅游经营者通常需要进行集中性促销以保持和扩大市场,加强销售促进、公关等促销活动,力保名优产品的拳头地位。

3. 价格策略。应运用灵活的定价策略、多种定价技巧,实行优惠价格,以保持原有市场和扩展新市场。

4. 分销策略。在此阶段要认真评价旅游中间商,对中间商进行检查、更换,由选择性渠道策略向专营性渠道策略发展,进一步疏通销售渠道。同时,在促销方面对中间商提供帮助,鼓励他们支持企业的产品,如提供给中间商有关产品的宣传材料,为中间商培训推销人员,对绩效显著的中间商给予奖励等。

(四)衰退期

在这一阶段,由于又有旅游新产品进入市场并成长起来逐渐代替老产品,或者旅游者的需求口味发生了变化,或者老产品已失去吸引力,原有产品的市场销售量日益下降。市场竞争突出地表现为价格竞争,价格被迫不断下跌,利润迅速减少,甚至出现亏损。

在此期间,旅游经营者应适当保留尚有利润的项目,或对产品重新进行定位,同时积极进行产品的更新换代。一旦老产品的销售量和利润下降到最低限度时,应当机立断使之退出市场。促销努力应减少,并且只集中于最有利润的市场面和销售渠道上。价格上或保持原价使之自然退出市场,或降价以争取游客,缓解销售量下降的趋势。在销售渠道方面,保留最忠诚的中间商,剔除无利润的销售渠道。同时作一些旅游新产品的分销计划。

四、延长旅游产品生命周期策略

处于成熟期的产品,能给经营者带来丰厚的利润。旅游经营者可通过对旅游产品生命周期客观规律的认识,运用适当的营销策略来延长旅游产品的生命周期,尤其是延长产品的成熟期。延长旅游产品生命周期的策略概括起来有以下几种:

(一)产品改进策略

通过对处于生命周期不同阶段的旅游产品的某些改进,可以吸引、保持及扩大旅游市场。旅游产品的改进有很多途径,如提高服务质量,改进旅游服务设施和设备,增设新的旅游服务项目和游览项目等。每进行一项改进,相当于刺激一个新的增长点,从而使产品的生命周期得以延长。西班牙首都马德里原有著名的"东方宫"和几个广场等名胜古迹,后来增添了"星期日娱乐"项目。每逢星期日上午,在市内6个古董市场出售古董、古玩,供游客们观赏和选购,下午则观看斗牛、赛马或足球赛,使马德里旅游区对游客具有更大的吸引力,并经久不衰。

(二)产品升级换代策略

延长旅游产品生命周期的一项根本措施是根据市场上不断涌现的新需求,不断开发新产品,不断实现产品的升级换代,使新、旧产品在市场上能够衔接,这对旅游目的地尤为重要。如对我国这样一个整体旅游目的地来说,理想的情况是,当第一代旅游观光产品进入成长期后,就有第二代产品即增加娱乐性及旅游者参与性内容的观光产品进入开发阶段,这样第一代产品进入成熟期后,第二代产品就进入了成长期,依此类推,使观光产品的生命周期得以延长。

(三)市场调整策略

市场调整策略就是为原有产品寻找新的使用者,开发新的市场。例如,发达国家经常把在本国市场上已处于成熟期甚至衰退期的产品向发展中国家销售。由于婴儿用品市场的不断缩小,强生公司将其婴儿洗发产品转向成年市场销售。商务饭店可以考虑进入周末度假市场;饭店为了增加对其洗衣服务的消费,可以将服务对象从原有的住店客人扩展至社区居民。营销人员也可以将产品重新定位,以便吸引更大的或者增长更快的细分市场。如当"反酒后驾车"运动减少了酒精饮料消费时,一家餐馆可以将其产品形象从饮酒的娱乐场所改为就餐的娱乐场所。

(四)市场营销组合改进策略

根据市场环境的变化,旅游经营者对可控的营销组合因素加以改变,以保持旅游产品的生命力。如提供更多的服务项目,利用电脑预订增加直接销售,增加广告宣传,或在价格上加以调整等以刺激产品的销售。

第三节 旅游产品组合

旅游产品的生命周期理论说明了旅游产品在市场上都有从成长到衰退的发展过程。因此,每一个旅游目的地或旅游企业都不应只经营单一的旅游线路、单一的旅游产品,而应同时经营多种品种,使各种产品分别处于不同的生命周期阶段,并且在各种产品之间保持一个最优的组合结构。

一、旅游产品组合的含义

旅游产品组合就是旅游经营者提供给市场的全部旅游产品线的组合方式。要了解旅游产品组合,首先必须明确与产品组合有密切关系的一些概念,包括产品线、产品线的宽度、产品线的深度和产品线的关联度,这几个因素的不同构成即不同的产品组合。产品线是指密切相关的、满足同一类需求的一组产品。例如,一家旅行社经营观光旅游产品,那么观光旅游产品就是它的一条产品线;若该旅行社同时经营观光旅游产品、度假旅游产品、修学旅游产品,来满足不同旅游目的旅游者的需要,我们就认为这家旅行社经营多条产品线。又如一家饭店向客人提供住宿服务,这是饭店的一条产品线,无论是单人或双人客房,经济等抑或豪华等的客房,都是为了满足人们旅游过程中住宿休息的需要。但无论何种规模或类型的饭店,一般不只经营一条产品线,它们还向客人提供餐饮、购物、娱乐等服务,即同时经营多条产品线。

一个企业所拥有的产品线的数量称为产品线的宽度。产品线数量越多,产品线宽度就越大。产品线的深度是指每种产品线中不同等级、规格的产品数量的多少。如旅行社经营的观光产品中有以山水旅游为主的产品,有以文物古迹旅游为主的产品,山水观光游又有去桂林、苏杭等几条不同的旅游线路,文物古迹观光游又有去北京参观明清时期的古迹或去河南参观明清以前古迹的不同线路。每种产品线无论其深度是多少,同一产品线的核心价值(Core Value)是相同的,即满足顾客的同一类需求。

各种产品线之间在生产条件、销售渠道或其他方面可以存在某种联系,也可以是互不相干的。产品线之间相互关联的程度称为产品线的关联度。如度假产品中一般包括提供健身和运动设施,那么度假产品便和体育旅游产品有了一定的关联性。而有些进行多元化经营的集团企业,所拥有的某些产品线之间甚至毫无关联性。

一般来说,拓宽产品线有利于充分发挥旅游经营者的资源潜力,开拓新的市场;加深产品线,可适应更多层次的特殊需要,实现市场渗透;加强产品线之间的关联性,可以增强资源利用效率。

二、旅游产品组合策略

旅游产品组合策略是指旅游经营者根据其经营目标、资源条件以及市场需求和竞争状况,对旅游产品组合的宽度、深度和关联度进行最佳决策。旅游产品组合策略一般有以下几种:

(一)全线全面型策略

全线全面型策略是指增加产品线的宽度,经营多种旅游产品以满足多个市场的需要。这种策略有两个层次的含义:一是旅游经营者尽可能向整个旅游市场提供多领域或行业的产品或服务,如某饭店集团既经营饭店产品、餐饮产品,同时又经营旅行社业务;另一个含义是指旅游经营者在某一领域或行业向市场提供多种产品,如某国际旅行社经营观光旅游、度假旅游、购物旅游等多种产品,并以欧美市场、日本市场、东南亚市场等多个旅游市场作为目标市场。这种产品组合策略能满足不同市场的需要,有利于扩大市场份额,但经营成本较高,并易造成资源分散。

(二)市场专业型策略

市场专业型策略即向某一特定的旅游市场提供其所需的多种旅游产品。如某旅行社专门为日本市场提供观光、修学、考古、购物等旅游产品;或者单纯以青年市场为目标市场,开发探险旅游、修学旅游、青年新婚旅游、女青年购物旅游等适合青年人口味的产品。这种组合策略有利于旅游经营者集中力量充分了解某一目标市场的各种需要,开发满足这些需要的多样化、多层次的旅游产品,从而有利于市场渗透。但由于其目标市场单一,市场规模有限,而使旅游经营者的销售量受到限制,在整个旅游市场中所占份额较少。同时,若目标市场由于一系列旅游经营者不可控因素的影响而发生需求方面的变动,如目标市场国发生经济萧条,或政府限制本国居民外出旅游等,都会使经营面临很大风险。

(三)产品系列专业型策略

产品系列专业型策略是指旅游目的地或企业专门经营某一类型的旅游产品来满足多个目标市场的同一类需要。如某旅行社只经营宗教旅游产品,将其推向欧美、日本和东南亚等市场。因为产品品种单一,所以经营成本较少,且可集中资源进行产品的深度开发,不断完善某一产品,易于为目的地或企业树立鲜明的形象。但产品类型的单一也有可能加大旅游经营者的经营风险。

(四)特殊产品专业型策略

特殊产品专业型策略即针对不同目标市场的需求提供不同的旅游产品。如对欧美市场提供观光度假旅游产品,对日本市场提供修学旅游产品,对东南亚市场提供探亲访友旅游产品;或者经营探险旅游满足青年市场的需要,经营休养度假旅游满足老年市场的需要,等等。这种组合策略能有针对性地满足不同的目标市场,有利于旅游经营者占领市场,扩大销售。但由于开发和销售成本较高,投资较大,因此,采取此种策略需要进行周密的市场调研,以减少风险。

三、旅游产品组合优化

由于市场环境的不断变化,旅游产品组合中的每一个因素会随着形势的变化而不断变化,旅游产品组合中的每一个具体产品项目也必然会在变化的市场环境下发生分化:一些旅游产品获得较快的成长,并持续取得较高的利润;而另一些产品则可能趋向衰落。因此,旅游经营者必须经常分析自己产品组合的状况和结构,根据市场环境的变化调整产品组合,在变动的形势中寻求产品组合的最优化。

(一)旅游产品组合的评价

要达到优化旅游产品组合的目的,首先必须对各产品项目在市场上的发展状况和趋势进行评价。评价标准主要可归纳为以下三方面:

1. 发展性。根据产品生命周期理论,处于生命周期成长阶段或成熟阶段早期的产品,一般具有良好的发展前途。评价旅游产品的发展性应超越某个具体目的地或企业的范围,应根据整个市场上同类产品的总体情况进行评价。说明某种旅游产品发展前途的主要指标是销售增长率。

2. 竞争性。表明某旅游目的地或企业在整体旅游市场上的竞争能力,最主要的评价指标是市场占有率。

3. 盈利性。主要表现为利润额、成本利润率、资金利润率、资金周转率等,其中资金利润率是最具综合性的指标。

(二)旅游产品组合优化方法

旅游经营者可从上述三个方面分析每个产品在市场上的生命力和发展潜

力,并根据评价结果,对旅游产品组合作出优化决策。

1.四象限评价法。是根据市场占有率和销售增长率来对产品进行评价的方法,是美国波士顿咨询公司(Boston Consulting Group,BCG)提出的一种评价方法,也称作波士顿矩阵法(具体可参见第五章相关部分)。

2.三维空间分析法。分别以市场占有率、市场销售增长率和资金利润率为X轴、Y轴和Z轴,这样形成了8个位置,其中每一个位置代表三种因素的一种组合情况,从中可以看出每种旅游产品在市场上所处的地位,如图6-4所示。

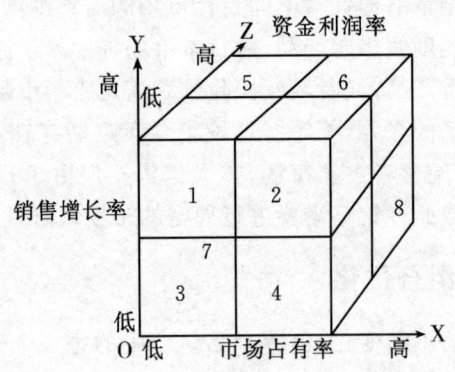

图6-4 三维空间分析图

旅游经营者可以据此分析每一种产品所处的位置,然后有针对性地进行经营决策。如对市场占有率高、销售增长率高、资金利润率高的"三高"产品,即处于位置6的旅游产品,应在资金、技术、促销等方面给予大力支持,保证其发展。对处于位置8的产品,因其一般在成熟期阶段,所以应采取相应策略,巩固其现有地位,不断增加盈利。而处于位置3的旅游产品则向旅游经营者提供了应剔除的衰退产品的信息。需要注意的是,每种旅游产品所处的生命周期阶段是在不断发展变化的,如原来处于位置1的产品可能由于旅游经营者所采取的策略的变化而发展到位置6所代表的情况。

3.产品系列平衡分析法。根据旅游经营者实力和市场需求两方面,对旅游产品进行综合平衡分析,从而作出最佳的产品组合决策,如表6-1所示。

旅游经营者实力包括其综合接待能力、销售能力、市场占有率等,市场需求包括市场规模、市场销售增长率等。通过3种实力情况和3种需求情况的不同组合,旅游经营者就可以对旅游产品进行评价。

表 6-1　产品系列综合分析

		经营者实力		
		大	中	小
市场需求	大	力保优势	扩大投资	增加实力或选择性投资
	中	维持现状 争取多盈利	稳定策略 维持现状	选择性投资 或淘汰
	小	选优,少量投资	选择性投资 或停止投资	淘汰

4. 资金利润率评价法。资金利润率是表示产品经济效益的综合性指标,旅游经营者可利用资金利润率对产品进行评价,以便作出产品组合优化决策。具体有两种方式:

(1) 资金利润率的表达式为:

$$资金利润率 = \frac{利润额}{总投资} = \frac{利润额}{销售额} \times \frac{销售额}{总投资} = 销售利润率 \times 资金周转率$$

在资金利润率一定的条件下,销售利润率与资金周转率成反比变动,如图 6-5 所示。

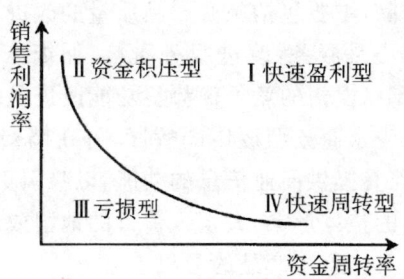

图 6-5　等资金利润率曲线图

X 轴表示资金周转率,Y 轴表示销售利润率,则曲线为等资金利润率曲线。这样,我们可以分 4 个区域来表示不同的旅游产品。

Ⅰ区:处于这一区域的旅游产品资金利润率高,销售利润率也高,且资金周转快,属于快速盈利型产品,一般处于成长期后期或成熟期前期。旅游经营者应尽力保持这类产品在市场中的地位,延长其生命。

Ⅱ区:产品的销售利润率很高,但销量较小或管理方面存在问题,致使资金周转很慢。对处于此区域的产品,应采取相应策略,或改进产品,增加促销,适当降价以扩大销量;或加强管理,加快资金流通,充分挖掘产品潜力。

Ⅲ区:资金周转率及销售利润率均低,是亏损型产品,可能处于产品的投入期或衰退期阶段。对于这类产品,应根据实际情况或予以发展,使其迅速进入成长期;或予以淘汰,进行投资转移。

Ⅳ区:这一位置的产品属于快速周转型或低利型的产品。销售利润率低,或者因为旅游经营者薄利多销的政策,或者因为成本控制方面的问题。

(2)旅游经营者还可以根据各种产品的资金利润率资料对产品进行分类,并结合旅游产品的市场发展情况,预测资金利润率的发展趋势,从而作出产品组合决策。见表 6-2。

表 6-2 资金利润率发展趋势分析

产品 资金利润率	1	2	3	4
当年水平	高	高	低	低
发展趋势	继续提高	持平	继续提高	下降
决策	发展	维持	发展	淘汰

(三)旅游产品组合优化的基本途轻

1.对现有旅游产品的改进。改变一种旅游产品的一个或几个特点,这常用于成熟期阶段的旅游产品,主要包括旅游产品质量的改进、功能的改进以及形象的改进。旅游产品的核心是服务,改进服务质量,如饭店向顾客提供个性化服务,能使旅游产品具有难以模仿的竞争优势。功能改进是指提高产品的有效性、便利性和安全性,例如,一家商务型饭店的餐厅,可在墙壁上安装显示股价变动情况的屏幕,使餐厅又兼有提供商业信息的功能,以吸引更多的商务旅游者。形象改进是改进旅游产品的整体形象,大至改善目的地国或地区的形象,小至一家旅游企业的形象或一项具体旅游产品的形象。

2.淘汰过时旅游产品。过时旅游产品是指销售困难,不能为经营者创造利润的旅游产品。这种旅游产品可能曾经创造了可观的利润,但随着旅游者爱好的变化、大量竞争者的加入、更好的替代产品的出现以及其他诸多原因,获利产品最终成为过时产品而进人衰退期。旅游经营者要定期评价每种产品,以确定其对产品组合总体效用的影响,及时发现过时的旅游产品,并作出恰当决策。

3.开发旅游新产品。旅游新产品开发是旅游产品组合优化、提高产品适应能力和竞争能力的重要途径。我们将在下一节作重点论述。

第四节 旅游新产品的开发

一、旅游产品开发的内容和意义

由于旅游产品有总体旅游产品和单项旅游产品之分,所以旅游产品开发的内容也包括总体旅游产品开发和单项旅游产品开发两方面,具体又可分为旅游目的地的开发、旅游景点的开发、旅行社产品的开发和饭店产品的开发等等。不同类型旅游产品的开发又有其各自不同的内容和特点,如旅游目的地的开发主要包括当地旅游资源的规划与开发,旅游基础设施和上层设施的建设与完善,旅游管理与服务人员的培训等方面内容;旅行社产品的开发主要涉及旅游线路的编排,旅游景点的搭配,旅游活动项目、日程、交通、住宿、餐饮、娱乐和购物等的安排,以及价格的确定等内容;饭店产品的开发主要在饭店的选址、设施与服务、饭店形象以及价格等方面作出决策。可见,旅游产品开发是一个非常复杂的问题。

旅游产品是旅游目的地和旅游企业进行经营的重要基础,同时也是实现差异化的重要途径。随着世界经济、科技的不断发展,社会需求的不断提高,旅游需求也不断发生变化。例如,现代旅游发展之初,旅游者热衷于团体包价旅游,随着旅游需求与供给两方面的变化,现今的旅游者逐渐趋向于部分包价的旅游,散客旅游开始在世界旅游市场中居主导地位。同时,单纯的观光旅游已不能满足旅游者的需要,他们更多地要求在旅游目的地参与活动。旅游者对旅游产品质量的要求也越来越高。所以,旅游经营者只有根据市场需求的变化不断进行旅游产品的开发,才能适应世界旅游市场发展的需要。

从另一个角度来看,任何旅游产品都有其从投入到衰退的生命周期的变化过程,所以不断地开发新的旅游产品是旅游经营者在市场上求得生存和发展的重要条件之一。因此,所有的目的地和旅游接待企业都必须始终保持对发展变化趋势的敏感,并妥善制订新产品开发计划。

二、旅游新产品的开发过程

(一)旅游新产品的概念和种类

旅游新产品是指某一特定旅游经营者以前从未生产和销售过的旅游产品。旅游新产品包括的范围很广,它不单是指市场上出现的前所未有的产品,如新开发的旅游景点、新开辟的旅游线路、新建成的旅游饭店等,这些全新产品不可能经常出现,它只占旅游新产品的一小部分。旅游新产品更多地是指对一个经营者来说是新的而在市场上已经出现了的相对的新产品。旅游经营者大多依靠增加服务项目、模仿竞争者的旅游项目、改进产品质量等方式进行旅游新产品的开发。

总之,只要是整个旅游产品构成中任何一部分的创新或改革,都属于新产品之列。旅游新产品大致可分为四种:

1. 全新产品。是为满足旅游者一种新的需求而创新的旅游产品。如新开辟一条旅游线路、新开发一个景点、新开展一项有特色的专项旅游等。全新旅游产品开发周期较长,且所需投资较多,风险较大。

2. 换代新产品。换代新产品是指对现有旅游产品进行较大改革后生成的产品。如旅行社原来经营纯观光旅游产品,现在发展为观光兼度假的二合一产品。

3. 改进新产品。对原有旅游产品不进行重大革新,只对它进行局部的形式上的改变。如饭店客房增加儿童免费加床服务或餐厅延长服务时间等。

4. 仿制新产品。仿制新产品是指市场上已经存在,某旅游经营者对其进行模仿的产品,它同换代新产品和改进新产品一起被称为市场新产品。仿制是一种重要的竞争策略。因为全新产品可能获得的利润极不确定,且具有很大风险,所以很多经营者往往采取一种"坐视"的态度,当看到某一旅游项目在市场上很畅销时,则迅速进行仿制并推向市场。

通常,一个旅游企业主要可以通过两种方式得到新产品:一种是通过收购,一种则是自己设立研发(R&D)部门来开发新产品。随着开发新产品成本的不断上升,许多企业都倾向于收购现有品牌,而不愿去开发新品牌。例如,嘉年华(Carnival)邮轮集团购并了荷美(Holland American)、风星(Windstar)和歌诗达(Costa)品牌,雅高(Accor)集团收购了6元汽车旅馆(Motel 6)。我们这里着重讨论后一种方式,即新产品开发。

(二)旅游新产品的开发程序

旅游新产品开发是一个从搜集新产品的各种构思开始,到把这些建议转变为最终投入市场的旅游新产品为止的前后连续的、有计划、有目的、有系统的过程。这个过程一般经历七个阶段:

1. 构思的搜集。任何产品都是在一定构思的基础上最终形成的。发展旅游新产品首先也需要有充分的创造性构思,才能从中发掘出最佳的可供开发的项目。旅游新产品构思的来源是多方面的,包括旅游者、旅游中间商、旅游营销人员及其他人员、市场竞争对手以及行业顾问、管理顾问和广告公司等。其中前四类人员或组织构成旅游新产品最主要的构思来源。依照市场营销观念,顾客的需求和欲望是寻找新产品构思的合乎逻辑的起点。旅游业得以生存和发展的条件就是满足旅游者的需要,所以旅游者的意见及建议,应成为旅游经营者必须高度重视的新产品构思来源。通常,组织市场调查,向旅游者询问现行产品存在的问题来获得对新产品的构思,比直接要求他们提供新产品构思更为有效。

旅游业从业人员,尤其是一线员工和营销人员,他们在旅游产品的生产与销售过程中,与顾客交往密切,相互作用,最了解顾客的需要;经销或代理本企业产品的中间商掌握着顾客需求的第一手资料,同时也掌握着大量供给方面的信息;同行业的竞争对手往往能给经营者很好的启示。所有这些方面都成为旅游新产品构思的极好来源。旅游企业或相关组织能否搜集到丰富的新产品构思,关键在于是否有鼓励以上各类人员及组织提出各种构思的奖励办法,以及内外部沟通的有效程度。没有大量新颖的旅游新产品构思,要想开发一种具有吸引力的旅游产品是不可能的。

2. 构思的筛选。经过上一阶段所搜集到的对新产品的大量构思并非都是可行的,筛选的目的是尽快形成有吸引力的、切实可行的构思,尽早放弃那些不具可行性的构思,以免造成时间和成本的浪费。

对新产品构思的筛选过程包括:

(1)对资源进行总体评价,分析设备设施状况、技术专长及生产和营销某种产品的能力;

(2)判断新产品构思是否符合组织的发展规划和目标;

(3)进行财务可行性分析,分析能否有足够的资金发展某项新产品;

(4)分析市场性质及需求,判明产品能否满足市场需要;

(5)对竞争状况和环境因素进行分析。

通过以上各方面的分析判断,剔除不适当的构思,保留少量有价值的构思进入下一个阶段。筛选和议审工作一般要由营销人员、高层管理人员及专家进行。通常利用产品构思评价表,就产品构思在销售前景、竞争能力、开发能力、资源保证、生产能力、对现有产品的冲击等方面进行加权计算,评定出构思的优劣,选出最佳产品构思。表 6-3 就是一种产品构思评价表。旅游经营者在这一阶段要注意避免构思中"误舍"和"误用"两种错误。

表 6-3 产品构思评价表

影响因素	权 数	评 价 等 级					得 分
		5	4	3	2	1	
销售前景	0.30	√					1.50
竞争能力	0.15			√			0.45
资源保证	0.25		√				1.00
开发能力	0.20				√		0.40
利润贡献	0.10					√	0.10
合 计	1.00						3.45

3. 产品概念的发展和测试。一个有吸引力的产品构思需要发展成产品概念(Product Concept)。产品构思并不是一种具体产品,只是经营者希望提供给市场的一个可能产品的设想;而产品概念是用有意义的消费者术语表达和描述出来的构思。一个构思可能形成几个产品概念。如某地要开发水上旅游,这是一个产品构思,它可以转化为水上泛舟、滑水、赛船、垂钓等几种产品概念。

概念测试就是同合适的目标消费者一起测试这些产品概念。新产品概念可以用文字、图片、模型或虚拟现实软件等形式提供给消费者,然后通过让消费者回答一系列问题的方法(如问卷调查),使经营者从中了解消费者的购买意图,以便确定对目标市场吸引力最大的产品概念。

4. 商业分析。这是预测一种产品概念在市场中的适应性及发展能力的阶段。所谓商业分析,就是要预测一种产品概念的销售量、成本、利润额和收益率,预测开发和投入新产品的资金风险和机会成本,预测环境及竞争形势的变化对产品发展潜力的影响,预测市场规模,分析消费者购买行为。在这一阶段,还必须作出关于营销战略的初步决策,如产品定位、营销目标、主要的促销决策等。这项工作要比筛选工作更为复杂,要求的精确度更高。

例如,建一座饭店,应当分析市场对何种等级饭店的需求已达到饱和状态,目标市场规模的大小,何时能收回投资,经营风险如何等等。同样,开发旅游景点,也必须进行商业分析,以避免近距离的重复建设。

旅游企业对新产品开发的商业分析可采用两种方式:一种方式是由企业内部的营销人员和专家负责进行分析,世界性的饭店集团常常采用这种方法;另一种方式是利用企业外部的专家或外界的专门研究机构来进行商业分析。对出于经济目的的旅游新产品的开发,如果经过商业分析发现,某种新产品开发方案无法达到预计的最低利润额,那么就应该放弃这个方案。

5. 产品的研制和开发。如果产品概念通过了商业测试,就可以进入产品的研制和开发阶段。在进行产品的设计与开发时,要考虑新产品的功能和质量两方面的决策。其中,功能决策包括新产品的使用功能、外观功能和地位功能的决策,质量决策需要注重新产品的适用性和经济性。例如,建一座饭店要考虑其地理位置、交通条件、饭店的设计与建筑、设施设备的布局、职工的招募等多方面因素。同时,饭店并非修建得越豪华利润越多。从目标市场的需求出发,使可能的总收入与总成本的差额达到最大值的投资,才是最为经济的。

旅游产品在研制开发过程中需要进行反复测试。旅游企业或其他相关组织可邀请国内外旅游专家、经销商和旅游记者以及少量游客进行试验性旅游,并请他们提供意见,以便修改新产品使其更加完善。例如,无锡在横渡太湖旅游新产品的开发中,第一次从无锡到杭州实地试航,船程需8个小时,时间过长。后改经太湖,在浙江湖州上岸改乘汽车,2小时到杭州。这样,湖上只需5个多小时。然后再邀请一批日本客人试航,在船上又增加了风味餐、饮酒赋诗等活动,产品投放市场后很受欢迎。

6.试销。试销是把开发出来的新产品投放到经过挑选的具有代表性的市场范围内进行试验性营销,了解旅游者的反应,从而使新产品失败的风险达到最小化。试销的主要目的在于:

(1)了解新产品在正常市场营销环境下可能的销售量和利润额;

(2)了解产品及整体营销计划的优势和不足,及时加以改进;

(3)确定新产品的主要市场所在及其构成;

(4)估计新产品的开发效果。

旅游产品试销可在几个细分市场上让新产品与旅游者见面,以此确定重点目标市场,同时根据搜集到的市场反馈信息,不断改进产品的内容和形式,以更好地适应市场的需要。旅游产品有其自身的特殊性,如饭店不可能先建好让旅游者试住一段时间,发现问题再重建或重新选址或拓宽客房等设施的面积,即便可能也存在相当大的难度。所以只有事先做到充分的市场调研,根据市场需求去进行饭店的选址、设计、建造和布局,试营业后在服务项目、服务内容和方式、服务质量等"软件"上不断改进,才能确保新产品成功地全面投入市场及未来的顺利发展。

无论是一条旅游线路或是一个单项旅游产品,都要通过试销后根据各方意见和建议改进服务的内容,不断适应市场的需要。另外,在试销阶段也需要对初步确定的营销组合进行适当调整。

7.商品化。新产品通过试销取得成功后,就可全面投入市场,产品即进入生命周期的投入期阶段。在这一阶段,旅游经营者应注意投入新产品的时间、目标市场、销售渠道等方面的决策,即何时、何地、用什么方法投入什么市场的问题。旅游经营者需要制定一个把新产品引入市场的实施计划,在营销组合要素中分配营销预算,同时正式确定新产品的各种规格和质量标准、新产品的价格构成、新产品的促销和销售渠道。旅游新产品投放到市场后,还要对其进行最终评价。旅游经营者要搜集旅游者的反应,把握市场动态,检查产品的使用效果,为进一步改进产品和市场营销策略提供依据。

当然,并不是所有的旅游产品的开发都要机械地经过以上几个步骤,不同的旅游经营者可根据所开发新产品的特点和市场的特点,选择合适的开发程序。

三、开发旅游新产品应注意的问题

开发新产品,不仅需要投入大量资金,且具有很大的风险,因为并非任何新产品都能取得成功。一个研究报告指出,新产品的失败率中消费品为40%,工业品为20%,服务业产品为18%。旅游新产品同样面临着失败的可能。

了解可能导致新产品失败的原因,有助于旅游经营者在开发工作中注意避免这些问题的产生。旅游新产品失败的原因主要有:

1. 市场分析不够充分。对市场需求预测不准,没有正确了解消费者的购买动机和习惯,或对市场规模估计过高,或目标市场选择错误,都会使产品投入市场后无法达到适销对路或出现需求不足的情况。例如,在苏州游这一产品中,日本市场对寒山寺比较感兴趣,如果不加分析地把同样的项目推向美国市场,很可能会导致失败,因为大多数美国游客实际感兴趣的是苏州的园林艺术。

2. 新产品缺乏足够的优势。产品构思不新颖,缺乏特色,或旅游新产品投入市场后,由于没有严格的质量管理,产品质量无法达到消费者满意的程度。

3. 投入时间选择不当。如产品开发缓慢,时间过长,被竞争者抢占先机,或投入时消费者口味已发生变化,都会影响新产品在市场上的销售及发展。尤其是对季节性较强的某些旅游产品,更应注意选择正确的投入时机。

4. 营销组合决策失误。缺乏销售渠道的支持,或者销售渠道选择不当;市场推销手段运用不力,或推销力量较弱;产品定价过高等。

5. 管理层本身因素。管理者强行推出自己偏好的但市场分析已经否定的产品构思,或者在新产品开发的最后几个阶段才发现某产品不宜开发,但因投资过多,不忍放弃,希望投入市场回收部分成本,管理层决定继续开发本已无前途的产品,那么失败是不可避免的。

6. 市场需求发生变动。

7. 实际开发成本超过预算数额。

案例

美国奥兰多"锦绣中华"关闭

美国佛罗里达州的奥兰多市有"世界旅游之都"的美称,这里是一个"主题公园"的集中地,有"迪斯尼世界"、"环球影城"、"海洋世界"等三个巨型主题公园,还有很多中型和小型的主题公园,是美国除了纽约、拉斯维加斯之外的游客最多的城市。在深圳取得巨大成功的"锦绣中华",在这里却以关闭告终。

位于该市的"锦绣中华"园(以下简称"美锦")是迄今在国外规模最大的中国文化主题公园。长城、故宫、孔庙、兵马俑、敦煌石窟、云南石林等60多个中国著名文化古迹和自然微缩景观荟萃一园,游客在这里还可以享受中式餐饮,观看中国的工艺品制作、民族舞蹈和杂技表演等。1993年底,这座耗资1.5亿美元的文化园开张时曾引起轰动,被誉为弘扬中华文化的壮举,为"世界旅游之都"增添了一个风格独具的观光旅游点。

遗憾的是,自从开张以来,市场反应欠佳。开张后的头三年,"美锦"每年迎来20多万游客,之后便开始每况愈下。2003年共接待游客约8万人,在2003年底停业前每天的游客只有200多人。而邻近的迪斯尼每年接待旅游者3 000多万,终日熙熙攘攘,玩一个几分钟的游戏就要排几十分钟的队。

这种窘境的出现似乎从一开始就露出端倪。一厢情愿地选定奥兰多为园址,现在看来并非上策。奥兰多是迪斯尼的大本营,环球影城、海洋世界也在这里建园,其他与"美锦"规模相当的乐园还有数十处,市场竞争十分激烈。"锦绣中华"选址奥兰多,找迪斯尼为邻,其指导思想是"借船出海",原以为吸引从迪斯尼出来的3 000多万游客中的10%不是难事,不必为客源发愁。岂料适得其反,反受其害。这几年迪斯尼大力发展,增加新园区,开办新节目,游客要逛遍迪斯尼的4个园,起码要4天时间。环球影城和海洋世界也各出高招,吸引游人。旅游者一般在奥兰多逗留不超过一周,他们却都被迪斯尼紧紧抓住。

从园内布置的景点和节目上看,"美锦"的景观静态居多,能称得上是"游乐"项目的只有"金孔雀剧场"每天两场的中国曲艺和杂技演出。尽管各景点文化内涵丰富,但缺少刺激性、参与性、娱乐性,尤其不适合美国人追求刺激、冒险的口味。在一般美国人看来,故宫、孔庙和寒山寺,不过是式样不同的房子而已,哪懂得它们的历史文化底蕴!相比之下,迪斯尼采用高科技编排节目,游客直接参与。即使一个广告片式的电影,也让人有身临其境之感。沙皮狗张大嘴打喷嚏,观众便被溅得满脸唾沫星,乐得东倒西歪。怪不得小孩子们进"美锦"后不久就闹着出去,家长只好顺从。为不断吸引游客再次光顾,迪斯尼这些大型游乐公园每年都要耗资数千万美元设立全新的游乐项目。而关闭前的最后几年,"美锦"每年的投入仅有数十万美元,园中不少建筑已经油漆斑驳。

思考题

1. 什么是旅游产品?旅游产品是怎样构成的?
2. 根据旅游产品的特点,应如何做好旅游营销工作?
3. 什么是旅游产品的生命周期?影响旅游产品生命周期的主要因素有哪些?
4. 试分析旅游产品在不同生命周期阶段的特点以及应相应采取的营销策略。
5. 如何延长旅游产品的生命周期?
6. 旅游产品组合的含义是什么?通常有哪些产品组合策略?
7. 旅游新产品的开发通常需要经过哪几个阶段?

第七章 旅游价格策略

学习目的

通过本章学习,明确旅游价格的概念,了解影响旅游定价的主要因素,熟悉旅游定价目标,掌握主要的旅游定价策略以及定价方法,了解旅游价格变更中应注意的问题。

主要内容

- 旅游价格与旅游价格决策
  旅游价格 旅游包价 旅游价格决策的特点
- 影响旅游定价的因素
  影响旅游定价的内部因素 影响旅游定价的外部因素 旅游供给价格 旅游需求价格
- 旅游定价目标
  利润目标 营销目标 竞争目标
- 旅游定价策略
  市场撇脂定价策略 市场渗透定价策略 产品捆绑定价策略 折扣定价 收益管理 心理定价策略 促销定价策略
- 旅游定价方法
  以成本为中心的定价方法 以需求为中心的定价方法 以竞争为中心的定价方法
- 制定旅游价格的步骤
- 旅游价格的变更

价格是市场营销组合中不可缺少的重要内容。旅游产品的价格是否适当,往往直接关系到这种旅游产品在市场中的竞争地位及营业收入。本章将主要考察对旅游价格产生影响的因素以及旅游企业进行有效价格决策的方法。

第一节 旅游价格与旅游价格决策

一、旅游价格的概念

价格是产品价值的重要表现形式。在现实市场条件下,产品的市场价格的形成最终受供给和需求的影响。企业(产品生产者)希望通过某一价格水平达到企业的目标收益,而顾客(产品购买者)则希望以一定量的货币支付来获得该种产品的最大效用。价格的变动对买卖双方均直接发生作用,一方面直接影响消费者的需求及购买行为,另一方面对产品的销售和利润产生直接影响。

旅游价格,是旅游者为满足其旅游活动的需要所购买的旅游产品的价格,同样也是由供给和需求决定的。旅游产品是综合性产品,它由不同旅游企业所提供的不同的产品与服务组成,共同满足旅游者的需要。所以旅游产品有单项旅游产品和总体旅游产品之分,旅游价格也有两种不同的表现形式。在一次旅游活动中,旅游者的需要和购买方式不同,旅游产品所包含的内容也不同。有的旅游者借助旅行社对完成旅游活动所需的各项服务实行一次性购买,这时旅游产品的价格表现为总体旅游产品价格,即旅游包价。旅游包价是旅行社为满足旅游者旅游活动的需要所提供的基本旅游产品的价格,它等于这些基本旅游产品的单价(带有一定折扣的旅行社价格)之和再加上旅行社本身的成本和收益。旅游包价一般由三部分组成,即旅游出发地与旅游目的地之间的往返交通费、旅游目的地范围内的旅游产品的价格和旅行社的服务价格。有的旅游者或自带饮食或自备用车或借宿于亲戚朋友家,那么他所购买的旅游产品中就不包括餐饮、交通或住宿的部分,旅游者对其所需的旅游产品就可能采取零星购买或多次购买的方式,按各部分产品价格支付。这里,旅游产品的价格就以单项价格的形式出现,如饭店客房价格、餐饮价格、机票价格、参观游览点的门票价格,等等。

二、价格在旅游业经营中的作用

旅游业的经营就是把能满足旅游者需要的旅游产品销售给旅游者,从而使旅游业得以不断发展的过程。价格是任何产品进行交换都必不可少的要素,价格在旅游业经营中同样发挥着重要作用。在市场营销组合中,价格是营销人员最易调整和控制的因素。旅游产品的开发、促销及分销在短期内都很少变动,而旅游市场却处于经常变动之中,因此,旅游价格的变动就成为企业适应市场竞争的最快的途径。旅游企业的营销目标是吸引和保持顾客。通过适当的旅游产品价格,企业可对旅游者的心理和购买行为产生影响,从而控制需求,达到营销目标。

1. 价格是旅游产品的有形代表,对旅游产品在目标市场中的产品定位和产品形象产生影响。旅游产品作为服务产品具有无形性的特点,旅游者无法看到或在购买前对旅游产品进行评价,这时价格就作为旅游产品的有形属性而存在。对潜在消费者来说,它代表了产品形象和质量内涵,是顾客购买该项旅游产品后能得到何种质量和效用的象征。比如,潜在顾客会认为高价的旅游产品具有较高的质量,购买这种旅游产品能获得更好的感受和更大的效用,能提高自身的社会地位等等,在具有支付能力的情况下,他就会对这种旅游产品产生需求。价格是形成旅游者对旅游产品的期望价值的重要依据之一。如果旅游者在实际消费过程中感受到的价值低于其期望价值,那么旅游者就会认为该项产品是低质量的,而所定价格过高,由此带来的不满情绪和负面的口头宣传效应都会极大地损坏企业形象。所以,对旅游营销人员来说,向旅游者提供的旅游产品的质量必须与其价格相符。为旅游者提供不同服务以满足其不同需要的旅游企业,都是旅游者所购买的总体旅游产品的组成部分,旅游企业的每个生产人员都是最为直接、有效的营销人员。因此,每个旅游企业都应强调质量观念,使旅游者感到所获利益等于甚至超过价格支付,并愿意继续同本企业保持联系,旅游企业即收到了良好的营销效果。

2. 旅游价格对旅游供求关系有着重要的调节作用。在其他条件既定时,旅游价格的提高会导致旅游需求减少;反之,旅游需求则会增加。通过价格的变动,旅游企业可对需求进行管理,使其同本企业的旅游供给趋于平衡,互相适应。旅游产品不可储存性的特点,使旅游产品的价值极易丢失,对旅游企业的经营形成很大威胁。同时,旅游需求波动大,时间性、地域性差异较为明显,旅游企业应根据不同情况,通过旅游价格的变动来刺激需求,使不可弥补的价值损失减小到最低点;或利用价格来控制需求,使价格和销量形成最佳组合,保证企业获得最大收益。灵活的旅游价格是旅游企业进行市场营销的有效工具。

3. 旅游企业经营的最终目标是获取利润,旅游价格决定着旅游企业的获利水平。旅游价格由单位成本和利润构成,在成本一定的情况下,利润水平同价格水平成同方向变化。另一方面,旅游企业可通过旅游价格,对竞争形势的变化作出及时反应,并促使企业从内部积极寻求提高服务效率、降低成本的办法,促进旅游企业经营水平的提高。旅游价格对旅游企业的经营和发展是至关重要的,它不仅影响旅游企业的长期收益和资金回收率,而且还决定着企业短期的资金流动。

此外,价格的作用还表现在价格敏感性是旅游企业进行市场细分的一个重要准则,以及价格在某种程度上决定旅游新产品被消费者选用的速度等方面。

三、旅游价格决策的特点

价格决策与产品决策、促销决策、分销决策等其他营销决策相比,它是营销组合决策中最具灵活性的一项。旅游营销人员在短时间内可以比较迅速地制定、调整或变更产品和服务的价格。但在市场竞争激烈、政府严格限价等市场环境下,营销人员又显得难以控制价格的变动。

旅游产品的价格决策不能与其他营销决策相分离而单独进行。首先,定价体现着旅游产品的定位,因此产品决策影响着定价决策。对具有高度象征意义的旅游产品的定价应符合规划中的产品形象及其象征意义。同时,产品内容、服务过程中人工或技术手段的运用以及顾客自我服务的程度等产品因素都直接决定了旅游价格的高低。促销决策也往往要求以一定的价格变化作为辅助手段。例如,航空公司和其他许多旅游企业在推出新产品时,常见的一种促销活动就是降低价格或免费为首批客人提供服务,以便使潜在顾客能够无所顾虑地积极加入,由此扩大产品和服务的知名度。同样,分销渠道的选择也影响到定价决策。对旅游产品和服务进行定价时,营销人员应充分考虑到为中间商提供的佣金比例,以保证制定出的价格既能够为目标市场及中间商接受,又可使本企业获得适当的收益。此外,旅游产品的价格还会使旅游者对旅游产品和服务的象征性和质量产生一定的期望,起着向旅游者沟通产品信息的作用,使旅游者对旅游产品和服务有所预期,从而影响其对产品的选择。因此,价格决策应与其他营销决策综合考虑,不应单独进行。

第二节 影响旅游定价的因素

旅游产品或服务的价格是旅游市场供求关系的反映,影响市场供求关系的诸因素就构成了影响旅游定价的因素。其中供给方面的因素在企业内部则为企业战略、营销目标、成本、产品特点及非价格竞争策略等,企业外部对供给产生影响的因素主要有竞争者的供给和政府的价格限制等。需求方面的因素则为外部因素，主要指目标市场特征。影响旅游定价的因素见图7-1。

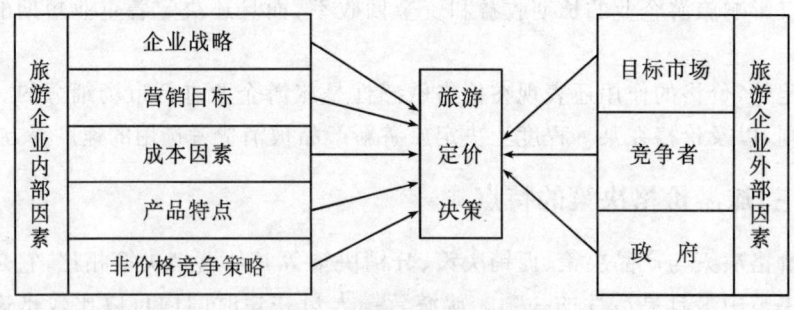

图7-1　影响旅游定价的因素

一、影响旅游定价的内部因素

(一)企业战略

企业的经营主要有三种形式，即密集型、一体化及多角化的发展战略。其中对旅游定价直接影响最大的是密集型发展战略。企业要占有新的市场份额或者开拓新市场，就必须调整或确立新的价格以适应市场的要求。此外，产品定位战略也是公司战略的一个重要组成部分，产品定位的目的在于向目标市场宣传灌输一种产品形象，而价格则是产品形象的重要代表之一。因此，产品定位战略也深刻地影响着定价决策。例如，四季饭店(Four Seasons)将它的饭店定位为豪华饭店，其客房价格就比大多数饭店要高。另外，企业的发展战略必然要求一定的营销组合策略相辅助，这也间接影响着旅游定价决策，如定价时必须要将促销成本考虑进去。

(二)营销目标

旅游企业的营销目标直接影响着产品定价决策。营销目标具体表现为营业额或接待人次或夜次等数量指标。为了达到长期或短期的营销目标，企业会频繁地调整价格来影响不断变化的需求。

(三)成本因素

从企业经营的角度看，产品成本是产品价格的重要决定因素。如果旅游产品的定价低于成本，那么企业将无盈利可言，一切其他的营销或发展目标均无从实现。成本决定着旅游供给价格的最低限。所谓旅游供给价格，是指旅游产品生产者提供一定量的旅游产品所愿接受的最低价格，是由边际成本决定的。旅游产品价格不仅包含产品成本部分，还应包含旅游企业的盈利部分。一般而言，旅游产品成本影响旅游价格，而旅游价格又影响旅游需求。因此，旅游企业应努力降低成本,提高服务效率和水平,形成有竞争力的旅游价格,巩固本企业产品在市场中的地位。

旅游企业的成本结构也是影响旅游定价及价格调整的因素。成本结构是指固定成本和变动成本之间的比例关系。不同成本结构的企业应依据各自的特点制定不同的定价策略。在旅游业中,诸如饭店和航空公司等旅游企业都具有固定成本高而变动成本低的特点。这就决定了这些旅游企业要非常关注价格的制定与调整,尽可能扩大销量以在一定程度上弥补高昂的固定成本。同时,航空公司等企业因为常常面临着航空燃油等原料价格大幅度涨跌的情况而对其总成本产生影响。

此外,总体旅游产品的成本也会由众多单项产品成本的变化而发生频繁的波动,从而影响到价格的变化。

(四)产品特点

不同旅游企业的产品特点各不相同,对价格决策也产生不同的影响。单项旅游产品如客房服务、餐饮、航空机座等服务与旅行社的包价产品在定价上就存在着很大差异。产品和服务的综合程度越高,包括的单项产品越多,营销人员对价格变动的控制能力也就越低。一个旅游目的地的总体旅游产品的价格是由各个单项产品和服务的价格综合构成,要使总体产品的价格保持优势就必须要求各个单项产品的价格具有较强的竞争力。

对于一国或一个目的地而言,如果其旅游产品的可替代性大,那么就决定了对该产品需求的价格弹性大,出现旅游产品削价竞争的机会也就更大。而存在于世界特定地区的、独一无二的自然风光和名胜古迹等旅游资源,其旅游产品价格由资源所在国或地区确定,从而在价格上也体现出一定的垄断性。

对于旅游线路产品而言,从制定价格之后到产品销售之前一般有几个星期到半年时间。在这段时间内预期需求可能发生或多或少的波动,预先制定并印制在宣传册上的价格就有可能对企业的营销产生或多或少的不利影响。这就要求营销人员首先应对需求作出正确的估计并进行适当的运营调整。

旅游产品的价格也是旅游产品象征性的表现。由于旅游产品具有极强的象征意义,因此旅游定价也必须符合其象征性。价格的任意变动会使旅游者对产品产生不信任感,印象模糊,不利于旅游产品的定位。

(五)非价格竞争策略

非价格竞争策略是旅游营销中常用的营销策略。它通过各种方式使企业避免卷入削价竞争,保持良好的利润水平和市场优势。非价格竞争策略之一是提高服务质量。服务质量是服务企业吸引顾客的核心因素。高质量的服务可以使企业制定相对较高的溢价,而仍在竞争中保持优势。旅游企业还可以在维持价格不变的前提下为顾客提供更多的服务项目。商务饭店可以向住客免费提供当地商业日报及其他符合客人需要的服务,使客人在付出不变价格的情况下获得更多的利益,从而使其成为饭店的忠实顾客。旅游企业对常客也可以发放常客贵宾卡,使持卡消费者获得优先服务和特别礼遇。还可以在促销中着重宣传本企业产品和服务的独特性和高质量等以吸引来客。这些策略都可以使旅游企业避免采取价格竞争的形式,从而对定价决策产生很大影响。

在旅游产品的消费过程中,顾客所付出的成本除了包括产品价格这一主要因素外,还涉及其他一些非财务成本,如时间、体力、心理方面的成本付出。例如,顾客去西餐厅吃饭,在往返路途、等待接受服务上面要花费时间和体力,在餐厅就餐过程中可能出现的令人不愉快的气味使顾客要付出一定的心理或精神成本。采取非价格竞争策略的企业可以考虑如何在维持原价甚至适度提高价格,同时尽可能降低顾客付出的非财务成本的基础上,增加顾客所获价值,以此来获得竞争优势。

二、影响旅游定价的外部因素

(一)目标市场因素

目标市场对旅游产品有两方面的基本要求:其一,产品和服务应满足旅游者的某些旅游需要,即满足其生理和心理方面的某种需要;其二,必须制定适当的价格,让旅游者有能力支付。如果旅游产品虽能满足旅游者的旅游需要,但旅游者却支付不起,他仍不会购买。因此,旅游产品定价的主要依据之一就是目标市场的价格要求。目标市场的价格要求一般有一个幅度,即最低限不能低于某一价格,最高限不能高于某一价格。价格过低可能会使旅游者对产品质量产生怀疑,超过最高价则旅游者可能无法支付。一般来说,一种旅游产品的价格不会超过该产品的旅游需求价格。对任何旅游产品,消费者都会根据其自身的价值观念和消费经验形成一个理解价值。如果旅游价格超过了这一理解价值所反映的价格,那么就会遏制需求。旅游企业经营是要以顾客为导向的,潜在市场的价值理解对旅游价格的最终形成产生重要影响。

目标市场对旅游产品的需求还存在着很大的季节性,在旅游者出游高峰时产生大量需求,出游低谷时则需求锐减。加之旅游产品的供给弹性小,面对需求的急剧波动,旅游企业不得不以价格的调整来进行需求管理。旅游产品的供求矛盾共同作用于价格,供不应求时旅游产品价格就较高,而需求不足时旅游产品价格则较低。另外,目标市场的价格敏感程度也是旅游定价决策需要考虑的因素。

(二)竞争因素

旅游企业在经营过程中,在短时间内对产品价格进行调整大多是由竞争因素引起的。由于竞争企业相互降价而导致价格大战的情形在交通运输企业、旅行社及饭店业屡屡出现。例如,欧美航空管制取消后,20世纪80年代在北美至欧洲的航线上出现了各国航空公司激烈竞争的局面。各大航空公司纷纷降价销售,继而中小企业也陆续压低票价。在竞争者大量拥入的时期,一般会使旅游业形成供给大于需求的局面。供求关系的变化必然导致价格的波动,因此,竞争因素是旅游企业制定价格时必须考虑的因素。旅游企业的营销人员必须对各个竞争对手的价格和质量进行了解,并运用这些信息作为制定自己产品价格的参照。

(三)政府及法律因素

政府对旅游价格的干预主要体现在两个方面:一方面是制定最高限价,通过法律限制某些从不正当竞争中谋取暴利的行为;另一方面是当全行业出现了削价竞争乃至损害了企业的正常利润和行业利益以及消费者的利益时,政府就会制定最低限价。比如我国2009年出台的《旅行社条例》中,明确规定旅行社在经营中不得低于成本报价。在市场机制较成熟的国家中,最高限价和最低保护价多由行业协会制定。政府及法律的限制是旅游企业进行定价决策时必须考虑的问题。此外,旅游企业在制定价格时也不得不将当地政府所规定的客房税、机场税、销售税等税额考虑进去。美国纽约州的饭店曾历时三年与政府打官司,最终使政府废除了一项5%的客房税。

以上影响定价的因素都对旅游企业单项产品的定价决策产生影响,也必然对综合旅游产品的整体价格产生影响。由于旅游目的地的总体产品并无定价主体,其价格往往是多个单项产品价格的加总。因此,当整体价格过高或过低时,对整个行业都会产生不利影响。各行业间价格的协调则应成为国家或地区旅游管理机构和各个行业协会的职责之一。此外,对目的地而言,币值和汇率、劳动力成本、经济发展阶段、通货膨胀率等都是影响目的地旅游价格的重要因素。

第三节 旅游价格的制定

旅游者通过旅游价格对旅游产品的价值进行评估。只有定价适当的产品才能真正满足旅游者的需要。同时,旅游者也通过旅游价格对旅游产品的质量和象征意义进行判断。制定适当的旅游价格能够吸引旅游者进行购买,能使企业获得长期或短期的利润,有利于企业最终目标的实现。因此,旅游企业高层管理者和营销人员应高度重视旅游产品价格的制定。

一、旅游定价的目标

价格决策一方面是营销决策的一个重要组成部分,同时又是决定企业营业收入和利润水平的重要决策。因此,定价目标一方面取决于营销的目标,另一方面也受企业总体目标及财务目标的影响。见图7-2。

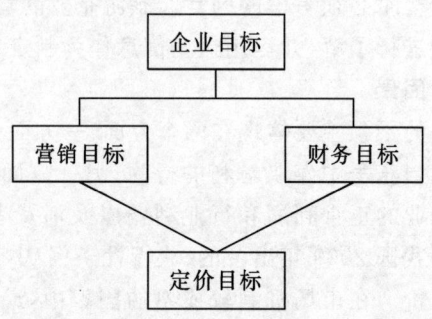

图7-2 定价目标的产生

旅游企业的总体目标可分解为营销目标、财务目标及其他目标。其中营销目标和财务目标直接决定着定价目标。依据营销目标和财务目标,定价目标又可具体分为3种:(1)利润目标,包括获得最大利润、满意利润和目标投资收益率;(2)营销目标,包括最大销售量、最大市场份额和保持畅通的销售渠道等;(3)竞争目标,包括维持企业生存、保持价格稳定、应付和避免竞争以及保持产品质量领先等目标。见表7-1。

表7-1 旅游定价目标分类

利润目标	当前利润最大化 满意利润 投资收益率
营销目标	销售量最大化 市场份额最大化 保持与分销渠道的良好关系
竞争目标	维持企业生存 价格稳定 应付和避免竞争 产品质量领先

(一)利润目标

1.当前利润最大化目标。如果旅游企业想制定一个能够使本企业达到本期利润最大化的价格,就必须对企业的成本和需求进行估测,并据此选择适当的价格。利润最大化并不意味着价格最大化。当旅游企业在市场竞争中处于绝对有利地位时，即可以此为目标制定价格。以当前利润最大化为目标进行定价有很多限制，其一是该企业在市场竞争中必须处于绝对领先的地位，而且能够精确地估算出需求函数和成本函数。前者并非任何企业都能达到，而成本和需求的精确估测也非常困难。

2. 满意利润目标。满意利润是指少于当前最大利润，但能够为企业的股东和管理者接受的利润水平。在企业的实际运营中，由于各种因素的影响，理论上的最大利润是难以实现的。因此，企业可以以满意利润为目标进行定价。

3. 投资收益率目标。投资收益率是企业一个重要的财务指标，用来衡量企业投资效益的高低。由于企业资本总额在本期内保持相对稳定，因此预期收益的多少就决定着投资收益率的高低。而预期收益的多少直接取决于销售额的大小。以投资收益率为目标进行定价就是把企业的销售额控制在理想的范围内，从而产生预期收益。投资收益率还有短期和长期之分，追求不同的投资收益率必然有不同的定价决策。

(二) 营销目标

1. 销售量最大化目标。销售量的提高意味着目标市场购买频率的提高，或者是市场占有率的提高。目标市场对产品消费频率的提高体现出该产品已为旅游者接受，达到了吸引和保持顾客的目的。同时，销售量的增加也意味着销售额的提高。要使销售量在现有程度上继续扩大，就有必要对价格进行调整。

2. 市场份额最大化目标。对于长期经营的企业，扩大市场份额远比扩大销售量重要。较大的市场份额必然会对销售量的提高产生有利影响。市场份额较高的企业一般具有较大的市场竞争力量，其营销策略的制定和实施也就更具主动性。这些企业还可以通过自己的优势形成在市场上的领导力量，左右其他追随企业的营销活动。以此为目标的旅游企业在定价时，往往尽可能地压低价格。例如，马里奥特(Marriott)饭店一直力争在同档次饭店中占据最大的市场份额。每当其新店开业，经常是通过低价创造需求，以尽快扩大市场份额。而后随着需求的增加再调高价格，增加收益。

3. 保持与分销渠道良好关系的目标。大多数旅游企业都是同时采用直接和间接两种销售渠道。传统上，旅游企业的中间商要从该企业产品的销售额中收取一定比例的佣金。因此，不同的价格水平会对中间商的利益产生不同影响。要保证中间商为本企业销售产品的积极性，就应制定保证能为中间商带来利益的价格。

(三) 竞争目标

1. 企业生存的目标。当企业遇到成本过高、财务困难或竞争过于激烈等境况时，维持企业的生存就成为企业运营的首要目标。在短期内，生存比赢利更为重要。为了能够保证企业继续运营下去，经营人员需要以企业的生存为目标进行定价，制定适合顾客要求的价格，力争扩大营业额。比如，在经济衰退期间，饭店常以降低房价来应对需求的收缩，以便渡过难关。但要注意的是，用价格求生存的策略要适度使用。能够维持企业生存的价格不应低于收回可变成本的价格。

2. **稳定价格的目标**。价格的稳定不但可以避免价格大战带来的不利影响，而且可以使企业树立良好的形象。以稳定价格为目标进行定价的企业一般都是在旅游业中举足轻重的行业领袖，这些企业的经营对于其他中小企业的经营具有强大的影响。只有这样，企业的定价才能一方面为顾客接受，另一方面又能为中小企业接受。

3. **应付和避免竞争的目标**。任何一家旅游企业都会面临着各种各样的竞争。大多数企业日常进行的价格调整都是为了应付竞争对手的价格变化。如上例中当某一饭店在经济衰退期间率先降价，就会直接影响到某些相关竞争者，甚至会影响整个行业。很多旅游行业中的竞争者往往对价格非常敏感，会对其他竞争者的价格变化立即做出反应。但大多数价格战的结果都是使参战者利益受损。中小旅游企业由于本身实力所限，因此它们更多地通过价格决策来应付或避免竞争，而大型企业或企业领袖在应付竞争方面则会有更多的方式。

4. **产品质量领先的目标**。一家企业可把树立市场上的质量领先者作为目标进行定价。在产品刚刚推出时一般可以制定较高的价格来弥补高质量服务的开发费用。当企业长期经营时，高质量的产品和服务往往会由于企业经营管理经验的成熟给企业带来长期平均成本的降低，从而使其有足够的实力降低价格，形成更为突出的竞争优势。里兹·卡尔顿(Ritz Carlton)饭店集团就是质量领先型企业，其每间客房的建筑及装修成本往往很高，同时所投入的劳动力成本也很高，所以产品价格也就相应较为昂贵。

二、旅游定价策略

定价策略是企业制定价格的指导思想和行动方针，也为营销人员在定价中遇到问题时提供了解决问题的基本原则。因此，定价策略是总体营销策略中的重要组成部分，并决定着如何把价格同整个营销组合协调起来而形成一个整体的经营效果。旅游产品的定价策略涉及以下几个方面：新产品定价策略、现有产品定价策略、心理定价策略和促销定价策略。

(一)新产品定价策略

新产品定价策略是指为新产品制定基本价格的定价策略。在为新产品制定价格时,旅游企业可以考虑弥补开发成本或限制竞争等因素。新产品定价策略可以分为市场撇脂定价和市场渗透定价两种。

1. 市场撇脂定价策略。市场撇脂定价策略是指企业对新产品制定高价。新产品投放市场初期,竞争性的替代产品很少,需求的价格弹性也就较小。制定高价格,可以在市场上一部分求新欲强又有支付能力且对价格不敏感的顾客中,树立独特的、高价值和高质量的产品形象,以期达到开发特定市场的目的。这种策略的优点还在于,可以使企业迅速回收产品或服务的开发费用,提高现金流量,并可迅速积累资金。此外,由于最初的基本价高,因此也为企业日后留有降价的余地。但产品的高价位会吸引竞争者进入该市场,使供给增加,最终导致价格回落。如果价格出现大幅度下降,则企业的形象易受到损害。因此,市场撇脂定价是一种有效的短期策略。

在旅游业中,对于一些具有高度差异性和独特意义的产品可采取市场撇脂定价。例如,托马斯·库克(Thomas Cook)旅行社在20世纪90年代末期为纪念公司成立150周年,特别提供了定价为21 000英镑的环球豪华巡游产品,作为纪念活动的一个项目。

2. 市场渗透定价策略。市场渗透策略与市场撇脂策略相反,这种策略是将新产品以低价格投放市场。其目的是为了迅速占领市场,取得较高的市场份额。较低的价格还能有效地排斥竞争者进入市场,从而能在较长时间内居市场领袖地位。当市场上已经有不少竞争性替代品或产品的差异性很小时(例如去西班牙、希腊、葡萄牙等度假胜地的阳光、海水、沙滩游包价产品),适合采取此种定价策略。

采用市场渗透策略时,新产品的价格有时可能低于当期的生产成本,但随着市场占有率的扩大,销售量的不断提高,企业能够达到规模效益,从而保证长远利润的获得。采用这种策略时,应注意所面对的旅游者必须是价格敏感型的,对产品或服务的需求弹性大,从而带来更多的需求。此外,企业必须保证有足够的消费需求,以使平均成本下降,达到规模效益。

(二)现有产品定价策略

上述策略主要用于新产品的投入期,同时它们对现有产品的定价也有指导意义。除此之外,对现有产品定价也可考虑以下策略:

1. 产品捆绑定价策略。产品捆绑定价就是企业将其几种产品捆绑在一起并以低价出售。这种定价策略在旅游企业中经常被使用。例如,位于法国巴黎近郊的迪斯尼乐园把公园门票、迪斯尼酒店住宿以及英法两国之间的高速火车车票捆绑在一起形成组合产品在英国市场上销售,其价格远低于单独购买其中某一项产品的价格总和。饭店通常将客房、餐饮和娱乐捆绑起来形成周末特价组合产品,游船公司常提供一种"飞机—游船"或"飞机—汽车—游船"组合产品。产品捆绑定价可以促使消费者购买本不想买的产品,但捆绑的价格要能够给顾客一种物超所值的感觉。

2. 价格调整策略。很多旅游企业在经营中往往要针对不同的顾客和环境的变化,对基础价格进行适当的调整。价格调整策略的运用主要涉及折扣定价和收益管理。

(1)折扣定价。折扣定价主要表现为数量折扣、季节性折扣、付款方式及时间折扣,以及预订折扣等几种。

数量折扣。与其他产业的产品类似,旅游企业也鼓励旅游者或中间商大量购买其产品,对批量购买产品的买主予以价格上的折扣。

季节性折扣。在需求淡季向购买者提供价格折扣。很多旅游企业,如航空公司、饭店、景区(点)等,为了维持稳定的需求,通常会在其业务淡季提供季节性折扣。

付款方式及时间折扣。旅游企业为了鼓励旅游购买者采用指定的付款方式,而对按此方式付款的购买者予以价格折扣。如果企业鼓励消费者用信用卡结账,就会对持特定信用卡付款的旅游消费者进行适当的价格折扣。此外,付款时间决定着旅游企业流动资金管理的效果。在限定期限内,如果顾客能够较早付款,就会改善企业的现金流量,因此,企业为鼓励买主提前付款可采取一定的价格折扣措施。

预订折扣。旅游预订是旅游产品销售中的重要环节,也是旅游购买的主要方式。提前预订会给企业在运营安排及现金流量等方面带来众多好处。为鼓励顾客提前预订,企业可对提前一段时间预订者予以价格折扣。

(2)收益管理。收益管理(Revenue Management/Yield Management)作为一种谋求收益最大化的经营管理技术,源起于上个世纪 80 年代的民用航空业,目前被广泛应用于饭店、汽车租赁等旅游行业以及银行、电信等其他服务性行业。

按照 Sheryl E. Kimes 和 Paul E. Wagner 的解释,收益管理就是运用信息系统和价格战略,将合适的产品或服务(Right product or service)在合适的时间和地点(Right time and place),以合适的价格(Right price)销售给合适的顾客(Right customer),并由此使企业在其产品销售中获得最大限度的收益[1]。收益管理的核心是价格细分或称价格歧视,即根据市场的不同需求特征和价格弹性,

---

[1] Kimes,Sheryl E,Wagner,et al. Preserving your revenue management system as a Trade Secret[J]. Cornell Hotel and Restaurant Adminis-tration Quarterly,2001,42(5):8-15.

通过差别定价,来有效地管理收入和存货。差别定价的基础是准确的市场细分和预测。对于航空公司和饭店这样的固定成本较高而变动成本较低、产品不可储存、市场又可有效细分的旅游企业,最适合采用收益管理。收益管理的实施需要大量的数据信息,目前已有多种针对不同行业开发出来的收益管理系统软件来支持复杂的价格收费体系。

例如,航空公司可将当前预订情况与预期销售数量进行对比,如果销售情况低于预期,收益管理系统会将部分座位由高价变为低价;如果销售情况符合预期或高于预期,则维持价格不变。通过收益管理系统,航空公司既可以将低价位提供给价格敏感的消遣型旅游者,又可以将高价座位留给那些价格不敏感的商务客人,以此实现收益最大化的目标。对于饭店而言,收益管理系统的运用能够帮助饭店根据预测的客房出租率,针对不同的细分市场来调整价格。

为了防止某个细分市场的顾客得到本来为其他细分市场设计的价格,企业通常需要为某种价格设置一定的获取条件。比如航空公司规定超低价的座位需要提前30天预订,并且顾客不得在周五和周六返程。这些条件有效地限制了商务旅行者对低价票的购买,使他们只能支付较高价格,这不但符合他们无法过早提前预订以及价格不敏感的市场特征,也能在很大程度上扩大企业收益。

(三)心理定价策略

心理定价(Psychological Pricing)策略要求营销人员在制定价格时不应只考虑旅游消费者的理性分析,而是应更加重视其情绪上对价格的反应。心理定价策略主要有尾数定价策略、习惯定价策略和声望定价策略。

1.尾数定价策略。一项对餐馆进行的研究发现,消费者倾向于将0.86美元到1.39美元之间的数值取整视为1美元,将1.40美元到1.79美元的数取整为1.5美元,而将1.80美元到2.49美元的数粗略地等同于2美元。这样,当价格在同档次的范围内变化时,对需求不会有太大的影响,如将价格从1.45美元调至1.75美元;而当价格同幅度但跨档次变动时,可能就会对需求产生显著影响,如价格从1.75美元变到2.05美元。

另外,尽管9.99元与10元仅差0.01元,但前者给人的感觉是不到10元,人们对两者的感知差距要高于其实际差距,所以在对价格进行类似变动时要更为慎重。

2.习惯定价策略。某些产品在市场上可能已经形成了一个习惯价格,购买该产品的顾客也已经习惯于这种价格,不愿再接受其他任何一种价格。对于这类产品的定价,一般需按习惯进行,不宜随便更改。在旅游产品定价中,这种情况并不多见。但中间商的佣金,即中间商要求的价格,在很多情况下也有一个习惯的比例。对此,旅游企业应充分了解。

3.声望定价策略。声望定价策略适用于那些在行业中居于领导地位而且名声极好的企业。由于此类企业在本行业中具有极高的声望,因此旅游者会认定其产品一定会质量突出、有独特之处。在这种情况下,企业就可依据旅游消费者的信任而制定较高的价格。

(四)促销定价策略

促销定价策略是指为产品制定价格时考虑企业促销活动的需要,使价格的确定与促销活动相互协调。当企业采用促销定价策略时,一般会将产品价格暂时定得低于明码标价,有时甚至低于成本。常用的促销策略有价格领袖策略、招徕品定价策略和专门事件定价策略。

1.价格领袖策略。当企业为新推出的旅游产品进行促销时,通常在较短一段时期内将产品的价格降至成本以下,以此作为促销手段。其目的在于鼓励顾客更多地购买其产品,从而较快地扩大新产品的知名度。但这种策略也容易使顾客对产品的档次产生怀疑,并形成一个低档产品的印象。

2.招徕品定价策略。企业可以在某段时间内对其某种或某几种产品定低价,以此作为招徕品吸引顾客前来消费,从而带动并扩大其他具有正常利润的产品的销售。例如,餐馆经常将某种菜品或饮料作为招徕品降价促销,以增加餐馆客流量,带动其他餐饮产品的消费。

3.专门事件定价策略。当企业进行专门的促销活动或逢重要的节假日,可以借机进行特价促销。这种特价促销往往采取产品捆绑方式,向顾客推出组合产品。采用专门事件定价促销时,应保证有充足的服务设备设施和服务人员。

三、旅游定价的方法

旅游产品的定价方法从理论上可分为三类:以成本为中心的定价法、以需求为中心的定价法和以竞争为中心的定价法。

(一)以成本为中心的定价方法

以成本为中心的定价法,其基本原理是在产品成本之上再加一定数量或一定比例的量,从而最终形成产品的价格。单纯以成本为中心定价的方法不考虑市场需求方面的因素,由此显得简单易行。这种定价法只需要计算出成本,并在成本之上再附加利润额或利润率即可。以成本为中心的定价法有两类:成本加成定价法和目标收益定价法。

1.成本加成定价法。成本加成定价的基本方法,就是在产品的成本之上加上适当的加成百分比进行定价。其公式为:

$$单位产品价格 = 单位产品成本 \times (1 + 加成率)$$

单位产品成本即单位生产成本,加成率是预期的利润率。成本加成定价法计算简便,在需求与竞争状况相对稳定的市场环境下,可以保证企业获得适量的利润。加成率可以随产品、企业财务状况以及市场环境的不同而有所差别。由于成本加成法只注重产品的生产成本和预期利润,忽视了竞争与需求状况,因而在市场环境及成本变动较大的情况下难以适用,而在通货膨胀率较高时期会得到普遍应用。在中间产品及相关服务价格不断攀升的情况下,各企业难以以竞争和需求为中心进行定价,而成本加成法则能保证企业获得适当的利润。

2.目标收益定价法。目标收益定价法力求为企业带来适当利润以弥补投资成本。采用目标收益法定价,首先要确定目标收益率及目标利润,预测总成本(固定成本加变动成本),并预测销售量,最后确定产品的价格。其公式为:

$$产品价格 = \frac{总成本 + 目标利润}{预期销售量}$$

以收益率为目标进行定价时应仔细确定需求、成本、收入和利润之间的关系,因而应使用损益平衡分析法。下面以餐饮产品为例进行说明。首先依据对成本的估测,找出餐厅的成本曲线,见图 7-3。假设该餐厅的固定成本为 6 万美元,是一条直线。总成本为固定成本与变动成本的总和,是随销售量增加而上升的直线。

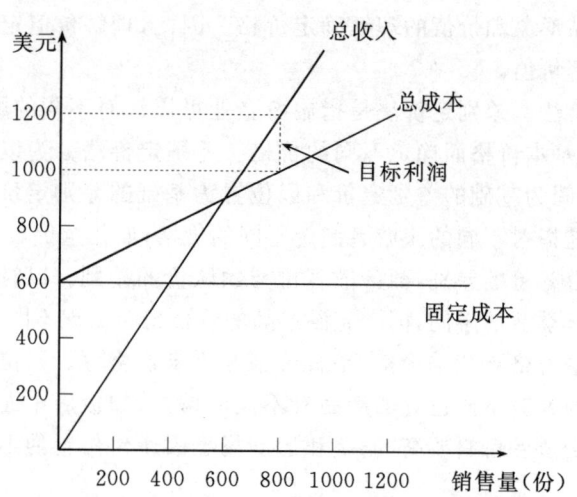

图 7-3 用损益平衡法确定餐饮价格

然后预测销售量为 800 份的餐食,总成本为 1 000 美元。接下去应根据目标利润确定总收入曲线及餐饮价格。如果目标收益率为 20%,目标利润即为 200 美元(1 000 美元×20%)。为达到这一利润目标,总收入必须超过总成本 200 美元,因此总收人为 1 200 美元,价格则为 1.5 美元/份。即,如果该餐厅将每份餐食定价为1.5美元,如果能够销售800份,就可实现20%的目标利润。

在理论上,运用目标收益率定价法可以保证目标利润的实现。但由于此方法是以预计销售量来推算单价的,它忽视了价格对销售量的直接影响。只有经营垄断性产品或具有很高市场占有率的企业才有可能依靠其垄断力量按目标收益率进行定价。

(二)以需求为中心的定价方法

与以成本为中心的定价方法不同,以需求为中心的定价方法强调应依据消费者对产品价值的认知和对产品的需求来确定价格,而不是以生产成本为中心制定价格。以需求为中心的定价方法主要有理解价值定价法和差别定价法。

1.理解价值定价法。理解价值定价法认为,顾客在购买某一产品和服务之前,基于从产品的广告宣传以及其他渠道所得的信息,对产品价值有一个自己的认知和理解。只有产品和服务的价格符合顾客的理解价值时,他们才有可能接受这一价格。如果产品和服务的价格超过了目标市场的理解价值,他们一般不会购买。

采用理解价值定价法时,应配合宣传促销活动。营销人员在宣传促销活动中应充分了解产品的档次、风格和质量,以在顾客心目中树立产品的形象,然后根据顾客对产品形象和价值的理解确定价格。因此,理解价值定价法的关键在于正确测定理解价值。

2.差别定价法。差别定价法是指旅游企业可以针对不同的顾客、不同的时间和地点,依据基本价格而确定不同的价格。差别定价法分为以顾客为基础的差别定价、以时间为基础的差别定价和以位置为基础的差别定价。以顾客为基础的差别定价是指对不同的旅游者制定不同的价格,如儿童价与成人价的差别,学生价与一般游客价的差别,商务散客价与团队价的差别。以时间为基础的差别定价是指由于季节的不同,同一旅游产品的价格也会出现不同的变化,如旅游业中常用的淡季价格与旺季价格,平日价格与周末价格等。以位置为基础的差别定价是基于顾客对不同位置的产品有不同的偏好,如饭店中面向美丽湖景的客房要比面向街道的价格要高,剧院和运动场也因座位位置的不同而使价格有较大差异。

差别定价法并不是基于成本的变化,而是基于不同的顾客在不同的时间和地点的需求偏好和需求强度有所不同。在需求强度高的时间和地点就可以制定高价格,对偏好强烈的顾客也可制定高价格;反之,只有制定低价格以保持市场。在实施差别定价法时,有些问题必须注意,如市场必须是能够按照需求强度、偏好和价格敏感性进行细分的;实行差别定价时不应引起目标市场的反感,损害企业的形象。

(三)以竞争为中心的定价方法

在竞争激烈的旅游行业中,旅游企业的定价常常不得不以应付竞争为目标,竞争迫使各个旅游企业必须使用同样或近似的价格。如果其中一个企业比其他企业的定价高,那么就有可能在激烈的竞争中失去一部分市场。反之,如果该企业将产品价格降低至竞争者的价格之下,就必须保证有更多的销售量以弥补由于降价而减少的利润。如果发生一家企业率先降价后其他企业尾随降价的情况,该企业就会很快失去价格优势。因此,只有具有很大成本优势的企业才敢于率先降低价格,否则由此引发的价格大战将对各方产生极为不利的影响。

以竞争为中心的定价法中常为旅游企业采用的是随行就市法。随行就市法有两种形式。一种是本行业完全自由竞争,各个企业以本行业的平均价格水平或习惯价格水平作为自己的定价标准。这种方法非常适用于成本难以精确估测、竞争对手的价格变动难以预测的旅游企业。此定价既可以应付竞争,又可以保证适当的收益。另一种形式是,本行业中有少数企业处于垄断地位,这些企业起着价格领袖的作用,各个中小企业为了应付竞争就尾随其后,依据价格领袖的定价确定自己的价格。

在某企业与其他竞争企业的产品有某些差异的情况下,该企业并不需要完全按照竞争者产品的价格制定本企业产品的价格,其价格可高于或低于竞争者的平均价格水平。至于选择稍高的价格还是选择略低的价格,要根据其他定价目标进行。高于竞争者的价格可以增强本企业产品的豪华形象,低于竞争对手的价格水平则可以突出产品廉价的形象。

四、制定旅游价格的步骤

在对影响定价的因素、定价目标、定价策略和定价方法有了初步了解之后,就可进一步分析制定旅游产品价格的步骤。了解产品定价步骤是制定适当价格的关键。旅游产品定价可按六个步骤进行,即首先进行目标市场的购买力评估,然后分别对企业产品的单位成本进行估测,了解市场环境,进而确定定价目标、定价策略和定价方法,如图 7-4 所示。

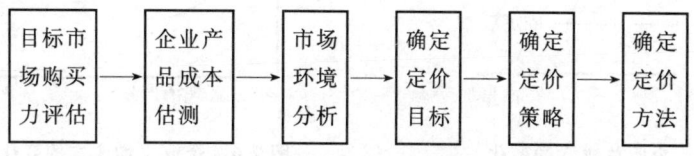

图 7-4 旅游产品定价步骤

(一)目标市场购买力评估

企业营销目标的实现必须基于目标市场对企业产品的需要。企业在提供适当的产品满足顾客需要的同时,还必须使企业的产品在价值上满足顾客的要求。由于任何目标市场的购买力都是有限的,因此旅游产品的价格也不可能无限制的提高,否则顾客就会拒绝购买产品,企业达不到营销目标。顾客的购买力决定了其愿意与企业相互交换价值的多少,决定了顾客愿意接受的产品的最高价格。因此,了解目标市场的购买力就是为了预测产品价格的上限。对顾客购买力的调查主要包括可自由支配的收入水平及其愿意将可自由支配收入用于旅游购买的比例。在此基础上,通过专家评估或直接向目标市场进行问卷调查,估测其理想的价格水平和价格上限。对顾客购买力进行调查的同时,还应初步了解顾客对价格的敏感程度以及能接受的非价格竞争方式等。

(二)产品单位成本估测

企业在实现吸引和保持顾客目标的同时,还必然会考虑到自身的盈利情况。仅仅满足顾客的价格要求或一味以低价格吸引目标市场,而不顾及企业的最终利润目标,显然是行不通的。通过对顾客购买力的调查可以确定企业产品价格的上限,而对产品单位成本进行估测就是寻找企业能够接受的价格下限。只有在这两个限度之内,企业和顾客才能双双获得满足,单纯满足任何一方的要求都不能长期维系和发展双方的关系。确定企业的单位成本应首先对产品的总需求进行预测,然后估测企业满足总需求时进行生产的总成本额,以总成本除以总需求即得产品的单位成本。由于企业的总需求是价格的函数,因此,对总需求进行估测时还应加入假设的价格,对总需求的上限和下限进行初步测算。此外,总成本还会随着生产数量的扩大而发生非线性的变化,如图7-5所示。因此,单位平均成本将随着接近规模产量而逐渐下降,如图7-6所示。

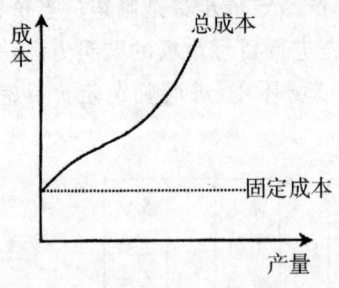

图7-5 企业总成本的变化

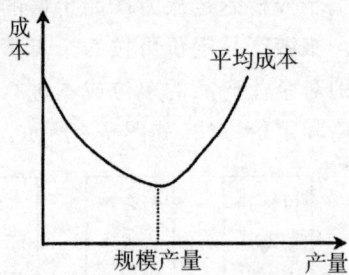

图7-6 企业平均成本的变化

对总需求和总成本的估测可预测出相对某一产量的平均成本,并可以对成本的发展趋势进行粗略的估算。依据单位平均成本的测算就可以估算出企业可接受的最低价格。

(三)市场环境分析

企业明确了目标市场的价格要求和本企业可接受的价格下限之后,还应了解竞争者的价格水平和政府的限价措施。如果竞争者的价格水平远远高于本企业的估测成本,说明本企业可以制定比之较低的价格打入市场。如果竞争者的产品价格低于本企业的预期成本,就说明竞争者在成本方面具有相对优势,企业不应贸然推出产品。政府限价中的最低保护价一般对具有成本优势的企业没有不良影响,因为企业可以轻松地以最低保护价确定价格,既有足够的竞争优势,又有适度的利润。政府为保护消费者的利益,有时会制定最高限价,具有成本优势的企业可将产品价格确定在最高限价之下的一个水平上,在保证了适度利润的同时,又会在竞争中赢得很大优势。如果企业成本高于最高限价,那么此时不应强行挤入市场。市场环境分析还包括对企业所面临的各种外界机会和威胁的分析,这些机会和威胁不但在营销方面,而且还在财务、人力资源等方面对企业定价产生影响。

(四)确定定价目标

只有了解了目标市场的价格要求、本企业的产品成本、竞争者的价格、政府限价以及市场环境中其他相关因素,才能选择定价目标。目标市场的价格要求分为两个层次,其一是可接受的最高价格,其二是理想价格。只有企业在符合政府限价、满足目标市场的要求并低于竞争者的价格时,确定定价目标才会有较大的选择余地。由于企业成本、顾客要求和市场环境诸因素所限,企业可能被迫选择一种定价目标,而不得不放弃其他定价目标。

最后两个步骤是确定定价策略和定价方法,这里不再赘述。

第四节 旅游价格的变更

旅游价格的变更是指旅游企业对既定的基本价格进行根本性的更改,具有长期性。旅游企业进行价格变更一般有两种情况:企业主动进行价格变更和对竞争者价格变更作出反应。

一、主动变更价格

主动进行价格变更一般是企业在感受到价格改变的必要性之后率先进行的价格变动。主动变更价格可以是主动降价,也可以是主动提价。

(一)主动降价

主动降价的企业一般都面临着以下几种状况:一种是该企业可能面临着生产和服务能力过剩的状况,需要进一步增加营业额,以提高现金流量,并期望获得更高的目标收益率。而在通过改进产品、强化促销或其他措施均不能刺激需求增长的情况下,企业就力图通过降价来刺激需求。另一种是企业面临着日趋激烈的竞争,且市场份额大幅下降,企业迫不得已主动降价。

(二)主动提价

旅游企业在经营过程中也常常出现主动提价的情况。主动提价一般会导致目标市场及中间商的不满,但成功的主动提价也能使企业更好地应付营销环境的变化并提高目标收益率。当旅游企业面临成本上涨过快时,首先会想到主动提价。而成本上涨过快一般是由通货膨胀导致的。当通货膨胀率较高时,企业的提价速度往往会超过通货膨胀的速度,以应付下期的成本上涨。促使企业率先提价的另一个因素是该企业产品的需求远远大于供给。当旅游企业的产品和服务不能满足所有顾客的需要时,一般会提高价格以限制部分顾客的购买。

(三)价格变更可能引起的反应

旅游企业变更价格时还应考虑到潜在旅游者、竞争者、同业以及政府对价格变化的反应。

如果没有良好的市场沟通,那么顾客就会依据自己的想象对降价进行猜测。他们有可能认为企业财务状况糟糕,销售不佳;或者认为产品和服务质量上存在缺陷;也可能认为产品有可能继续降价而不去购买,采取观望的态度。如果降价的产品并非顾客经常购买的产品,那么他们一般不会注意其价格的变化。而提价则可能向顾客传递产品质量改进、成本提高及产品紧俏等信息。

竞争者则可能认为企业价格的变化是为了争夺市场份额,或是企业经营状况欠佳,或企图领导制定新的行业价格等。试图利用价格作为竞争优势的一个问题是,竞争对手也可以通过降价而使本企业的价格优势化为乌有。在一个生产能力过剩的行业中发动降价往往会诱发价格战,最终受损的将是整个行业。比如当今的饭店业、航空运输业、快餐业,都经常面临着这样的问题。有些竞争者会采取在不同的市场上进行回应或者以非价格竞争手段作为回应的策略。例如,面对西南航空公司在某航线上的率先降价,它的一些竞争对手就在它获利最丰的航线上降价与之竞争。当大陆航空公司推出小幅降价时,其竞争对手的回应是不为乘客办理与大陆航空公司的联程预订业务,使得大陆航空公司被迫放弃了降价策略。因此,企业在变更价格之前应充分调查竞争者的财务状况、销售及生产状况以及目标市场的特点,以便对其反应有充分的估计。

旅游业是一种典型的相互联系、相互依存的企业群体,其中任何一种主要成员的价格变动都会对其他成员产生联动效应。比如,航空公司价格的变动会影响市场对目的地饭店、景点等产品的需求,进而对这些产品的价格产生影响;航空公司、饭店的价格变动会直接影响到旅行社线路产品的价格;游船公司价格的变动会影响到旅游中间商的佣金;那些降价的旅游企业可能会要求其供应商压低价格。

有些地区如度假地和会议城市的当地政府以及其他利益相关群体出于发展本地旅游业的考虑,可能对主要旅游企业的价格变动非常关注,并且可能会对这些企业的定价决策施加压力。

二、对竞争者价格变更的反应

当旅游企业发现竞争者的价格已发生变化时,在采取行动之前首先应对其价格的变化加以仔细分析,以确定竞争者目前的价格变化是长期的变更,还是短期的调整,竞争者变更价格的目的是为夺取市场份额,还是成本变动的需要,是销售或财务方面的变化,还是要形成一个新的行业领导价格。然后进一步分析如果本企业不对此价格作出反应,那么利润和市场份额将会有什么变化,其他竞争对手以及顾客又将作出什么反应。

对于竞争者价格的变更,以降低价格为例,企业可采取几种措施加以应付:维持原价、降价和提价。

(一)维持原价

对竞争者的价格变动不作任何反应,一般在以下情况采用:本企业降价会大大损害现金流量及目标利润;不降价也不会失去很多市场份额;维持原价会使目标市场增加对本企业的信心,从而重新获得市场份额。例如,马里奥特费尔菲尔德旅馆(Marriott Fairfield Inns)在刚刚起步时,曾提供了比每天正常房价低16美元的价格。速8(Super 8)酒店并没有随之降价,因为当时速8连锁酒店的规模要远超过马里奥特费尔菲尔德旅馆连锁,如果跟着全面降价去做价格上的比拼,可能会丧失很多收益。

企业也可以在采取非价格竞争措施的基础上维持原价。通过改进产品质量,提高服务水平,并通过信息沟通,使目标顾客了解到本企业的产品价值要高于竞争者的产品价值。这样,企业就可以避开价格战而有效应对竞争者的价格变动。

(二)降价

当竞争者价格下降时,企业也可以随竞争者降价而降价,使价格达到竞争者的价格水平。这种措施往往是在企业经营出现以下情况时采用:当竞争者价格下降而企业价格不变会因此失去很多市场份额时,企业也要随之降价;如果目标市场是对价格极其敏感的,或企业的成本有足够的余地保证企业采用降价政策后利润受损不严重的,或者产品质量等非价格竞争措施不足以吸引和保持一定市场份额的,都可采用随之降价的手段。

(三)提价

提高本企业产品价格也是应对竞争者降价的一种措施。如果目标市场并非价格敏感型的,这时企业就可以提高价格,并利用宣传促销措施在顾客心目中创造高质量、高档次的形象。只要价格提高幅度能够为顾客接受,并能够保持市场份额,那么提价就是成功的。

对竞争对手的价格调整必须有正确的分析和判断,为保持企业的信誉一般不宜轻易改变自己的价格。应付竞争对手的降价竞争,企业应采取一系列是非判断并从中选择行为方案。如图7-7。

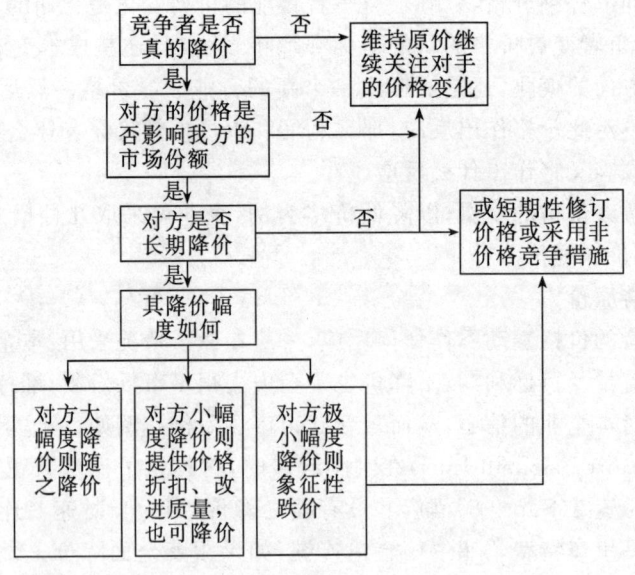

图7-7 应付对手降价的行动方案

案例

乐高乐园的门票价格

英国温莎乐高乐园(Legoland Winsor)是英国收费名列前茅的主题乐园之一。乐园中用乐高积木建构的迷你伦敦、伦敦塔、大本钟、恐龙模型等都栩栩如生,园内还有各种游乐设施和现场表演节目。当一个中国家庭到英国旅游前往乐高乐园时,会很愿意支付成人 38 英镑、儿童 28 英镑的门票价格。不过,以周末娱乐为目的的当地家庭可能就会觉得这样的票价有些昂贵。乐园为了吸引本地游客,推出了成人 75 英镑、儿童 55 英镑的年票(Annual Pass),价格仅为一张普通票的两倍。甚至还有 695 英镑的终身票(Lifetime Pass),顾客可从购买之日开始往后的一生当中无限次地使用。持有年票和终身票的顾客在园内商店购买乐高玩具时还能享有一定的优惠。当地游客的重复光顾对于乐园非常重要,它能有效地拉动园内各种小吃以及玩具的销售。对于乐高乐园这样的旅游景点来说,很重要的一点是要清楚其顾客结构。如果多数顾客是本地居民,那么在试图提价时就要十分谨慎。

思考题

1. 简述旅游价格的概念。
2. 价格在旅游业经营中有何重要作用?
3. 试述影响旅游定价的主要因素。
4. 旅游企业一般根据什么目标来制定价格?
5. 对于旅游新产品有哪些可供选择的定价策略?
6. 试述收益管理的主要内容。
7. 试述旅游定价的几种常用方法及其各自的优缺点。
8. 制定旅游价格一般要经过哪些步骤?

第八章 旅游促销策略

学习目的

通过本章学习,熟悉促销活动的传播学原理,了解广告、销售促进、人员推销、公共关系、旅游印刷品和直接营销等基本促销手段及其各自的特点,了解旅游业中各种促销工作的主要开展方式。

主要内容

- 促销与促销策略
  促销 促销组合 促销策略 推动策略 拉引策略
- 广告决策
  广告 旅游广告 广告目标 广告媒介 广告效果
- 销售促进
  销售促进的概念 销售促进的特点 销售促进的作用 销售促进的类型
- 公共关系与公共宣传
  公共关系 公众 公共宣传
- 人员推销
  人员推销的特点 人员推销活动的开展方式 销售队伍的设计 销售队伍的管理
- 印刷品及电子信息传播
  旅游印刷品的分类 旅游印刷品的策划 电子信息传播
- 直接营销
  直接营销的概念 直接营销的特点 直接营销的开展方式

第一节 促销与促销策略

一、促销与促销组合

现代营销不仅仅局限于开发一项好产品以及为产品制定一个很具吸引力的价格,企业还必须与顾客进行沟通或交流。沟通的内容和方式如何,已成为影响营销效果的关键因素。促销的实质便是信息的沟通。

在旅游业中,促销就是通过与市场进行信息沟通,来赢得顾客的注意、了解和购买兴趣,为一个旅游目的地或旅游企业及其产品树立良好的形象,从而促进销售。促销的过程,就是信息沟通的过程。其观念和手段是伴随着生产力的发展,卖方市场逐渐转化为买方市场而形成的。在买方市场条件下,市场竞争激烈,同类的产品和服务存在着许多生产者,产品供给的现实和潜在能力大于市场需求。因此,每个生产者都面临着由于消费者可能购买别人的产品而使自己的产品无法卖出的威胁。造成这一情况的原因之一是顾客通常不可能注意和了解每个生产者的产品,因此,促销就成为解决这一危机的重要手段。

在激烈竞争的市场中,企业要求生存、求发展,就必须善于运用促销工具。对旅游业而言,由于它是一个固定成本较高的产业,其产品是非物质的,且不可储存,同时旅游产品的需求弹性较大,季节性较强,因而相对于有形产品的生产行业来说,促销在旅游业的营销策略中占有更重要的地位。

对于旅游目的地或旅游企业来说,单一的促销方式是不够的。旅游营销人员通常将广告、销售促进、人员推销及公共关系等多种营销沟通形式,有目的、有计划地配合起来,形成一个整体的促销组合(也称为营销沟通组合),以获得最佳的促销效果。

二、促销策略

促销策略也称促销决策,是指旅游目的地或旅游企业在促销信息源、信息发送方式和发送渠道、信息接受者的类型、财务预算、促销组合、衡量促销效果以及管理和协调整个促销过程等方面所作的决策。促销策略是信息沟通手段和过程的系统化、规范化,确切地说,就是对促销对象、促销投入、促销方法、促销效果进行科学的选择、配置、控制和评价。

促销策略与产品策略、价格策略、销售渠道策略之间的相互作用和协同程度成为营销成败的关键。促销策略同其他几方面策略一样，也必须在统一的营销规划下，围绕同一目标展开运作。从实际操作的角度看，促销策略建立在其他3Ps决策之上，在产品、价格、销售渠道之后进行考虑。但是促销决策反过来也会影响新的产品、价格、销售渠道策略的选择与实施。

促销决策主要包括以下主要内容：

(一)确定目标受众

信息沟通必须在一开始就有明确的目标受众。这些受众可能是旅游产品或服务的潜在购买者、目前使用者，也可能是购买决策者和影响者；可能是个人，也可能是组织。目标受众的确定决定了促销信息传播者的下列决策：就哪些方面进行沟通，打算如何沟通，什么时候沟通，在什么地方沟通，由谁来沟通，等等。

(二)选择信息沟通目标

营销信息的传播者需要把目标受众从目前的位置推向更高的准备购买的心理阶段或直接达成购买行为。确定信息沟通目标就是在明确受众目前所处的心理反应阶段的基础上，确定通过信息沟通要使顾客达到购买或接近购买的心理阶段。图8-1说明了消费者接受促销信息的四种心理反应层次模式。例如，如果营销人员通过调查，了解到目标受众对产品处于"知晓"这一认知阶段，那么就可以把感情阶段的"喜爱"和"偏好"作为沟通的目标。通过向消费者灌输有关信息来改变他们的态度，使之从"知晓"向"喜爱"转变。可以说，确定了信息沟通目标，也就确定了要达到的信息沟通效果。

阶段	AIDA模式	影响的层次模式	创新采用模式	信息沟通模式
认知阶段	注意	知晓 ↓ 认识	知晓	显露 ↓ 接受 ↓ 认知反应
感情阶段	兴趣 ↓ 欲望	喜爱 ↓ 偏好 ↓ 确信	兴趣 ↓ 评价	态度 ↓ 意向
行为阶段	行动	购买	试验 ↓ 采用	行为

图8-1 心理反应层次模式

(三)设计信息

在明确信息沟通所要达到的效果之后,就需要考虑如何设计信息来达到既定目标的问题。一个有效的信息涉及四个方面:信息内容、信息形式、信息结构和信息源。信息内容通常被称做"主题"或"诉求",它又分为理性诉求、感性诉求和道义诉求三类。理性诉求着眼于产品的价值和所能带来的利益,感性诉求靠激发消费者某种肯定或否定的感情以促使其购买,道义诉求用于指导受众分辨什么是正确的和适宜的。信息形式指信息表达所采用的符号和编排形式(如文字和图画)。信息结构是信息内容叙述和表达的逻辑结构。信息形式和结构支持着信息内容的有效性和吸引力。信息源是信息的发送者,它对信息的可信性有着重要的影响。信息发送者的信誉越好,就越具有说服力,这是名人广告流行的原因之一。

(四)选择信息沟通渠道

信息沟通渠道有人员信息沟通渠道和非人员信息沟通渠道两大类。前者又分两种,一是企业可直接控制的沟通渠道,如销售人员与目标市场的联系;一是不受企业直接控制的沟通渠道,以邻居、朋友、家庭成员对目标购买者的口碑影响为代表,也被称作口头传播(word-of-mouth)。非人员信息沟通渠道是指运用媒介、事件、气氛等非人员因素来达到沟通目的,其效果明显不如前者。非人员沟通的突出问题是不能马上获得反馈信息。

(五)制定促销预算

众所周知,促销投入实质上是某种形式的投资。因为促销的过程和效果受很多不可控因素的影响,所以不存在任何行业普遍适用的预算方法,而要根据各自经营的特点、产品的特点、流动资金的情况、市场需求的情况来决定自己的促销预算。

在诸多预算方法中,目标任务预算法是一种相对比较科学的方法。它首先要求决策者制定出详细、具体的促销目标,这些目标要有可操作性,例如"在两周内,使目标市场了解本产品的顾客从2%增加到3%"。其次,确定达成这些目标的途径和方法,例如"在两周内,每天15次10秒的电视广告"。然后分别估计运用这些方法达成各项目标所需的费用。最后把这些费用汇总,得出总的促销预算额。这种预算方法的好处在于不仅在总额上可以控制,还可以在促销的各步骤上对达成各子目标所需的费用进行控制。但把总的促销目标分解成可操作的子目标并非易事,且准确测量各项目标所需的费用也有难度。此外,量力而行法、销售额百分比法和竞争均势法也是制定促销预算的常用方法。

(六)决定促销组合

旅游营销人员必须对促销组合作出决策。一般来说,有两种基本的促销组合策略——推动策略(Push Strategy)和拉引策略(Pull Strategy)可供选择。不同的促销组合策略给予各个具体的促销工具的相对重视程度也不尽相同。图8-2对这两种策略作了对比。

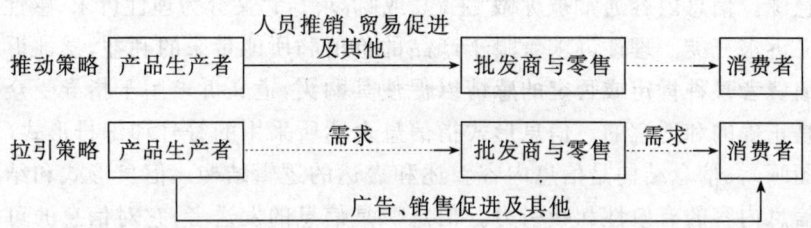

图 8-2　推动策略与拉引策略的比较

推动策略重视使用人员推销和贸易促进(如贸易折扣、展示),产品生产者将促销活动对准销售渠道成员,通过销售渠道推出产品;拉引策略则侧重广告和销售促进方面的投入,产品生产者直接对最终消费者进行促销,拉动和引导消费者通过各种渠道购买产品。大多数企业都是把两种策略结合起来使用。

旅游目的地或企业在制定其促销组合策略时需要考虑许多因素,包括促销目标、产品及市场类型、产品所处的生命周期阶段等。

1. 促销目标。不同的旅游目的地或企业,同一个目的地或企业在不同时期、不同市场环境下,都有其特定的促销目标。不同的促销目标又应有不同的促销组合与之配合。例如,某家饭店以迅速增加销量这一短期目标作为现阶段的促销目标,那么就会增加在广告和销售促进方面的投入;相反,如果以树立饭店形象作为促销目标,公共关系就会成为主要使用的促销手段。

2. 产品及市场类型。不同的促销工具在不同产品市场中的重要程度不一样,消费品企业通常更多地使用以广告为主的拉引策略,而工业品企业则往往更多地利用推动策略。一般来说,人员推销更适合于那些价格昂贵、技术性强的产品以及买主数量较少但购买量较大的市场。如饭店对会议、宴会等产品的促销就比较适于采用人员推销这类促销工具,而广告比较适合于客房、零点餐厅、娱乐等产品的促销。旅游产品生产者针对中间商市场多采用以人员推销为主的促销组合,而对最终旅游消费者的促销则主要采用广告和销售促进。

3. 产品所处生命周期阶段。各种促销工具的效果还可能因为产品所处生命周期阶段的不同而有所不同。在投入期,广告和公共宣传有利于迅速扩大产品的知名度,使其在市场中站稳脚跟,销售促进则可鼓励顾客对产品的尝试;在成长期,广告和公共宣传宜加强,并把人员推销工具投入使用,而销售促进可相对减少;在成熟期,销售促进发挥主要作用,同时宜采用提醒式的广告;在衰退期,宜主要保持提醒式的广告,有时销售促进可能还会继续有效。

促销组合中不同促销手段所发出的信息都成为企业总体信息的一部分。如果这些不同的信息来源中出现相互矛盾的信息,将会导致企业形象或产品形象的混乱。20世纪90年代以来,整合营销传播(Integrated Marketing Communication,IMC)观念得到了营销主体越来越多的关注。根据这一观念,营销主体需认真地综合和协调其多种信息传播手段,不断改进促销组合工具的使用,从而向目标受众传递关于企业及其产品的清晰、一致和有说服力的信息,最终给销售带来更有利的影响。整合营销传播的实质就是"用一个声音说话(Speak with one voice)"。此外,随着大众市场的分解以及市场的超细分化,大规模营销开始让位于更加专门化和高度目标化的营销策略,信息技术领域的巨大进步也加速了这一发展进程。在这种情况下,促销组合中不同的促销形式的地位也会不断发生变化。

(七)衡量促销效果

衡量促销效果的目的在于取得反馈信息,并据此决定下一步的信息沟通方案。衡量促销效果主要是调查目标受众对信息传播者所发信息的反应。重点集中在:(1)识别和记住这一信息的人数百分比;(2)对信息的感觉;(3)对公司和产品过去和现在的态度;(4)受众反应的行为数据(如喜爱和购买的人数百分比)。

(八)管理和协调营销信息沟通的过程

由于可能会出现因信息失去时效或缺乏一贯性而导致花费得不偿失的情况,或者可能出现每一种信息沟通资源的负责人都强调每种工具的优点而争夺更多预算的情况,所以统一对促销进行管理,组织和协调各种促销工具的使用是非常重要的。

菲利普·科特勒对此提出了四个方面的建议:

1. 任命一名营销信息沟通的主管人员,对公司说服性信息沟通负责(说服性信息更贴近直接促销,它区别于关于企业形象方面的概念性信息)。

2. 制定出营销信息沟通的宗旨及不同促销工具的使用范围。

3. 对用于不同产品、促销工具、产品生命周期不同阶段的所有促销费用进行追踪,并观察其效果。

4. 主要促销战役开始时,协调各种促销活动和促销的时间。

第二节 广告决策

一、广告的概念、特点与作用

根据美国市场营销协会(AMA)对广告的定义,广告是"由一个特定的主办人,以付款方式进行的构思、商品和服务的非人员展示和促销活动"。简言之,广告是由营利性的企业或非营利性的组织或个人,通过花费一定的费用将有关信息由媒介发布和传播出去。它用一种非人员的沟通方式,通过释放信息来树立某种形象,进行有选择的展示或促销。

广告的特点是非常鲜明的:第一,它是一种非人员的信息沟通形式;第二,广告是一种高度公开的信息沟通方式,这种公开性能够冲淡顾客在购买时对于产品的可信度所产生的疑虑;第三,广告向顾客提供的是选择性信息,因而它允许销售者多次重复这一信息,它也允许购买者接受和比较竞争者的各种信息;第四,广告可以利用声音、色彩、影像等艺术和技术手段,具有很强的表现力和吸引力;第五,广告由于并非与受众对话,所以不能针对个人的特殊要求,受众也不会像面对推销人员那样感到有义务做出反应。

旅游广告作为一种促销手段,是指旅游营销者通过出资购买社会媒体的版面或演播时段,面向目标受众开展的营销传播活动。旅游广告的目的在于传递信息,促进销售或树立本旅游目的地和旅游企业的形象。由于旅游产品与其他服务性产品相比具有构成成分复杂、企业不可控因素多的特点,从某种程度上说,某一国家或地区的旅游产品必须以本国或本地区的社会、经济、文化环境为依托,所以,这部分营销工作通常由国家或地区的旅游管理部门来承担。依据广告主体的不同,旅游广告除了有旅游企业的单项旅游产品广告和旅游线路广告之外,还有目的地旅游广告。目的地旅游广告宣传和塑造的是旅游产品的总体形象,这是旅游广告区别于其他行业广告的最显著特点。目的地旅游广告最著名的范例之一是美国前总统里根为美国旅游业所做的广告,他在这个电视广告中热情洋溢地说:"到美国来旅游吧!这是美国总统在向你发出邀请!"

根据所使用的媒介类型,旅游广告可以分为传统的报刊广告、电波广告(广播和电视广告)、户外广告(广告牌、空中广告)、印刷品广告(招贴画、宣传小册子、旅游手册、活页宣传品、明信片、挂历)以及近来随着信息技术发展而得以迅速发展的网上广告。目前,许多旅游目的地国家或地区的旅游组织及各类旅游企业都纷纷建立各自的国际互联网页,向全世界发布有关旅游产品的各种信息。

广告是旅游目的地或旅游企业常用的促销工具。旅游广告一方面能树立一个目的地或企业的长期形象,如通济隆的企业形象广告;另一方面,它也能在短期内促进销售,如夏威夷五日游广告。由于使用媒介的不同,不同广告形式之间的预算差距可能是非常大的,但总的来说,由于广告的信息覆盖面大,就广告的单位数量信息接受者而言,广告的平均成本相对来说是比较低的。广告作为一种重要的促销方式,20世纪以来得到了迅速发展,并已形成一门新兴学科。

二、广告决策

旅游营销人员在制定广告计划时必须作出五个方面的重要决策,见图8-3。

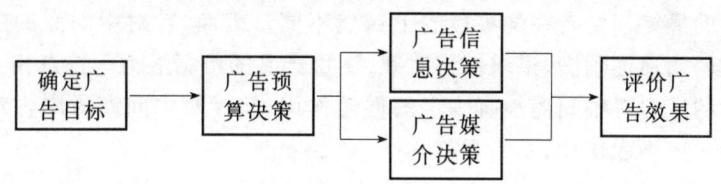

图8-3 广告决策过程

(一)确定广告目标

广告目标是指在一个特定时期内,对于某些特定类型的受众所要完成的特定的传播任务。广告目标必须与已确定的目标市场、营销组合等决策相统一。

确定广告目标最终要达到两个目的:一是直接面向消费者和中间商,创造产品的知名度,增加销售,促使中间商产生更大热情,帮助将产品信息传达给消费者;二是为广告的效果设定一个测量标准,以此来衡量广告在创意、制作等方面的成败。

广告的目标可分为通知、说服和提醒三类,如表8-1。以通知为目标的广告主要是告知目标受众有新产品投放市场,让受众知晓产品将提供的利益,以触发初始需求,主要用于产品的市场开拓阶段。比如一条新的旅游线路在投入市场之初必须告诉顾客各种有关情况。以说服为目标的广告一般要改变受众对品牌的态度,建立产品偏好,增强顾客对特定品牌的信任。随着旅游市场的竞争日益激烈,这方面的广告显得尤为重要。以提醒为目标的广告在产品的成熟期阶段起着重要的作用,其目的在于使用过该产品的顾客保持对该产品及品牌的记忆,或者降低顾客的购后焦虑感,促发口头推荐。有一幅旅游广告画,整个画面无一个字,仅有一幅用广角镜头拍摄的照片,夕阳下的科罗拉多大峡谷宁静而壮美。去过大峡谷的游客看到这幅画,心中无不为之唤起美好的回忆。

表 8-1　广告目标的类型

通知广告	向市场告知有关新产品的情况 提出某项产品的若干新用途 通知市场有关价格的变化情况 说明新产品如何使用	描述所提供的各项服务 纠正错误的形象 减少消费者的恐惧 树立公司形象
说服广告	建立品牌优势 鼓励顾客选择新品牌 改变顾客对产品特性的理解	说服顾客马上购买 说服顾客接受推销访问
提醒广告	提醒顾客可能在不久的将来需要此产品 提醒顾客何处可以购买此产品	让顾客在销售淡季也能记住此产品 保持最高的知名度

从旅游产品生产者的角度看,旅游中间商也是某种特定的消费者,但他们同旅游产品的最终消费者在购买目的上迥然不同。因而,针对中间商的广告目标必须与中间商追逐利润、讲求销售时效、注重产品的市场潜力等特点相一致。针对旅游者的广告对中间商也有一定的促动作用,但针对中间商的广告对最终旅游消费者一般不起作用。

对于广告目标,广告界人士一般认为,在确定了综合性的总目标之后,还要提出具体的、可操作的、可以作为衡量广告效果依据的子目标。它们通常包括以下内容:

1. 显露数,即在特定时间段内,广告对目标信息接受者的显露次数;
2. 知名度,即在推出广告后的某一时点上,接受广告信息的人数或人次;
3. 态度,在广告的作用下,广告信息接受者对该产品产生好感等心理倾向;
4. 购买行为,即销售状况的变化。

以上四个方面实际上包含的是广告所产生的两方面效果:一是销售效果,即销售额的变化;二是心理效果或沟通效果,即消费者在知晓、了解、偏好等心理层次上的变化。

根据经验,单纯将销售效果作为可测量的广告目标是不太恰当的,一般还要以衡量心理效果的某些指标作为可测量的广告目标。目前公认的比较成熟的方法是营销学家科利(Russel Colley)于 1961 年提出的"DAGNMAR"方法。科利在其《为测量广告效果来制定广告目标》一书中所提出的制定广告目标的方法,因这本书的首字母缩写为 DAGNMAR,因而被称为"DAGNMAR"法。这种方法要求先设定一个非操作层次的广告目标,如增加知名度;然后对这一广告目标的效果加以测定或解释,如在两个月时间内,使知道本产品名字的人从 57% 增加到 67%,并用这些具体的指标作为操作层次上的广告目标。

(二)广告预算决策

能否做好广告预算取决于三个方面:发布广告之前对产品和市场的了解程度,对广告执行情况的控制,广告效果的衡量。产品的生命周期、竞争及促销策略以及其他外界不可控因素共同影响广告预算决策。因此,制定预算常常是比较困难的。

前面我们讨论的制定促销预算的方法通常也是用来制定广告预算的方法。其中目标任务预算法是一种比较科学的预算方法,也是科利根据"DAGNMAR"推演出来的一种预算形式。虽然在这种方法中经验的影响较大,但它仍是找到达成某种广告目标所需确切费用的有效方法。下面是使用这种方法进行预算的一个例子。

某旅行社宣传推广某条观光线路,目标是要从某客源地的10万名外出旅游者中争取8%的市场份额,其所作广告预算如下:

1. 确定市场份额目标。占有8%的市场份额意味着客源地10万名外出旅游者中的8千人购买本旅行社的该项旅游产品。

2. 计算广告的触及面。广告的触及面是指接触到广告的人数占目标市场总人数的百分比。根据广告商的历史经验,如果广告触及者、态度转变者、购买者之间存在一个10∶5∶1的比例,那么要使目标市场8%的顾客产生购买行为,就必须使目标市场40%(8%×5)的消费者在接触广告后产生态度和偏好的有利转变;而要做到这一点,必须使目标市场80%(8%×10)的消费者接触到广告。那么100 000×80%=80 000(人)就是广告所要触及的人数。

3. 决定80%的触及率和40%态度转变率所需要发布或登载广告的次数。根据广告商的历史经验,假设需要20次。

4. 确定广告触及每人次的成本。不同媒介的触及面不同,收费水平也不同;触及每人次的成本不同,同一媒介在不同时间、不同版面位置的收费标准也不同。一般根据事先既定的媒介计划计算触及成本。假定计算出来的触及成本为0.01元/人。

5. 计算广告的发布费用。

$$100\ 000 \times 80\% \times 20 \times 0.01 = 16\ 000(元)$$

6. 计算广告总预算。

广告总预算 = 广告制作费用 + 广告发布费用

假设制作费用占总预算的两成,那么旅行社为使该线路获得8%的市场份额应投入的广告费为16 000÷80%=20 000(元)。

广告长期预算的分配主要有四种方式:(1)按时间分配,在某一广告周期的各时间区内分配预算经费;(2)按地理区域分配,在目标市场的各细分市场间分配;(3)按产品分配,根据不同产品按比例、有侧重地分配预算;(4)按媒介分配,根据媒介计划在不同媒介之间分配预算。

(三)广告信息决策

广告信息决策就是设计所要发送给消费者的广告信息。它是整个广告活动成败的关键之一,也是最富有创造力的部分。

一个成功的广告信息应该是内容和形式两方面的有机结合。它应具有独创性和吸引力,能迅速得到目标受众的注意和接受。在信息量趋于无限的今天,注意力成为一种稀缺资源。要想争取或保持受众的注意力,广告信息必须要有更好的设计、更妙的想象力、更强的娱乐性,并且对顾客更有益。所以,创意在广告中发挥着重要作用,它的作用从销售效果上表现出来。

广告信息决策通过产生广告信息、选择广告信息、表达广告信息三个步骤来完成。

1. 广告信息的产生。饭店、游船公司、度假地都会面临一种与顾客进行有效沟通的障碍,其主要原因就在于旅游产品的无形性。由于旅游产品只有在购买时或购买之后才能被顾客体验到,因此广告信息的创意对这些旅游经营者来说是一大挑战。

任何产品都有许多侧面可供宣传。但一个广告只能有一个主题,这就需要制作几种不同的广告信息,然后进行选择。广告信息最重要的来源是消费者的看法和反应,此外,广告创意设计人员还可以从中间商、专家、竞争者那里得到好主意或有益的启示。

营销学家马罗内指出,创意或构思必须能够满足消费者所期望得到的下列四种回报之一:理性回报、感性回报、社会性回报和自我满足回报。例如,对于某条旅游线路,基于理性回报的广告诉求可能是"使你开阔眼界,增长知识";基于感性回报的广告诉求可能是"美丽的风景,宜人的气候";基于社会性回报的广告诉求就可能变成"去……旅游,现代生活的标志";基于自我实现回报的广告诉求又变为"沿着……走过的路去追寻历史"。

2. 广告信息的选择。就如何在几个备选的广告信息之间进行选择的问题,营销学家科威塔建议,根据吸引力、独特性、可信性这三个方面进行评估和选择。广告信息只有对顾客了解产品信息有用,才有吸引力;有独到之处,才能吸引顾客的注意;广告信息还必须是可信的或可以证实的,企业才有信誉。就广告信息的这三个方面打分,然后根据总分进行取舍。

3. 广告信息的表达。信息的影响不仅依赖于它的内容,还取决于表达的方式。如果说创意是广告信息的灵魂,那么表达形式就是广告信息的骨架和血肉。广告信息的表达形式,是指用词、语气、结构、风格、版式等方面的总和。例如,可以用生活片断、生活方式、引人入胜的幻境、气氛或意象、音乐效果、运用证词式语言等来表达信息。

广告措辞必须便于记忆并能引起人们的注意。如上海春秋旅行社的广告词"要旅游,找春秋",读起来朗朗上口,令人过目难忘。下表列出了一些富于创意的措辞以及它们所要表现的主题。

表 8-2　广告措辞示例

广告措辞	主　题
"我们排行老二,所以不敢怠慢。"(艾维斯租车公司)	我们没有那么多车出租,所以我们必须给客人提供更多别的东西。
"我们热爱飞行,诸事都能证明。"(三角航空公司)	我们的雇员热爱他们的事业,这在他们的高质量的工作中都有所体现。
"不多不少,过夜正好。"(拉昆塔旅馆)	如果你只需要一间客房住一个晚上,那你为什么还要为那些你从来不用的额外设施付费?

(四)广告媒介决策

广告媒介决策就是选择负载广告信息的广告媒介,寻找将广告内容传递给既定目标市场的最有效的方式。广告媒介决策包含的内容有:决定广告的触及面、触及频率及影响,选择媒介类型,选择具体的媒介工具以及安排传播时间。

1. 决定触及面、触及频率和影响。触及面是指在特定的时间段内,某一特定媒介一次最多能触及的消费者的数目比例。触及频率是指在一定时期内,平均每人或每个家庭见到广告信息的次数。影响则指某一特定媒介的展露质量价值,例如,对于某海滨度假地的广告,电视上的信息比电台上的信息更具影响力;饭店广告登在《商务旅行者》杂志上的效果比登在《经济学家》杂志上的效果要好得多。

加权展露数(WE)揭示了触及面、触及频率和影响之间的关系,它表示广告的最后效果,即广告对销售的影响。公式为:

$$WE = R \times F \times I \quad (R:触及率;F:频率;I:影响)$$

媒介计划要解决的问题是,在一定的预算水平上,所要购买的触及面、次数和影响的成本效益的最佳组合是什么。例如,在广告预算为 10 万元的前提下,如果选择一般媒介(影响=1),计划广告展露频率为 10 次,每人次的触及成本为 0.005 元,则可以购买的展露人次(即广告信息的触及面)为:

$$100\,000 \div 10 \div 0.005 = 2\,000\,000(人)$$

如果采用更高质量的媒介(影响=2),如每人次的触及成本为 0.01 元,那么以同样的触及频率(10 次)只能触及:

$$100\,000 \div 10 \div 0.01 = 1\,000\,000(人)$$

但二者的加权展露数是相同的:

WE（影响＝1）＝2 000 000×10×1＝20 000 000

WE（影响＝2）＝1 000 000×10×2＝20 000 000

这说明在同一预算水平约束下，只要各媒介的影响同其成本成正比，不同的媒介都可以达成同样的最大化效益。

2.选择主要的媒介类型。各类媒介在影响、触及面和触及频率上的能力是不同的。表8-3总结了主要媒介各自的优势和局限。其中，被称为"第四媒体"的互联网的出现，使传统媒体面临前所未有的挑战与冲击。互联网广告（Internet Advertising）已经成为所有广告形式中增长最快的一种。目前在世界很多国家，电视、报纸、户外等传统广告媒体所占的份额正在逐渐减少，而互联网广告却呈现出高速增长的态势。例如，美国在1998年的网上广告费用就已超过了传统广告费用，达到19亿美元。我国第一个商业性网络广告出现于1997年，历经十年发展，到2008年中国互联网广告市场价值已达130多亿元人民币。实际上，互联网是一个大媒体概念，它与其他传统媒体相结合就构成诸如互联网电视媒体、互联网广播媒体等媒体形式。

表8-3　各类主要媒介的优点与局限

媒介	优　点	局　限
报纸	灵活、及时，当地市场覆盖面大，能广泛被群众接受，可信性强。	保存性差，复制质量低，传阅者少。
电视	综合视觉、听觉和动作，富有感染力，能引起高度注意，触及面广。	成本高，干扰多，瞬间即逝，观众可选择性差。
直接邮寄	观众有选择性，灵活，在同一媒体内没有广告竞争，个性化。	相对成本较高。
广播	大众化宣传，地理和人口方面的选择性较强，成本低。	只有听觉效果，不如电视引人注意，宣传短暂，听众分散。
杂志	地理及人口选择性强，可信度好，制作质量好，保存期长。	费用较高，刊出位置无保证。
户外广告	灵活，复现率高，费用低，媒体竞争少，位置选择灵活。	观众选择性差，创造性差。
互联网	覆盖全球，不受时间限制，易复制，易于修改和补充，制作和上网费用低，观众选择性强。	被动地等待搜索，受微机和因特网普及程度的制约。

此外，随着营销观念从大规模营销向目标市场营销甚至一对一营销的转化，传统的大众媒介虽然还很重要，但其统治地位已日益削弱。市场的进一步细分导致了媒介的细分，那些能更好地适应今天高度目标化战略的媒介将大量增加，并且发挥着越来越重要的作用。

广告策划者在选择媒介类型时，必须考虑以下因素：

(1)目标受众接触媒介的习惯。并非所有的媒介都适合于特定的目标受众。不同媒介和不同消费者的密切程度不同，媒介向消费者送达信息的可能程度也不同，只有选择和目标受众密切程度最高的媒介，才能达到最佳宣传效果。比如，根据社会学家的研究统计，社会上层人士阅读报刊杂志的时间要远多于看电视的时间，所以针对这一社会阶层采用报刊杂志广告较适合。

(2)产品特点。根据产品特点选择媒介能更有效地传达广告信息。例如，度假地饭店较适宜用彩色图片在杂志中作广告。

(3)广告信息的类型。例如，包含许多技术内容的信息适合以杂志或直接邮寄为媒介。

(4)费用高低。电视广告费用一般较高，而报纸广告则相对比较便宜。在考虑选用一种媒介的总支出的同时，也要考虑把信息传递给每千人的单位开支。

(5)干扰。同一媒介在同一时期所发送的不同广告信息之间会产生相互干扰，导致目标受众的注意力分散，广告效益下降。解决这一问题的办法是在增强广告信息吸引力的同时，通过对媒介和信息发布时间的选择，或综合运用各类媒介来尽量减少被干扰的程度。比如对旅游产品的宣传，综合运用旅游印刷品和电视广告，效果要比单独运用某种媒介好得多。

3.选择具体的媒介工具。在选择好媒介类型后，还要选定具体的媒介工具。比如，决定作电视广告之后，还要在不同的电视台、不同的电视频道中作出选择。

"每千人成本标准"是选择媒介工具的标准之一。它是广告费用同估计受众数量的比值。假设《新闻周刊》上面一张全页四种颜色的广告费用为 50 000 美元，它的读者有 500 万人，那么广告触及每一千人的成本为 50 000÷5 000＝10(美元)。一般来讲，选择具体的媒介工具要满足对媒介的影响、触及频率和触及面的要求。

4.确定媒介时间安排。媒介时间安排是指在一段时间内如何安排广告密度与强度，实际上是解决选择最佳时机做广告以达到最佳效果的问题。从总体上看，很多旅游产品的需求或销售在一年中都有淡、平、旺季之分。这样，有的旅游目的地和企业就根据季节的变化来安排广告时间与支出，也有的是全年平均使用广告费用，但绝大多数旅游经营者都会做一部分季节广告。

研究表明，广告作用持续的时间和顾客习惯性的购买行为是影响广告时间与广告支出安排的主要因素。在存在这两个因素的影响的情况下，最好使广告强度的变化领先于销售曲线的变化，即广告支出的高峰应在销售高峰到来之前出现；反之，如不存在这两个因素的影响，最佳广告支出时间应与预期销售季节变化相一致。

(五)评价广告效果

广告效果分为两方面:一方面是销售效果,它反映在销售情况的变化上;另一方面是沟通效果,它反映在消费者心理层面因素,如知晓、了解、偏好等的变化上。广告效果的评估不是一个孤立的阶段,其工作在进入评价阶段之前就已经部分地进行了。

广告效果的评估主要用来反映三方面的情况,即是否达到了广告目标,广告开支是否合适,广告过程中存在什么不足之处。

1.沟通效果的测定。判定一个广告的沟通效果有两种方法:一种是事前测定,一种是事后测试,两者都可以通过问卷调查来进行。事前测定主要是在广告全面发布之前,评估广告的吸引力与独特性、认知力和影响力;事后测试有回忆测试和识别测试两种方法。回忆测试通过记录回忆,来反映广告为人所注意和容易记忆的程度;识别测试主要统计在特定媒介上曾注意到、曾见过并进行过联想或详细了解的受众的百分比。

2.销售效果的测试。由于广告的销售效果还要受到其他诸多因素如产品价格和整体经济环境的影响,广告的销售效果通常比沟通效果更加难以衡量。人们目前应用的测量方法有历史分析法和实验法。前一种方法是运用先进的统计技术将过去的销售和广告支出(销售量/广告费)作为参考来测试当前的销售效果;后者通过计算广告的销售弹性,或研究广告的边际销售影响来测量销售效果。

3.评价评估效果。由于广告效果几乎都是通过间接渠道进行评估的,所以,要了解广告效果是否得到了正确的评估,还要从以下三个方面进行检查:

(1)样本有代表性吗?受测者是否属于目标市场成员?其结构是否同后者相一致?

(2)受测者了解所问的问题吗?受测者是否产生了曲解、误解,甚至被误导?

(3)评估结论得到证实了吗?

第三节 销售促进

一、销售促进的概念、特点与作用

(一)概念

销售促进,也称营业推广或拓销,是指对同业(中间商)或最终消费者或销售队伍成员提供短期激励的一种活动,目的在于诱发其购买或努力销售某一特定产品。销售促进是临时的或短期的、带有馈赠性质或奖励性质的促销方法。虽然从长期来看,销售促进并不一定能使销售有很大改观,但在较短一段时间内,它往往比广告更能有效地促进销售的增长。

旅游产品由于具有生产与消费同一性的特点,只有实现销售才能实现生产,从这个角度来看,相对于有形产品而言,销售促进对旅游产品起着更为重要的作用。另外,由于中小企业对抗激烈竞争的能力较弱,因而在以中小企业为主的旅游行业中,销售促进对帮助这些企业渡过难关、对抗竞争有着重大的意义。

(二)特点

1. 广告意在传播一项销售信息,而销售促进则是在特定时间内向消费者提供某种激励。

2. 广告的设计与策划通常要考虑长期效果,而销售促进则是为寻求销售额的立即反应而设计的,并且常常在限定时间内进行。

3. 广告通常用于为某产品创造一种形象,把消费者置于一种情调、气氛之中,使之对产品产生认同感,而销售促进则是行动导向,其目标是在使用销售促进手段后,能立即实现销售。

4. 广告使产品通过某种比较去竞争,而销售促进则企图使本产品在特定时间和地点与其他产品有显著差别。

5. 广告通常会使品牌增加认知上的价值,而销售促进意在扩大销售,增加实质价值。

从以上五个方面的比较中,我们可以看出销售促进与广告促销有着不同的目的,由于目的不同决定了手段不同。销售促进所采用的促销工具与广告也是不同的。但如能在实际工作中将二者协同使用,则比单独运用某种工具的累加效果会好得多。

(三)作用

销售促进的作用主要表现在以下五个方面:

1. 促使消费者试用产品。餐饮业许多新产品在推出之时都以成本价来招徕顾客,以求迅速扩大影响,获得消费者的肯定。

2. 劝诱使用者再购买。有的航空公司随机票附送优惠券,乘客积累到一定数量的优惠券,即可凭此购买一张特价优惠机票。

3. 增加消费。有时人们并非真的需要购买,但当他们得到一张折价券或赠品券时,购买行为就发生了。

4. 对抗竞争。销售促进常常能有效地针对竞争者展开。例如,给予顾客比竞争对手更优惠的价格,给予中间商更多的折扣,等等。

5.促进本企业其他产品的销售。饭店中对标准间的促销活动常常也能带动套房和餐饮的销售。

但是销售促进的作用是有限度的。它通常并不能建立顾客对本企业产品的信任和忠诚,不能拯救一个即将被市场淘汰的产品,也不能改变一个市场定位不当的产品的命运。如果一家旅行社向中国普通市民阶层推销环球海上巡游项目,恐怕用尽各种销售促进手段,也难免会失败。因此,要适当评价销售促进的作用并灵活加以运用。

二、销售促进的类型与主要工具

旅游营销中销售促进有三种对象:(1)旅游者;(2)旅游中间商;(3)旅游产品的推销人员。与之相对应,销售促进活动也分三类。图8-4总结了旅游业营销人员可使用的主要销售促进工具。

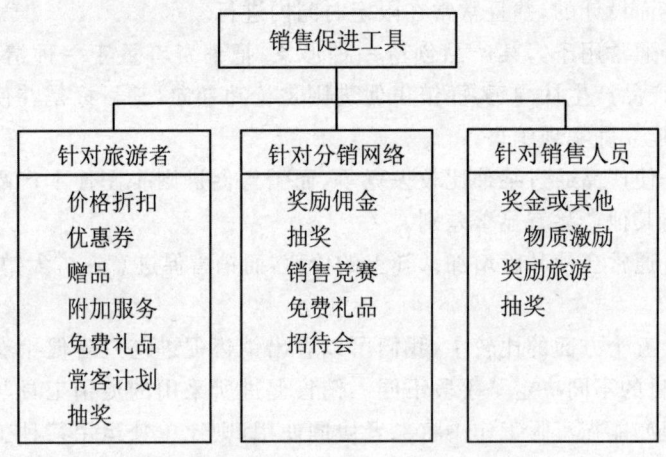

图 8-4 用于旅游业的主要销售促进工具

(一)针对旅游者的销售促进活动

针对旅游者的销售促进活动,其目的在于吸引新顾客,抓住老顾客。旅游企业常用的销售促进手段主要有免费赠送样品、纪念品、宣传品或实物礼品,赠送折价券、礼品券,进行抽奖促销,以及设立俱乐部等等。

例如,为推销某条旅游线路,旅行社向旅游者赠送旅游地风情画册、特产、纪念品,以及可以在这条线路上的定点商店享受购物折扣的折价券等,事后在回收的折价券副券中进行抽奖,并把奖品邮寄给获奖的旅游者。需要强调的是,旅游纪念品和礼品应尽量体现旅游目的地、旅游企业、旅游服务的文化、风俗等特点,要能使顾客把它同该次旅游活动和享受的服务联系起来,使之具有吸引力。又如,饭店新开业时,邀请一些有影响的人士前来免费住宿,餐厅向用餐客人赠送新菜品。

目前,许多航空公司、集团饭店、汽车租赁企业都针对不同类型的客人设立相应的会员俱乐部,并纷纷推出各自的"常客计划"(Frequent Customer Program),提供一定的对会员具有吸引力的利益,当顾客的购买数量或金额达到一定的积分时,会得到特殊的奖励和优惠,以此建立长期的、不断增值的顾客关系。这些企业认识到,通过广告和其他沟通渠道吸引新顾客的营销成本将远远超过劝说现有顾客重复购买或进行额外购买的成本。

(二)针对旅游中间商的销售促进活动

对中间商的销售促进活动的目的在于扩大和增加旅游产品对旅游者的销售渠道,激励旅游中间商卖力销售本企业或目的地的旅游产品。由于旅游产品只有存在客源的情况下才能进行生产,因此,争取中间商的支持和合作具有重要意义。特别是对那些入境旅游在其旅游业中占据重要地位的地区和国家来说,更有重大的现实意义。

针对旅游中间商的很多销售促进手段如礼品、抽奖等,都与针对最终顾客的销售促进手段类似。除此之外,主要的销售促进活动还包括:

1. 对中间商折让。旅游产品生产者通常给予中间商价格上的优惠,某些优惠政策甚至已成为行业惯例。如饭店通常给予有业务往来的旅行社以一定比例的价格折扣,航空公司和其他旅游企业也有类似的做法。

2. 给予奖励佣金。在旅游零售商为某新产品赢得一批顾客后,或者销量超过合约水平之后,给予其一定比例的额外佣金。

3. 销售竞赛。对达到或者超过某一销量指标的旅游零售商给予某种刺激性奖励。

4. 举办招待会或联谊会。

(三)针对旅游销售人员的销售促进活动

对推销员的销售促进也是旅游企业加强促销工作最常用的方法之一,其目的在于调动推销人员的销售积极性。常用的方法有:

1. 奖金或奖品。根据每人的推销业绩给予物质上的奖励。

2. 销售集会。这种集会常常在游乐地和餐桌上举行,在沟通信息的同时,也带有奖励的性质。

3. 销售竞赛。通过组织销售竞赛,奖励销售成绩突出的推销人员,以此调动推销人员的积极性。

4. 奖励旅游。

三、销售促进的策划步骤

(一)确定销售促进目标

销售促进目标是由基本的营销目标导出的,因而它必须随目标市场类型的变化而变化。同样一条"丝绸之路游"旅游线路,投放日本旅游市场与投放美国旅游市场,其销售促进目标就可能有所不同。销售促进的具体目标包括鼓励潜在游客购买,吸引旅游中间商推广新产品,抵消各种竞争性的促销影响以及激励推销人员寻找更多的潜在顾客,等等。

(二)选择销售促进工具

针对旅游者、中间商、推销人员所使用的各主要促销工具前文已做过介绍,这里不再赘述。选择何种具体的促销工具要考虑市场类型、促销目标、竞争情况以及每一种促销工具的成本效益。

(三)制定销售促进方案

一个完整的销售促进方案一般包括以下几方面内容:

1.决定销售促进活动的规模。也就是营销人员准备付出多少经费和人力进行促销激励。

2.决定销售促进的对象和条件。如选择以旅游者为主,还是以中间商和推销人员为主;选定的消费者、中间商和推销人员应具备的条件。

3.选择销售促进措施的执行途径。例如,向旅游者赠送宣传品和旅游纪念品时,是采用在旅游点见人即送的方式,还是只赠送给有初步购买意向的旅游者,或者以其他方式进行。

4.决定销售促进活动的时间。各种销售促进工具必须按统一日程表投入使用,以便相互协同配合,使促销效果最大化。销售促进活动持续的时间过短或过长都不合适,前者造成一部分顾客无法及时购买,后者则失去了刺激消费者立即行动的作用。

5.提出销售促进总预算。根据所选用的销售促进工具的使用情况估计出销售促进活动的总费用。

(四)预试销售促进方案

预试销售促进方案有助于检验所选用的销售促进工具是否适当。如规模的大小是否恰当,各种促销工具能否相互协同,总体效果如何等等。检测的方法,可以请旅游者对不同的促销工具做出评价和分等,也可以在小范围内进行试用性测试。

(五)销售促进方案的实施与控制

销售促进方案的实施,必须按部就班地按计划进行,必须及时解决出现的问题,并做出相应的调整。

(六)评价结果

有几种方法可用来衡量销售促进活动的效果。最常用的方法是把促销前后的销售情况加以对比,结合市场份额的变化,分析促销的效果。旅游营销人员必须弄清楚销售促进是改变了总需求,还是改变了需求的时间形态。另一种较为常用的方法是进行市场调查,即了解多少人记得这次促销活动,他们的看法如何,多少人从中得到了好处,以及这次促销活动对于这些消费者或中间商随后的购买行为的影响程度。

第四节 公共关系

一、公共关系的概念与作用

公共关系是指一个组织或企业通过信息沟通,发展与公众之间的良好关系,建立、维护、改善或改变企业和产品的形象,营造有利于企业的经营环境和经营态势的一系列措施和行动。这里的"公众"指的是本组织或本企业意欲影响的所有目标群体。公共关系是一种重要的市场营销手段,它既被应用于企业,也被应用于非营利组织之中,甚至被政府用来改善国家或地区形象及与他国或地区的关系。

公关活动的开展方式很多,但无论如何都不包括通过直接购买媒体版面或播出时间而开展的营销传播活动,换言之,公共关系是不同于广告的营销传播方式。尽管公共关系和广告这两种促销手段都以树立和提升本旅游目的地或企业或者特定旅游产品的形象和声誉为目的,但两者之间又存在着重要差别。公共关系可以以远低于广告的成本对公众心理产生较强的影响,并且它所带来的可信度要比广告高得多。当今,广告费用持续上升,而且广告总量的激增导致每则广告的单体影响力趋于下降。同时,旅游产品具有极强的综合性,它的生产需要以整个社会为其销售,也更易受信息沟通的影响。在这一背景下,公共关系就成为旅游企业以至旅游目的地营销组织可以采用的成本低而收益高的促销手段。旅游目的地国家或地区在国际旅游市场的竞争中,为了树立目的地以及旅游产品的整体形象,最常采用的促销手段之一就是公共关系。例如,纽约市通过组织"我爱纽约"(I Love New York)的活动改变了该市的形象,从而吸引了成千上万的游客到该市游览。

二、公共关系决策

与其他所有的营销沟通手段一样,成功的公关活动也需要有周密的计划安排,其中涉及确定公关目标和目标公众,实施公关活动以及公关效果评估几大方面。

(一)确定公关目标

从企业内部和外部市场两个层面来考虑,公关目标可以分为内部公关目标和外部公关目标两大类。前者主要指建立员工忠诚或建立更为有效的员工关系;后者主要涉及发展更好的社区关系,改变公众的形象认知和态度,消除或纠正公众误解,等等。总而言之,公关活动的目标就是要在组织内部公众和外部公众中建立起信任、信誉,营造出有利于组织发展的环境。

(二)识别目标公众

与广告相比,公关活动所应对的目标受众的范围要更为广泛。对于旅游企业来说,潜在的公众包括现有和潜在的购买者、旅游供应商和分销商、员工、媒体与意见领袖、地方政府、旅游政策法规制定机构、金融部门、当地社区、旅游行业协会以及其他旅游相关部门,等等。

(三)实施公关活动

就旅游业而言,公共关系活动的开展主要可分为针对新闻界的公关活动以及针对其他社会公众的公关活动。

1.针对新闻界的公关活动。与新闻界交往的目的是让新闻媒体报道那些有新闻价值的信息,以吸引公众对某种产品和服务的注意。实际上,旅游业中多数公关工作都是借助有关大众媒体的新闻报道来达到宣传自己的目的。这类公共关系活动通常被称为"公共宣传"(Publicity)。

公共宣传就是在媒体上传播一种产品或服务信息时占用的是编辑的版面,而非以付费方式买来的版面。虽然旅游目的地或企业形象是一幅多层次的画面,不单单取决于公关工作,但有效的公共宣传却能给公众留下难以忘怀的印象。由于公众一般倾向于认为新闻报道更具客观公正的色彩,而广告传达的信息可信度较低,因此,如果能撰写或创作出一些有吸引力的信息而使各种媒体竞相采用,则它所产生的价值就可能与花费上百万的广告相匹敌,而且无需为占用新闻媒体的篇幅和时间付费。因此,旅游企业或旅游组织应争取一切机会和新闻界建立并加强联系,及时将具有报道价值的信息提供给有关新闻媒体。

针对新闻界的公关活动开展方式主要包括:

(1)向新闻媒体提供与本旅游目的地或本企业有关的新闻稿件,并且向新闻界提供有关本目的地或本企业情况的参考资料(包括文字资料、照片、光盘等);

(2)举办或承办有影响力的重大活动,或者邀请有影响力的重要人物和社会名流光顾本旅游目的地或本企业,以吸引新闻界的报道;

(3)举办有关本旅游目的地或本企业最新发展情况的新闻发布会与记者招待会;

(4)邀请媒体的有关节目制作人员、记者前来参观和熟悉情况,并为其提供有关资料;

(5)为体育赛事、节庆活动、电视节目或某些公众团体提供赞助,以吸引新闻界的报道;

(6)在负面事件发生后,实施危机管理,与新闻界保持密切联系,邀请记者重访;

(7)保持和维护与新闻界的关系。

2. 针对其他社会公众的公关活动。根据不同对象,可具体分为针对顾客、旅游业员工以及目的地社区公众的公关活动。这类公关活动的开展形式主要包括:

(1)注重对客服务质量,高度重视并妥善处理投诉;

(2)出版杂志、刊物,通过定期或不定期的出版物与员工沟通,关心员工生活,增强员工归属感、自豪感和凝聚力;

(3)赞助公益事业;

(4)邀请旅游中间商以及经常性批量购买的团体客户前来参观和熟悉情况;

(5)在旅游交易会上介绍本旅游目的地或本企业的有关情况;

(6)积极参加社会活动,担负一定的社会责任;

(7)与有关机构建立友好联系。

(四)评价公关效果

衡量公关活动的实施效果,可以通过了解游客和旅游目的地社会公众对旅游产品以及目的地和旅游企业的态度,目的地和企业知名度的变化,并结合销售额与利润情况的变化予以评价。必须指出的是,如果在某个时期单独使用或首先使用某种公关手段,那么它的效果就是可以衡量的;如果把它同其他促销工具一起使用,则公关活动单方面的效果就不易衡量了,因为我们无法区分促销结果中的哪一部分是公共关系的贡献。

衡量对目的地或企业及产品知名度的了解和态度方面的变化,使用的调查测试方法与评估广告沟通效果大致相似。但在调查的技术设计中,必须考虑如何过滤掉其他促销工具的影响。

第五节 人员推销

一、人员推销的概念与特点

人员推销(Personal Selling)是一种最古老的推销方式,它通过销售人员与顾客直接沟通来达成销售。人员推销具有针对性强、机动灵活、反馈及时、双向沟通等特点。与其他促销活动相比,人员推销是一种成本较高的促销工具。

人员推销在消费者购买过程的某些阶段,如在引起注意及从信任发展到购买阶段,是最有效的推销手段。在竞争比较激烈的市场上,广告一般只能在使顾客发生兴趣、知晓、了解这几方面发生作用,不一定能使顾客产生最后的购买行为。而人员推销往往能有针对性地消除顾客的疑虑,最终达成销售。广告是单向的、非人员的与目标消费群体进行的交流,而人员推销是双向的与目标消费群体进行的个别交流。这意味着在复杂的销售形式中,人员推销比广告更为有效。从某种意义上说,顾客容易对销售人员产生某种好感,或由于被他们的言辞所打动,而对他们所推销的产品质量产生某种自然的联想,从而购买产品。

由于在绝大多数旅游服务的传递过程中都涉及高水平的人员接触,一线员工在与顾客直接接触和为顾客提供服务的同时掌握着重要的潜在推销机会,因此,旅游业中的人员推销可以分为专业销售人员的销售活动以及与顾客接触的所有员工日常的销售活动两大部分。这里,我们重点探讨的是前一类人员推销活动。

在旅游业中,旅游供应商或旅游目的地营销组织所开展的人员推销活动都是以团体购买者或批量购买者(包括以转售为目的的旅游中间商和以消费为目的的组织机构)为目标对象。传统上,人员推销的主要目的在于达成现时交易,而今它则更多地聚焦于顾客保留以及建立长期的顾客关系。以互联网为代表的信息沟通技术(ICT)的快速发展正在改变着人员推销的作用,尤其是在B2B领域。伴随着信息沟通技术对旅游零售商传统角色的冲击,人员推销在其中的作用也在发生改变。

二、人员推销活动的开展方式

旅游业中的人员推销活动主要涉及以下几种方式:

(一)销售性拜访

这是以航空公司、饭店为典型代表的旅游企业最常使用的人员推销方式。在选定目标客户的基础上,销售人员直接联系和走访旅游经营商、会议组织者、机关团体或企事业单位,向客户推介本企业的产品或服务,与客户开展交易谈判,争取客户选择使用本企业的产品或服务。

(二)参加旅游交易会

旅游目的地营销组织和旅游企业可以利用旅游交易会开展包括人员推销在内的多种营销沟通活动。旅游交易会能够为参展的各旅游目的地营销组织和旅游企业提供业界交流信息、进行业务洽谈的机会,同时还能面向社会公众展开多种营销沟通活动,宣传推介自身的旅游产品。目前世界上定期举办的旅游交易会很多,如每年举办的柏林国际旅游博览会、伦敦世界旅游博览会,都是全球规模最大的旅游专项博览会,展商类别几乎涉及旅游产业链的所有环节,展会亦成为探讨世界旅游发展的重要论坛。

(三)去目标客源市场进行旅游产品及其形象的宣传

旅游目的地营销组织联络本地相关旅游企业去目标客源市场进行旅游产品推介和形象宣传,组织旅游洽谈会,与当地的旅游批发商发展关系和洽谈业务。

三、销售队伍的设计与管理

(一)销售队伍的设计

1. 销售队伍的目标。这项工作要在考虑目标市场的特点、企业本身的条件和营销组合目标等基础上进行。销售队伍的目标通常有:(1)寻找新客户;(2)了解客户情况;(3)向客户推销;(4)提供咨询等服务;(5)进行市场调查和情报收集工作;(6)加强与客户的联系。

2. 销售队伍的结构。销售队伍的结构实际上就是销售力量的安排。旅游业中通常存在四种销售人员的分配方式:(1)按地区分派销售人员,一个地区由一个或几个销售人员负责;(2)按产品结构组织销售队伍,对各种不同的产品,如饭店对其客房产品和餐饮产品,旅行社对其购物旅游和观光旅游,分别安排不同的销售人员负责;(3)按顾客结构组织推销队伍,不同的销售人员负责不同的市场面,如青年旅游市场、老年旅游市场等;(4)复合型销售队伍,由于受销售人员数量的限制,很多旅游企业将以上几种组织销售队伍的方法混合起来使用,构成一种复合型销售队伍结构。每种类型的销售队伍结构都有其各自的优势和不足。

3. 销售队伍的规模。人员推销的效果在很大程度上受销售队伍规模的影响。推销人员组成了旅游企业中最创效益的同时也是成本最高的资产。因此,增加推销人员的数量一般意味着同时增加收入和开支。大多数企业根据客户的数量、规模、重要性以及计划访问次数等所决定的工作量来确定销售队伍的规模。

4. 销售队伍的报酬。对销售人员一般有三种基本的付酬方法：薪金制、佣金制和混合制。薪金制能够使销售人员保持较高的士气，但对销售人员开拓进取的刺激作用不足。佣金制弥补了薪金制的主要缺点，但也可能导致销售人员为追逐直接利益而出现销售上的短期行为。混合制保留了二者的优点又避免了它们的缺点，目前已成为最盛行的报酬制度。

(二)销售队伍的管理

1. 对销售人员的招聘和选择。优秀的销售人员一般应具有两种基本品质：感染力，即善于从顾客的角度考虑问题，能够赢得他人的好感；自我驱动力，即具有达成销售的强烈欲望。仔细、慎重的招聘对减少人员流动率发挥着重要作用。

2. 对销售人员的培训。通过程序化学习、角色扮演、敏感性训练等方式，使销售人员了解企业、产品、目标顾客以及竞争对手的特点，同时要接受推销术方面的训练。例如，很多饭店集团都有推销方面的专家，配合先进的设施和较为成熟的培训方法，对各成员饭店的推销人员进行培训。

3. 对销售人员的指导。对销售人员的指导应集中在制定客户目标和访问标准以及有效支配时间两个方面。前者包括制定对现实的和潜在的客户访问的目标和访问标准。一般的做法是将客户分成几个等级，最高级别的客户需要访问的次数也最多。在支配时间方面主要是协助制订年度访问计划。

4. 对销售人员的激励。销售定额管理、提供良好的组织环境和及时、积极的鼓励是激励销售人员的几种主要方法。销售定额管理使销售人员的报酬随工作绩效上下浮动；良好的组织环境是指重视销售人员的工作，并提供给他们晋升的机会；及时的奖励可以满足他们对成就感的需要。

5. 对销售人员的考评。对销售人员的考评主要集中在业绩的评价和品质的评价两个方面。业绩评价是以销售人员对净利润所作的贡献为依据的综合评价，它包括每天平均的访问次数、每次访问的平均费用、每百次访问增加的销售量、单位推销费用所获得的销售量、本期个人推销量同前期相比的变化、顾客的投诉、失去老顾客和开发新顾客的情况，以及对企业、产品、客户、竞争对手、经营地区和自身职责的了解。对推销人员品质上的评价主要集中在风度、仪表、言谈、气质等方面。

此外，作为一门历史悠久的推销艺术，人员推销已经形成了一些特殊的原则和方法。了解和掌握这些原则和方法对销售人员来说是非常重要的。但必须认识到，没有在任何情形下都有效的推销方法。销售人员只有在基本原则和方法的指导下,根据访问对象、所推销产品的特点等不同的具体情况,依靠自身的知识、能力、推销技巧和经验灵活应变,才能取得良好的销售效果。

第六节 印刷品及电子信息传播

一、旅游印刷品的分类与作用

旅游宣传和促销的目的,是通过信息沟通使潜在旅游者产生旅游动机,并通过提供信息支持使他们达成购买。在旅游促销实践中,人们逐渐发现,旅游印刷品由于其图文并茂、精美大方、可长时间保留、随时提供信息等特点,使其既能提供旅游信息,又兼具实用功能,加之费用较低,因此成为与潜在旅游者联系的重要渠道。一直以来,印刷品的设计、散发和大规模的使用都成为旅游市场营销的一大主要特色。

旅游印刷品(Print)是由旅游目的地营销组织或旅游企业为了将有关信息传递给现实和潜在的消费者,以刺激他们对特定产品的需求或便于他们享受这些产品,而出资制作的各类印刷材料。例如,用于旅游宣传和提供信息服务的旅游线路说明书、目录集、价格表、各种单页宣传品、宣传小册子、旅游报刊杂志,以及提供其他用途的信封、挂历、明信片等,都是旅游印刷品。旅游印刷品是实用性与艺术性的有机结合,是一种用商业设计手段加以表现的、供游客和旅游中间商及其他任何人阅读的印刷品。

旅游印刷品品种多样,根据其使用目的的不同主要可分为三类:

第一类以促销宣传为目的,同印刷品广告相类似,如旅游宣传册、促销性传单、海报、广告招贴画,等等。这类印刷品主要是向目标市场传递产品或服务信息,以引起消费者的购买兴趣或供消费者在选购时参考,它们也成为将无形的旅游服务有形化的重要手段。尤其像旅游宣传册,由于能够提供足够详尽的旅游产品信息,而被潜在消费者等同于有关旅游产品的替代物,它反映着旅游产品的价值和该旅游产品的形象与定位。

旅游目的地营销组织或旅游供应商还会面向旅游批发商和其他团体购买者提供专门的旅游宣传册。在这类宣传册中,对特定旅游产品或服务的介绍往往会更为专业和具体。

第二类以向旅游者提供指南性信息服务为目的,如饭店服务指南、菜单、地图、游览图、航班和列车时刻表,等等。这类印刷品主要是便利游客了解和使用本企业提供的各项产品和服务，强化其旅游服务消费经历，增加顾客满意度，同时争取顾客更多的消费。

第三类是既有实际功能又有促销作用的印刷品，如旅游杂志，既刊登旅游企业和旅游目的地方面的信息，又有游记、旅行须知、生活指南等内容，既能让读者了解信息，也有消遣、娱乐的功能。另外印有企业、度假地和游览场所标志的一些物品，如信封、明信片等，也是既有实用价值，又有促销作用的印刷品。

二、旅游印刷品的策划

在使用印刷品进行促销宣传方面，大多数旅游目的地营销组织和旅游企业最常使用的工具就是旅游宣传册。因此这里也以旅游宣传册为例，对旅游印刷品的策划工作作一简要介绍。

(一)确定目标读者的规模、特征和需要

营销人员需要在市场调研和市场细分的基础上，确定旅游宣传册的目标读者及其规模和需求特征，这是后面一系列策划工作的基础。

(二)明确促销战略和产品定位

在此阶段，营销人员需要将旅游宣传册与广告、网站等促销手段一起加以考虑，使各种促销手段所传递的产品信息与所反映的形象和定位协调一致。如果印刷品在促销预算中占有很大比例，那么它在向目标受众传递特定品牌和产品信息及反映产品形象方面就会起到主导作用。

(三)确定纸张、颜色、排版密度等的选用

旅游宣传册所选用的纸张质量、印刷颜色、排版密度、图片的密度与风格等，要与所确定的产品形象和定位相匹配。如果目标读者是高端市场，那么旅游宣传册就应选用高质量的纸张、低密度的排版、柔和的颜色和烘托主题的图片。

(四)明确所要传递的信息

在此阶段，营销人员需要明确旅游宣传册在本次促销活动中要达到的目的，确定所需传递的各项信息，并根据目标受众的偏好安排这些信息的先后顺序。具体来说，就是要将目标受众最关心或最看重的信息置于最重要或最显眼的位置。

(五)版面设计

版面的综合设计要合理安排各构成要素，使读者的视觉中心集中在主题或宣传中心上。另外，尤其对那些置于供人们自行取阅架子上的旅游宣传册来说，其封面外观是否具有吸引力，决定了它们能否得到关注并引发消费者的阅读兴趣。

在现实中，尤其是大量的中小旅游企业，往往把旅游宣传册的设计和制作外

包给市场上的广告公司或其他专业服务企业。

(六)确定散发方式

只有当足够数量的潜在顾客接收到宣传册时,它才能发挥其营销传播的作用,因此,将宣传册分发到目标读者手中,可能是策划工作当中最重要的环节。由于宣传册的单位分发成本可能轻易就会超过其单位制作成本,因此绝大多数旅游供应商不得不依据成本效率原则对散发方式进行选择。

对旅游供应商而言,可选择的散发方式无外乎两类:一类是现场散发,即在自己的营业场所进行散发;一类是非现场散发。后者包括以下几种具体散发方式:(1)通过直接邮寄的方式散发;(2)在旅游交易会上散发;(3)通过旅游代理商散发;(4)通过游客问讯中心以及公共图书馆散发;(5)通过本国驻外旅游办事处散发;(6)通过有关第三方散发,如旅游景点、娱乐企业通过当地的饭店前台进行散发,旅游企业通过有关社团进行散发;(7)插入报刊杂志中进行散发,等等。

(七)计算成本费用

计算该旅游宣传册的设计费用、制作成本和散发费用,做出预算安排。

(八)时间决策

旅游宣传册需要在适当的时间进行制作和推出,以便有效地发挥其功用。例如,当目标顾客在进行出游决策时,旅游供应商手中必须要有可供分发的宣传品。因此,旅游供应商要在此方面做出时间决策,组织宣传品的制作和散发。

三、电子信息传播

全球的电子信息传播从 20 世纪 90 年代早期开始发展,尤其自 90 年代后期以来更是呈现出爆发式的增长,数字化多媒体信息技术的使用成本不断降低,网站、CDs、录影机、电脑图像、视频文本以及网络移动电话已经越来越深刻地影响着人们的生活。在此背景下,有人预言,旅游业中产品供应商与消费者之间的在线沟通会取代传统上由印刷品所行使的大部分功能。如今,对于频繁重购饭店、租车、航空等旅游服务的商务旅游市场,这似乎已成现实。同时,电子信息传播还能有效地降低传统印刷品所造成的能源浪费。但是,我们也应该看到,传统印刷品在很多方面是电子信息传播渠道所无法取代的,比如它能满足人们对简单、可靠、便于使用和携带的要求,制作精良的高质量印刷品能带给人们视觉享受和价值,人们可以触摸它并向他人展示等等,而这些对于旅游消费者来说都是非常重要的。

第七节　直接营销

一、直接营销的概念和特点

直接营销(Direct Marketing),有时也称为直复营销(Direct-response Marketing),是营销人员通过利用顾客数据库,与目标顾客进行直接沟通,从而获得顾客直接回应的一种促销或营销传播手段。

直接营销近些年来在很多商业经营领域中得到了广泛的应用,也是目前旅游业中的一种重要营销传播手段。在传统的大众传播媒介不再能够有效吸引消费者注意力的背景下,直接营销应运而生,它能够有针对性地将信息传递给不断向着分散化、个性化方向发展的市场。另一方面,信息技术的发展也为直接营销的应用提供了可能的技术支持。

直接营销的主要目标是在深度了解顾客及其行为的基础上与顾客直接沟通,以实现促销预算的有效利用。与传统的营销传播方式相比,直接营销能够更为准确、更为及时地针对目标顾客开展促销工作。首先,营销人员在开展直接营销时,可以根据顾客数据库中的信息选定具体的目标顾客。其次,营销人员可以利用邮寄、电话或网络等渠道与目标顾客进行个性化的沟通。个性化表现在直接营销过程中的很多方面,如在向目标顾客寄发邮件时使用个性化的称谓,提供目标顾客感兴趣的产品的信息,针对重要客户的情况开发或组合特殊的个性化产品或服务,等等。再次,由于直接营销是一种双向沟通方式,因此可以比较容易得到顾客的回馈,旅游企业又可根据顾客的回馈和问询情况采取进一步行动,促使最终实际购买的形成。如有些企业建立起呼叫中心和高效的预订系统,提供有竞争力的顾客服务并对顾客的问询和预订作出快速回应。

二、直接营销的开展方式

顾客数据库构成了直接营销的基础。顾客数据库一般包括顾客的人口统计数据、交换与交易数据、心理记录数据和联络背景数据。其中,交换与交易数据主要包括顾客的购买内容、购买数量和购买频率等信息,心理记录数据主要包括顾客的偏好、特殊要求、期望与满意度等方面信息。旅游企业根据这些详细资料,就可以有针对性地与目标顾客进行个性化的信息沟通。如今,越来越多的旅游企业以及旅游目的地营销组织都建立起自己的顾客数据库,并不断予以有效维护，同时将其作为自己开展营销活动的基础。在发达国家，市场上有一些专门从事收集此类资料的旅游咨询公司，他们以有偿的形式将相关顾客资料提供给各类旅游企业或组织。

对旅游供应商来说，针对目标市场的直接营销方式主要有直接邮寄、电话营销、直接回复式印刷广告、互联网在线沟通，等等。详见表8-4。

表 8-4　与单个消费者直接沟通的直接营销方式

直接邮寄	给以前的顾客
	给目标市场中的已购买者
	借助第三方所有的顾客名单
	对广告引发的问询进行反应
	与相关者联合邮寄
	给经选择的目标家庭，因为他们具有和已知购买者相一致的特征
电话营销	根据目标顾客名单
（通过呼叫中心）	对问询进行反应
上门推销	面向目标客源街区的家庭
与旅游有关的展览会	面向现场的问询者
印刷广告	附有优惠券
	附有回复电话号码，或 800 免费电话
网站及 E-mail	互联网接入以及顾客家中或办公室内的互动电视

资料来源：Victor T. C. Middleton, *Marketing in Travel and Tourism*(3rd ed.), Elsevier Butterworth-Heinemann, 2001.

案例

旅游企业的频访者促销计划

许多公司已经制定了与顾客建立长期联系而不是仅仅创造短期销售量的促销计划。最为常见的措施是频访者促销计划。频访者促销计划奖励那些频繁采购或大量采购的顾客，公司通过与其最具有价值的顾客建立长期的、不断增值的关系，而从这些顾客身上得到更多的终身价值。

美国航空公司是首批实施频访者促销计划的公司之一。这项计划使常客们积累飞行的里程数，并且能够用它们兑换飞机票、较好的座位或其他方面的利益。饭店业很快也开始实施频访者促销计划。假日（Holiday Inn）、马里奥特（Marriott）、凯悦（Hyatt）和希尔顿（Hilton）等饭店集团纷纷推出各自的频访者促销方案，以各种形式的优惠来吸引回头客。常客们在积累到一定的分数之后，就可以得到较好的房间或免费的房间。20 世纪 80 年代末到 90 年代初期，处于经济萧条中的欧洲饭店业尤为突出地将这种办法融进了市场营销策略之中，并成为其中不可分割的一个重要部分。

航空公司和饭店的经营者们丝毫不怀疑这种办法能够有效地增加收入，并在公司和最有价值的顾客之间建立起用其他手段难以实现的个人联系。而消费者也正习惯于在多次光顾了某一家航空公司和连锁饭店之后所得到的一些奖励。频访者促销计划借助于信息技术，使企业极富个性化地区别对待每一位顾客，建立每位客人的档案并对每一位客人给企业带来的价值加以评估。例如对于饭店来说，随着信用式服务卡的出现，饭店可在频访客使用服务卡登记的时候就进行背景资料查询，从而实现诸如个人邮寄服务、餐厅里餐桌的个性化布置或根据其嗜好进行超常规的服务等等。

　　一般情况下，首先实行频访者促销计划的公司能得到最大的利益，而在竞争者有所反应之后，这项计划会成为参加公司的负担。许多顾客参加了竞争者的优惠活动，而公司会发现，他们赠出了许多航班座位、房间，却得不到太多的好处。但即便如此，频访者促销计划仍旧是与顾客建立长期关系的一种重要手段。

思考题

1. 旅游目的地或企业在制定促销组合策略时应主要考虑哪些因素？
2. 试对推动促销策略和拉引促销策略进行比较。
3. 试分析各种主要广告媒介的优点和局限性。
4. 试比较广告和销售促进的异同。
5. 试比较公共关系和广告的异同。
6. 旅游供应商针对旅游消费者、旅游中间商和企业销售人员的销售促进活动各有哪些开展方式？
7. 旅游业中人员推销活动的开展方式主要有哪些？
8. 旅游业中常用的公共关系活动方式有哪些？
9. 旅游企业应如何对销售力量进行安排？
10. 旅游业中直接营销活动的开展方式主要有哪些？
11. 假设一家饭店突发意外不利事件，在这种情况下，饭店应如何减少不利影响，维护自身形象？

第九章 旅游销售渠道策略

学习目的

通过本章学习,明确旅游销售渠道的基本概念与类型以及不同种类旅游中间商的性质与职能,了解旅游供给企业如何选择销售渠道和旅游中间商以及如何对中间商进行管理的有关问题,了解信息技术的发展对旅游销售渠道领域的重要影响。

主要内容

- 旅游销售渠道的概念
  销售渠道 分销渠道 旅游产品销售渠道 销售渠道长度 销售渠道宽度
- 旅游产品销售渠道的类型
  直接销售渠道 间接销售渠道 单层次销售渠道 双层次销售渠道 多层次销售渠道
- 旅游产品销售渠道的选择
  消费者导向原则 经济效益导向原则 旅游中间商 旅游经销商 旅游批发商 旅游零售商 旅行代理商
- 信息技术的发展对旅游销售渠道的影响
  全球分销系统(GDS) 互联网(Internet)

第一节　旅游产品销售渠道的概念

一、销售渠道与分销渠道

旅游产品的流通通常是指旅游产品在旅游企业与最终消费者即旅游大众之间的流通。在旅游营销研究中,经常会看到把"销售渠道"和"分销渠道"视作同义语而不加区分的情况。实际上,两者的内涵严格说来并非完全相同。

旅游产品销售渠道泛指旅游供应商将旅游产品转移至最终消费者手中的途径。其中不仅包括旅游供应商借助于旅游中间商向顾客出售其产品的间接销售途径,和旅游供应商依靠自己力量在其生产地点以外的其他地方向旅游大众出售其产品的直接销售方式,而且包括旅游供应商在其生产现场直接向来访旅游者出售其产品和服务的传统做法。因此,旅游产品销售渠道就是指旅游供应商通过各种直接和间接的方式,将其产品转移到最终消费者手中的整个流通结构。

而对于"分销渠道"这一概念,国外很多有关旅游营销的研究都将其解释为旅游供应商借助于以旅行代理商为代表的中间商将其产品或服务转移至最终消费者的流通过程。在这个意义上,分销渠道指的是销售渠道中的间接销售途径。而按照著名旅游营销学家维克托·米德尔顿的解释,分销渠道是"一个用来向消费者提供在生产和消费现场以外的、方便的销售点和通道的有组织的系统,其成本从营销预算中支付"(Middleton, 2001)。显然,这里所指的分销渠道和上述销售渠道的含义也有差别。

总的说来,销售渠道是一个更加宽泛的概念,或者说,分销渠道是销售渠道的一个重要组成部分。

二、扩充销售渠道的必要性

对于很多传统上独立自营并且只有一个"生产单位"的小型旅游企业来说,其最重要的经营决策便是经营地点的选择.即选址决策。无论是只在一个地方独立经营的小型餐馆、旅馆、娱乐或游览点,还是西方国家中常见的小型租车行或旅行代理商,几乎都是如此。对于这些小型旅游服务企业来说,只要其经营地点选址得当,其产品的销售一般不会有大的问题。由于前来登门购买的顾客可为这类企业提供足够的市场,所以这些企业除了为方便顾客购买可能增设某种直接预订手段外,不用考虑分销问题。对于这些小型企业来说,其经营地点也就是其生产地点、销售地点和接待地点,因而在他们的市场营销中,产品、促销及定价等都是其重要的工作内容,而分销方面的工作却无足轻重。所以,"地点—地点—还是地点"(Location, location and location)这一传统的商业经营黄金法则对于这类小型旅游企业来说至今仍然是成功的真谛。

在当今旅游业的经营中,随着企业规模的扩展和营业量的扩大,企业的选址虽然仍是一个不容忽视的重要问题,但是地点本身已不再是保证足够客源的唯一条件。20世纪80年代中,一些国际饭店公司在欧洲一些主要城市中所作的连续调查,虽然表明饭店的选址在招徕客源方面的作用并未减小,但是大量的事实证明,随着旅游接待能力的扩大和市场竞争的加剧,单靠合适的选址已不能保证企业获得足够的客源,特别是规模较大的旅游企业更是如此。在这种情况下,企业有必要拓宽其销售渠道,从而需要在生产地点以外的其他地方开辟新的销售途径,特别是由于以下一些因素的影响,使得很多旅游企业不得不注意开辟新的流通渠道和销售网点。

1. 企业的经营规模或生产能力的扩大。这不仅表现在集团经营的发展及其所属成员企业数目的增多,而且很多独立企业的接待能力也有了较大的发展。这就要求这些企业扩大其产品销量,否则生产能力的扩大将成为投资的浪费。

2. 企业所在地区内同类企业数量增多,生产和供应能力过剩,从而使市场份额的竞争加剧。在市场需求量有限的情况下,企业必须设法巩固和增加自己产品的市场占有率,否则便会被竞争者挤垮。换言之,即使某一企业的接待能力较过去并未扩大,但由于其所在地同类产品供应总量的增加和竞争的影响,如不采取措施,同样难保其过去的销售量。

3. 企业要实现扩大发展,就需要增加其产品销量。实现产品销量的扩大不可能只靠回头客的购买,更为重要的是要使更多的人成为自己产品的购买者。

4. 随着市场范围变化,很多目标市场所在地同企业所在地之间距离较过去更远,特别是国际旅游市场更是如此。由于旅游产品不可储存这一特点的影响以及国际旅游消费者的购买习惯,旅游企业需要利用各种预订系统扩大提前预订量,而不能过多地依赖即时销售。

所有这些因素都迫使旅游企业营销部门不得不争取更多的需求和更大的产品销量。因此,旅游企业需要在加强促销的同时,扩充销售渠道和增设销售网点,从而使自己的预期顾客能够在较为便利的地点购买自己的产品。除了传统的现场销售以外,这些在生产地点以外扩充的销售途径和增设的销售网点合称为"分销系统"。企业要扩大自己产品的销售渠道,主要工作就是开辟和完善自己产品的分销系统。虽然分销系统的作用很多,但设立这一系统的根本目的在于通过便利消费者购买自己的产品,来扩大销售和增加营业收入。尽管加强广告和其他促销工作在某种程度上也会起到推动扩大营业收入的作用,但实际上促销工作与销售渠道的开辟和完善通常需要相互配合和取得平衡。促销的目的在于刺激和争取更多的市场需求,而开辟和完善销售渠道的目的则是将这些市场需求转化为实际购买。如果没有便利的销售网点将这些需求转化为购买,广告等促销工作所激发起来的市场需求可能转而复失。此外,很多促销活动也往往需要在销售点进行,从这一点考虑也需要扩大销售网点。

三、销售渠道的长度和宽度

在有关销售渠道策略问题的讨论中,人们常常会听到"渠道长度"和"渠道宽度"等术语。旅游产品销售渠道的长与短,通常是指旅游产品从旅游供应商向最终消费者转移过程中所经中间环节的多少。所经中间环节或层次愈多,销售渠道就愈长。假定我国某旅游地饭店大部分住宿产品的销售都是经由国外旅游者→当地旅行社→我国旅行社→该饭店层层预订来实现的,那么这一多层次的销售(或购买)过程便是较长的渠道。反之,如果在企业销售(或顾客购买)其产品的过程中所经的中间环节愈少,则销售渠道愈短。显然,最短的销售渠道是旅游企业不经任何中间环节直接向旅游者出售其产品,这便是所谓的直接销售,简称直销。

所谓销售渠道的宽度通常是指一个旅游企业其销售渠道及产品销售网点的数目和分布格局。其中既涉及经销或代销其产品的中间商的数目,也涉及本企业和中间商面向市场所设销售网点的数目及其分布的合理程度。如果一个旅游企业的销售渠道系统中,经销和代销其产品的中间商很多,并且本企业和中间商根据方便顾客购买的原则在各自目标市场区域内设置了足够数量的销售点,则该旅游企业销售渠道的宽度就很大。反之,如果经销和代销其产品的中间商不多,并且在目标市场区域内所设的销售点也很少,那么该旅游企业销售渠道便属于较窄的渠道。

产品销售渠道长与短、宽与窄的适宜程度不能一概而论,需要视具体企业、具体产品和具体目标市场的情况而定。

第二节　旅游产品销售渠道的类型

著名的市场营销学家菲利普·科特勒认为,任何产品的销售渠道都不外乎以下四种情况,即零层次渠道(Zero level channel)、单层次渠道(One level channel)、双层次渠道(Two level channel)和多层次渠道(More level channel)。所谓零层次渠道是指产品生产者向消费者(或使用者)转移其产品过程中不涉及任何中间环节或中间商的销售途径。单层次渠道是指产品在向消费者(或使用者)转移过程中需经由一个中间环节或中间商的销售途径。双层次渠道是指产品在由生产者向消费者(或使用者)转移过程中需经由两个中间环节或中间商的销售途径。多层次渠道则是指产品在向消费者(或使用者)转移过程中涉及三个及更多个中间环节或中间商的销售途径。这些划分显然也适用于旅游产品的销售渠道。

实际上,如果将上述各种销售渠道根据是否涉及中间环节来划分,可以归纳为两大类:一类是直接销售渠道,另一类是间接销售渠道。

一、直接销售渠道

旅游产品的直接销售渠道是指旅游产品供应商直接向旅游者出售其产品。这也就是所谓的零层次渠道。从世界各地旅游企业的销售实践来看,这类渠道目前有三种可供选择使用的模式。见表 9-1。

表 9-1 直接销售渠道(零层次销售渠道)

基本模式	说明
旅游供应商→旅游消费者(在生产者现场)	旅游消费者上门购买,供应商扮演零售商角色。
旅游供应商→旅游消费者(在客源地)	旅游消费者通过各种直接预订方式购买。
旅游供应商→自设销售网点→旅游消费者(在销售点现场)	旅游供应商在市场区域内拥有自设的零售系统。

(一)旅游供应商→旅游消费者(在生产者现场)

这一模式也就是旅游产品生产者向登门来访的顾客直接出售其产品的传统销售方式。在这一模式中,旅游产品生产者在其坐落地点扮演了零售商的角色。这种销售方式至今仍被很多餐馆、旅游景点、娱乐场所等旅游企业所采用。此外,这一销售模式还常见于饭店和汽车租赁行等旅游企业。

(二)旅游供应商→旅游消费者(在客源地)

这一模式传统上是指消费者通过电话、电传等通讯方式向旅游企业预订其产品。这种做法应用很广,近年来随着现代信息技术的发展和推广应用,这一模式有了新的扩大。很多旅游企业都已开始借助互联网和计算机预订系统直接向消费者出售自己的产品。消费者坐在家中或办公室里便可通过这类联网设施向旅游企业征询和预订其产品。在这一模式中,旅游产品生产者通过电子媒介扮演了零售商的角色。目前,通过计算机预订系统进行销售的做法尤其常见于集团化经营的饭店、航空公司和经营包价旅游的大型旅游公司,而通过互联网的在线预订和销售在各旅游经营领域都已变得越来越普遍。

(三)旅游供应商→自设经营的销售网点→旅游消费者(在销售点现场)

这一模式是指旅游产品生产者通过自己在目标市场设立销售网点,面向旅游大众出售自己的产品。由于这些销售网点是旅游产品生产者自设的零售机构,因而仍然属于直接销售模式。这一销售模式在不少旅游企业中都可见到。例如,铁路公司和一些航空公司往往在很多地方设有自己的售票处或订票处;汽车租赁公司在其经营区域内设有自己的租车服务处;饭店连锁集团通过其成员饭店之间相互代理预订来方便顾客购买;一些规模较大的旅游公司,如托马斯·库克公司,在很多市场区域中设有自己的零售网络,面向预购顾客直接销售。总之,这一销售模式的特点是该旅游企业在市场区域拥有其自设的零售系统。

20世纪80年代中期以来,电子计算机技术在旅游问讯和预订方面的发展和普及,为旅游企业在其主要市场范围内扩大同顾客的直接接触提供了技术条件。加之很多旅游企业不愿再因向中间商支付佣金而削弱自己产品在价格上的竞争力,直接销售已成为很多旅游企业在经营实践中积极探索的领域。例如,在20世纪80年代中期,托马斯·库克公司决定在英国市场上取消大约2 000家旅行代理商对该公司产品的销售代理权,而完全由该公司在英国各地自设的414个零售点进行销售。此举不但可使该公司每年节省大约300万至400万英镑的佣金,而且使该公司能够以较低的"出厂价"面向大众直销其产品。在美国,从20世纪90年代后期开始,航空公司就在不断缩减向旅行代理商支付的佣金,而更多地依靠对顾客的直接销售。如今美国许多大型航空运输商都停止了向旅行代理商支付基本的佣金,低价航空运营商更是大量地依赖于在线销售。此外,直接销售也使旅游供应商排除了中间商的某些不良行为的干扰,使价格和服务质量方面的控制更为可靠和有效。

二、间接销售渠道

虽然直接销售有很多优势,并普遍被认为是旅游业未来的经营发展方向,但对于在旅游业中占大多数的中小旅游企业来说,它们既没有足够的资金实力组建自己的计算机预订系统,也无力在客源地发展自设的销售网点,同时特别是由于消费者行为习惯等因素的影响,目前通过互联网实现的预订量仍然比较有限。因此,通过与旅游中间商展开合作来拓宽本企业的销售渠道,仍旧是很多旅游供应商的营销策略选择。正像在20世纪90年代后期就有人预测旅行代理商必将伴随着信息技术的发展而走向消亡,但现实却是旅行代理商至今仍然生存得很好一样,旅行代理商的专业性使得其即便在互联网日益普及的情况下,依然受到众多消费者的青睐。它能节省顾客用于网络搜索的时间,帮助顾客更加高效地在互联网和自身的计算机预订系统中搜索较低的报价,并为顾客提供个性化的服务和大量可供选择的建议。

旅游产品的间接销售渠道就是指旅游产品供应商借助中间商将其产品最终转移到消费者手中的流通途径。所谓中间商是指从事转售旅游企业的产品、具有法人资格的经济组织或个人。他们大都是各种各样的旅行社和旅游经纪人,如旅行代理商、旅游经营商、旅游批发商、会议组织者、奖励旅游组织者,等等。按其业务性质和经营方式进行类别划分,旅游中间商中有的属于经销商,有的属于代理商,有的属于批发商,有的属于零售商,有的则集数种角色于一身。

在旅游产品的间接销售渠道中,按照所经中间环节的多少,也可划分出数种不同的模式。见表 9-2。

表 9-2 间接销售渠道

基 本 模 式	说 明
旅游供应商→旅游零售商→旅游消费者(在旅游零售商经营现场)	亦称单层次或一层次销售渠道。旅游供应商向旅游零售商支付佣金。
旅游供应商→旅游批发商→旅游零售商→旅游消费者(在旅游零售商经营现场)	亦称双层次或两层次渠道。旅游供应商只同旅游批发商有直接业务联系。
旅游供应商→本国旅游批发商→外国旅游批发商→旅游零售商→旅游消费者(在旅游零售商经营现场)	亦称三层次或多层次渠道。常见于国际旅游业。

(一) 旅游供应商→旅游零售商→旅游消费者(在旅游零售商经营现场)

这种模式是指单层次或一层次销售渠道。其中间商主要是指从事旅游零售业务的旅行代理商和其他代理预订机构。这一模式在西方国家旅游业中曾经使用得非常普遍。除了旅游批发商完全是通过这一渠道进行组团外,其他众多旅游企业如饭店、航空公司、游船旅游公司等,也都将这一渠道作为自己销售产品的主要渠道。传统上,这一模式的最大特点是旅游供应商需向代销其产品的旅游零售商支付佣金或手续费。但正如前所述,互联网的发展与普及为旅游供应商提供了绕过代理商并直接对顾客进行销售的可能,西方国家的航空公司率先改变了对旅行代理商的传统佣金制度。以美国的旅行代理商为例,为了弥补其在代理航空票务方面的佣金损失,目前几乎所有的旅行代理商都对代订机票采取向顾客收取服务费的形式。

在我国旅游业中,这一销售模式虽然不像在西方国家中那样普遍和典型,但实际上也是存在的。例如,很多大专院校中设有订票室,代理预订各种交通票据,不少旅馆和饭店也开展同类业务。很多旅行社不但可代理订购交通票据,而且可代订饭店客房、代办租车等等。我国有关企业和机构在代理这类业务中,多是向顾客收取手续费。正因如此,这些事实上的旅行代理商同被代理企业之间一般也没有严格的合同和重大的经济利害关系。随着我国旅游业的发展和旅游散客规模的不断扩大,上述单层次销售渠道的运用可望会有新的突破和发展。

(二)旅游供应商→旅游批发商→旅游零售商→旅游消费者(在旅游零售商经营现场)

这一模式中包括了两个层次的旅游中间商,故称双层次或两层次销售渠道。其中第一个中间层次的旅游批发商通常是指从事团体包价旅游批发业务的旅游公司或旅行社。他们的主要业务是通过大批量地购买航空公司、饭店、观光景点以及接待旅行社等有关旅游企业的单项旅游产品,将这些产品按日程编排成包价旅游线路或包价度假集合产品即整体旅游产品,然后通过旅游零售商出售给旅游者。在西方国家的旅游业中,从事这一业务的旅行社主要有两类,一类是纯粹经营上述批发业务的旅游批发商,他们从不直接面向广大公众出售其包价产品,而完全通过旅游零售商进行销售。再一类则是所谓的旅游经营商,他们同上述纯粹批发商的唯一不同之处,在于他们一般都有自己经营的零售网。因此,他们除了同其他旅游批发商一样通过独立的旅游零售商出售自己组织的包价旅游产品外,还可通过自己经营的零售机构直接面向广大旅游消费者出售旅游产品。

这一渠道模式的主要特点在于旅游供应商在同旅游批发商进行价格谈判的基础上,将其产品批量销售(或预订)给旅游批发商,然后再由旅游批发商委托旅游零售商出售给最终消费者。这种销售渠道也是西方国家旅游业中较为流行的销售方式之一,尤其常为度假地饭店、假日营地、包机公司等旅游企业所采用。在我国旅游业中,这种销售渠道的采用尚不普遍,主要原因在于我国的旅行社并不像欧美国家旅行社一样存在着批发和零售这种垂直分工形式。但目前在我国出境旅游业中,已经有了这种渠道模式的具体表现。地处主要口岸或中心城市的、实力雄厚的出境组团旅行社在出境旅游业务经营中占据绝对优势地位,而那些没有地缘、品牌和实力优势的组团社往往把组到的客源转给前者,实际上成为前者在国内其他客源地区的代理商。当然,如果把我国从事入境团体包价旅游的旅行社也视为旅游产品生产者,那么这种销售渠道无疑是我国旅行社出售其入境团体包价旅游产品的主要渠道了。

(三)旅游供应商→本国旅游批发商→外国旅游批发商→旅游零售商→旅游消费者(在旅游零售商经营现场)

这种三层次(或多层次)销售渠道仍是目前我国入境旅游业中面向消遣型海外旅游市场开展经营时广泛应用的渠道模式。我国多数旅游企业由于自身经济和技术实力的限制以及国际市场地区经营环境因素的影响,尚难以去海外客源地设立自己的直销网点,或同外国旅游零售商直接合作和签订代理业务合同。因此,我国的旅游生产企业面向消遣型海外旅游市场销售产品的主要途径,除了利用互联网在线销售以外,通常是在价格谈判的基础上,将各单项旅游产品批量发售(预订)给我国的旅行社。这些旅行社将这些单项旅游产品编排组合成团体包价旅游产品(整体旅游产品)后,通过外联谈判批发给客源国的旅游批发经营商。这些旅游批发经营商在对包价旅游产品重新定价后,作为自己的产品,委托客源市场当地的旅行代理商和其他零售代理机构向旅游消费者出售。在大多数情况下,这些旅游批发经营商也向团体购买者销售包价旅游产品。如果旅游批发经营商本身设有自己的零售机构,则除了委托独立的旅行代理商销售这些包价产品外,自己也同时担任零售商的角色。

除此之外,在旅游业中,面向某些团体购买者或市场的旅游产品分销渠道还包括其他一些内容,比如饭店和航空公司等旅游企业通常设立"秘书俱乐部"并不断予以维护,景点和饭店等企业通常也会与学校、俱乐部、社团、行业协会等组织团体建立起某些特殊联系。这些组织机构虽然并非通常所指的旅游产品分销过程的组成部分,但它们在实质上与前述旅游分销商并无区别。

以上所述只是中外旅游业经营中较为常见的销售渠道的主要类型和基本模式。绝大多数旅游产品生产者所选用的销售渠道都不只一种,特别是规模较大的旅游生产企业往往同时选用多种模式的销售渠道。在这种情况下,如何选择和建立自己的销售渠道结构也就成为市场营销工作中的一项重要课题。

第三节 旅游产品销售渠道的选择

一、选择销售渠道的基本原则

作为市场营销工作的重要组成部分,销售渠道的选择同市场营销的基本观念一样,也要实行消费者导向和经济效益导向同时并举的原则。

(一)消费者导向原则

这里所谓的消费者导向主要是指方便顾客购买。生产符合市场需要的旅游产品、制定能够并乐于为市场所接受的产品价格以及有效地开展旅游促销工作,无疑在营销工作中都是十分重要的。但是即使这些方面的营销工作都做得很好,而在销售渠道方面忽视了消费者的需要,那么这些营销工作的最终效果便会大打折扣。旅游业的经营实践表明,有些旅游企业乃至旅游目的地经营效果欠佳并非因其产品本身存在问题,也不是因其产品价格不具有竞争力或者对市场缺乏了解,而是因为消费者难以在方便的时间和方便的地点顺利地购买这些产品。我们知道,当今的旅游业是一个竞争激烈的行业,很多旅游企业乃至旅游目的地都在提供同类的产品,这些产品无疑成了彼此相互替代性很强的产品。在其他方面相同的情况下,如果在便利消费者购买方面落后于竞争者,则势将被竞争者的产品所取代。所以,能否便利消费者购买也就成了选择旅游产品销售渠道时必须考虑和遵循的一项基本原则。

(二)经济效益导向原则

为旅游产品选择销售渠道时,除了要考虑上述有效性之外,还要考虑组建和维持使用这些渠道的成本效益。正如一些西方学者所指出的那样,一个旅游企业或目的地产品的"销售渠道并非是随便形成的,而是旅游产品生产者经过认真计划而开辟和组建的,并且需要以营销人员的巡访、提供文件资料和宣传品、建立计算机联网以及其他方式经常性地加以维持"(V. Middleton,1994)。这意味着销售渠道的开辟和维持需要支付一定的费用。20世纪90年代中期以前,渠道成本一直是大型旅游企业营销预算中开支最大的一部分。这也部分地解释了目前越来越多的旅游供应商之所以热衷并投资于因特网的原因。

如果旅游企业自身的经济实力不足以支付开辟和维持某一销售渠道所需的费用,则这一渠道显然不具选择意义。问题是面对众多可供选择的销售渠道应如何去遵循经济的原则进行选择。如果某一销售渠道所能带来的销售收入不能补偿其维持费用,则这一渠道无疑是不经济的渠道。若某一销售渠道所带来的销售收入虽能补偿其维持费用,但扣除成本之后几无剩余,则这一渠道同样也是不值得选取的。只有那些不但能够带来一定的销售收入,而且在扣除其维持费用之后能够使本企业的经营利润得以增加的销售渠道,才是值得考虑选取的渠道。所能带来的销售收入越大,利润越丰厚,则成本效益越高,从而也就越值得选择。这便是选择销售渠道时应遵循的经济效益原则。

总之,方便顾客购买的原则和经济效益原则是市场营销导向在销售渠道选择工作中的具体体现。前者着重反映的是其在竞争条件下的必要性,后者主要反映的则是选择渠道的可行性。实际上,这两个方面不仅是选择销售渠道的基本原则,而且可以进一步演化出衡量旅游产品销售渠道优劣的主要标准,即高效率和低费用。

二、影响渠道模式选择的因素

从以上介绍的旅游产品销售渠道的类型和主要模式中不难看出,旅游企业所采用的销售渠道模式往往随着企业类型和规模的不同而多有差异,而且经营规模较大的旅游企业往往同时采用多种不同模式的销售渠道。旅游企业在选择销售渠道模式时,除了需要遵循消费者导向和经济效益导向两项基本原则之外,还需考虑很多具体因素的影响。影响旅游企业选择销售渠道模式的因素主要有以下几方面：

(一)产品因素

影响销售渠道模式选择的产品因素主要有两个，其一是产品的性质和种类，其二是产品的档次和等级。旅游行业的实践及其成功程度表明，旅游景点、娱乐企业、餐馆、铁路公司、汽车客运公司、出租汽车公司和汽车租赁公司等旅游企业几乎无一例外地都以直接销售作为其产品销售的主渠道。反之，旅游批发商、游船公司、包机公司则大都以间接销售作为其产品销售的主渠道。就当前不断发展的在线直接销售的情况来看，较为简单的旅游产品如住宿、交通等产品要比复杂的旅游产品如旅游线路更容易实现线上的直接预订与销售。

产品档次对销售渠道模式的影响，主要表现在高档次产品因其价格昂贵而使其市场相对较小，且其消费者多为回头客。因此，经营这类高档产品的旅游企业除了使用直接预订这一直销模式外，在采用间接销售时往往选择尽可能短的渠道模式。

(二)企业自身因素

旅游企业对销售渠道模式的选择也会受企业自身很多因素的影响，如企业的经营规模或接待能力以及企业自身的营销实力。旅游业实践表明，大型旅游企业多采取多种销售渠道并存的策略，这在很大程度上是因为规模决定着企业实现盈利所需的客源量，大型旅游企业所需实现的销售量大，因而往往需要有较多的销售渠道去争取足够的客源。以一个大型集团饭店为例，它可采用的销售渠道往往包括：[①]

销售网点(成员饭店及有合作关系的单体饭店)，促销和分销其他饭店的产品；

与中心预订系统相连的呼叫中心，对营销沟通做出回应；

饭店销售代表；

旅游经营商；

旅行代理商；

商务旅行代理商及会议经纪人；

与特定数量的组织客户签订合约，为其提供服务(如接待航空公司的机组人员，满足政府机构或当地企业的日常住宿需要)；

用以激励顾客重复购买的特权用户卡(Privileged user card)；

---

① Victor T. C. Middleton, *Markeing in Travel and Tourism* (3rd ed.), Elsevier Butterworth Heinemann, 2001, p. 297.

旅游信息网络；

第三方销售（如可能为会员提供折价券的汽车俱乐部）；

网站，供最终消费者直接预订，也供其他中间商使用；

在线旅行服务公司。

小型旅游企业则多采用直接销售的做法，这是因为其所需要的客源量相对有限，加之小型旅游企业的顾客中有相当一部分是回头客，因此通过直销方式便可能解决销售量问题。近年来一些小型旅游企业也建立起自己的网站，为国际旅游市场提供低成本的信息和预订服务。

旅游企业自身的营销实力主要涉及其营销预算及营销人员的水平和管理经验。如果一个旅游企业其营销工作的资金实力雄厚，并且营销队伍和管理经验方面的条件也比较好，则它能根据自己的意愿自由选择理想的销售模式和销售渠道。

（三）市场因素

影响销售渠道模式适用程度的市场因素是多方面的，其中主要的因素包括消费者市场的规模、消费者市场与旅游产品生产者之间的空间距离以及消费者市场的集中程度。

一般地讲，市场规模越大，所需要的销售网点也就越多，旅游产品生产者自身就越难以满足消费者方便购买的需要。因此，旅游产品生产者有必要开辟间接销售渠道，借助中间商的力量去组织客源和扩大销售。反之，如果目标市场规模较小，如高档市场，则比较适合采用直接销售，即使采用间接销售，亦应选择短渠道。

客源市场的远近也会影响销售模式的选择。如果客源市场所在地距旅游产品生产者较远，如国际客源市场，则适宜采用间接销售渠道。这不仅因为采用计算机预订系统和前往市场所在地自设销售网点的费用很大，一般企业不堪重负，而且还因为中间商对该市场的了解更为清楚，推销工作中的障碍（如因语言及价值观念和行为习惯的不同而可能导致的误解等）比较小。如果客源市场区域距离旅游产品生产者比较近，则意味着不仅旅游产品生产者比较容易向潜在顾客施加影响，而且潜在顾客也往往能比较方便地直接向旅游生产者购买其产品，因此，采用直接销售渠道比较适宜。

客源市场的集中程度虽然涉及客源市场区域的数量及其分布状况，但在这里更重要的是指某一市场区域中潜在顾客的集中程度。在潜在顾客比较密集的市场区域，一般适合于借助当地旅游零售商的力量建立一层次销售渠道，而不必增加旅游批发商的参与。如果某一地理区域内的客源市场比较分散，则宜同该地区的旅游批发商建立业务联系，由旅游批发商去物色和组织旅游零售商或利用自己的零售网,面向潜在旅游者进行销售。

需要指出的是,全球信息技术的高速发展,已在很大程度上削弱了市场因素对于旅游企业选择销售渠道的限制与影响。

三、销售渠道的选择策略

销售渠道的选择策略是指根据选择原则和有关影响因素进行销售渠道决策的考虑。旅游产品销售渠道的选择策略可归纳如下:

(一)销售渠道长度策略

如前所述,销售渠道长度通常取决于旅游产品从生产者(或供应者)向最终消费者转移过程中所经中间层次的多少。所经中间层次愈多,则销售渠道愈长。因此,销售渠道长度策略就是要对选取何种长度的销售渠道进行决策,即是选用直接销售渠道还是选用间接销售渠道;如果是选用间接销售渠道,那么选用有几个中间层次的间接渠道为宜,等等。

一般地讲,在条件允许的情况下,短渠道优于长渠道。这主要是基于以下一些原因:首先,就消费者心理而言,直接销售意味着旅游企业以"出厂价"销售其产品,因而价格比较便宜。这是消费者大多希望直接预订或购买的主要原因。其次,从旅游产品流通的实际情况来看,在通过间接渠道的销售中,旅行代理商要向被代理的旅游企业收取佣金,旅游批发商则要在批发价格基础上加价出售。前者无疑会减少有关旅游企业的收入,后者若加价过高则会影响有关旅游企业产品的市场占有率。此外,中间层次的增加,不仅会影响旅游产品生产者与旅游消费者彼此之间信息沟通的速度,甚至有可能因中间层次的原因而发生信息误导。

美国的《旅行代理商》杂志在 20 世纪 90 年代曾委托一家老资格的调查公司专门就旅行代理商对旅游者的影响程度作了一次调查。调查结果显示,在被调查的旅游者中,大约有 97% 的人在外出旅游前都曾去旅行代理商处咨询和预订。在旅行代理商向来访者推荐航空公司的产品时,有 83% 的人接受其建议,其中有 13% 的人根据旅行代理商的建议改变了自己原打算乘坐其他航空公司班机的计划。在被调查的饭店产品消费者中,有 44% 的人是按旅行代理商的推荐选住饭店的。在事先曾打算住某一饭店的购买者中,有 21% 的人在旅行代理商的建议下改变了主意,转而去旅行代理商推荐的饭店。在向旅行代理商询购包价旅游产品的消费者中,有 28% 的人事先并无去何处旅游以及购买哪一包价产品的具体打算,而是征求旅行代理商的建议……即使在今天,旅行代理商的零售代理业务虽然受到了以互联网为代表的信息技术发展的冲击,但这种为顾客提供建议和咨询的功能却没有被削弱。如果旅游中间商没有优先或没有努力推荐某一旅游企业的产品,或者有意回避推荐某一旅游企业的产品,则会给该旅游企业的产品销售带来不利的结果。反之,如果一个旅游企业拥有自己经营的旅行代理网点或有与消费者直接沟通的渠道,则必然会增强自己在争取客源和产品销售竞争中的实力。

(二)销售渠道宽度策略

销售渠道的宽度可以从双重意义上去理解。它一般是指销售某企业旅游产品的零售网点的数目和分布广度,其中既包括自设网点,也包括代销网点。另外也常指直接经销和直接代销某企业旅游产品的中间商的数目。直接经销和代销其旅游产品的中间商越多,该旅游企业的产品销售渠道也就越宽,反之则越窄。一个旅游企业在选定产品销售渠道模式的基础上,还需要对所选渠道的宽度进行考虑。因此,销售渠道宽度策略即指就零售网点的数目及其地域分布,特别是就选用中间商数目等销售渠道问题所进行的决策。旅游业中常见的销售渠道宽度选择策略有两种,即无限制选择策略和限制性选择策略。

无限制选择策略,通常是指旅游企业为了扩大其产品销路而广泛选用旅游中间商的经营策略。这一策略的特点是在使用旅游中间商时不加任何选择,只要对方愿意经销或代销其产品并接受双方商定的利益条件,便可成为销售该产品的旅游中间商。这种策略常为西方国家中的航空公司和汽车租赁企业所采用。他们一般都准许各旅行代理商或其他零售机构代理销售其产品。当然,他们往往根据自身的营业实力和对有关中间商的重视程度,具体确定付给不同中间商的佣金水平。此外,西方国家中的饭店企业在借助中间商销售其住宿产品方面一般也奉行这一策略。但这仅限于销售其正常价格的标准产品,对于其提供的特别组合包价产品或特价优惠产品则往往通过指定的代理商和本饭店自己进行销售。

限制性选择策略,通常是指旅游企业根据自己的销售实力和目标市场分布格局,在一定的市场区域范围内,挑选少数旅游中间商经销或代销自己的产品。这种策略尤其适用销售价格较高或数量有限的旅游产品。

(三)旅游中间商选择策略

旅游企业在采用间接销售渠道时,要解决好两个问题。其一,中间商的目标市场与本企业的目标市场是否一致,如会议及奖励旅游产品生产者就应选择专业会议及奖励旅游组织者作为中间商。其二,这一销售渠道的专业水平,其中包括这一销售渠道能否在恰当的时间和地点将本企业的产品信息传递给目标市场,这一销售渠道能否为旅游消费者提供方便的购买地点,以及能否提供良好的客户服务。这些问题的解决很大程度上取决于所选旅游中间商的质量。因此,在讨论有关选择策略之前,首先要对旅游中间商有所认识。

1. 旅游中间商的概念和类型

所谓旅游中间商是指从事转售目的地旅游企业的产品、具有法人资格的经济组织或个人。旅游中间商的类别很多,按其业务方式,人们多将其划分为旅游批发商和旅游零售商两大类。前者为一般不直接服务于最终消费者的旅游中间商,后者为直接面向广大公众从事旅游零售业务的中间商。根据不同旅游中间商的经营性质,人们又可将其划分为经销商(Distributor)和代理商(Agent)。所谓经销商是指那些在转售旅游生产者产品过程中,拥有产品"所有权"的旅游中间商。旅游批发行业中的旅游批发商和旅游经营商大都属于这类经销商。所谓代理商则是指那些只接受旅游产品生产者或供应者的委托,在一定区域内代理销售其产品的旅游中间商。

2. 旅游中间商的职能和作用

(1)旅游批发商的职能和作用。旅游批发商就是从事批发业务的旅行社或旅游公司。他们通过签订合同的方式从航空公司、饭店及其他单项旅游产品供给企业批量订购其产品,经过自己加工组合后以包价旅游这一整体产品形式进行经营。作为经销商,其利润来自其包价产品的成本加价。这同其他行业的经销商没有什么区别。

旅游批发商往往根据目标市场、旅游目的地或者所采用的交通运输方式来组织自己的经营。例如,有的旅游批发商只经营某些特定的目标市场(如民族团体或体育爱好者市场),有的旅游批发商的经营则面向大众市场;有的旅游批发商专门经营到世界上某些特定地区去旅游,有的则广泛经营各流行目的地的包价产品;有些旅游批发商专门借助某一种交通运输工具组织包价旅游(例如汽车旅游),但绝大多数旅游批发商的包价旅游产品中都涉及航空旅行。在选择旅游批发商为中间商时,了解这些情况显然是非常必要的。

旅游批发商经营其包价旅游产品时,涉及三方面的工作。其一是旅游线路的筹划,其二是线路产品的推销,其三是旅行团队的组织与管理。从中我们可以看出旅游批发商在旅游目的地或旅游产品生产者销售渠道中具有以下一些作用:

第一,整体旅游产品的组合者。旅游批发商之所以能够成为众多旅游企业产品销售渠道中的一员,是因为能够吸纳众多的单项旅游产品,并将这些单项旅游产品组合成整体性的包价旅游产品,从而便于满足旅游消费者对一次全程旅游活动中各种旅游服务的需要。特别是在国际大众旅游市场中,如果没有人去组装和提供这种整体旅游产品,很多旅游生产者的产品销路就将受到限制。

第二,促销活动的分担者。旅游批发商的经营性质是经销而不是代理,他们需要批量订购各有关旅游企业的单项产品,并将其组合为一次全程旅游的整体产品进行销售。因此,旅游批发商是备有"存货"的。在拥有存货的压力下,旅游批发商势必会承担这些产品的促销工作,否则这些存货的价值将会随着时间的推移而丧失并永远无法追回。就旅游批发商批量订购有关旅游企业的产品而言,旅游批发商在旅游目的地是有一定的投资的,因而他们开展促销活动虽然主观上是为了能够顺利售出其拥有的产品,但客观上也分担了推销宣传有关旅游目的地的工作。旅游批发商的这一作用不仅有助于节省旅游供给企业和旅游目的地的营销资金和人力,而且因其地利和经验,会比旅游供给企业自行促销效果更好。

第三,销售渠道的合作组织者。旅游批发商既是旅游生产者销售渠道中的一员,也是旅游生产者销售渠道的合作组织者。在双层次和多层次销售渠道中,旅游生产者一般只同旅游批发商发生直接业务关系,如何通过旅游零售商向市场大众出售这些产品则由旅游批发商进行组织。因此,旅游批发商的销售渠道也就成了旅游生产者销售渠道的一体化组成部分。旅游批发商的这一作用无疑有助于旅游生产者节省其产品销售网点的维持费用。

(2)旅游零售商的职能和作用。旅游零售商是直接面向广大公众从事旅游零售业务的中间商。旅游零售商的经营性质一般是代理销售有关旅游企业的产品。在对旅游零售商的研究中,人们通常都以旅行代理商为代表。

旅行代理商的主要职能是,在其所在地区代理旅游批发商和提供行、宿、游等旅游服务的旅游企业向顾客销售其产品。从另一角度也可以说旅行代理商是代表顾客向旅游批发商及上述旅游供给企业购买其产品。具体地讲,旅行代理商的零售业务一般包括:为旅游消费者提供旅游咨询服务,代客预订、代办旅行票据和证件,向有关旅游企业反映顾客意见,等等。此外,有些旅行代理商也兼营为顾客安排旅游项目和线路的业务,或者根据自己对市场需求的了解,小规模地组织和推销自己的包价旅游产品。

旅游零售商的主要作用包括:

第一,对旅游消费者购买决策的影响作用。旅游零售商在帮助人们选定旅游计划和选购旅游产品方面具有很大的影响作用。很多调查研究结果表明,旅游零售商的这一作用并未因现代信息技术的发展而削弱。以北美的情况为例,在旅行代理商所接待的顾客中,有40%多的人对自己要去何处旅游通常只有一个大致的想法。他们可能已决定要去世界上某一地区旅游,但具体去哪一个旅游目的地往往尚未拿定主意,因而需要并且愿意寻求旅行代理商的指导。事先已选定旅游目的地的顾客也往往就具体的问题寻求旅游零售商的建议和指导,如选择哪条旅游线路,选住哪些饭店以及购买哪种包价旅游等等。旅游零售商对消费者选择决策的影响力是相当大的,不仅对消遣型旅游者的影响是如此,而且对差旅型顾客的旅行安排也有一定的影响。差旅型旅游者的目的地虽然已定，但在具体旅行安排问题上，他们也往往征求旅行代理商的指导和建议。例如，据北美的有关调查，商务旅游者成行之前就选择航空公司、饭店、租车公司以及旅行线路等问题请教旅行代理商者亦超过1/3。

第二，传播销售信息的重要阵地。旅游产品供应商的很多促销活动都是在销售点开展。尽管旅游产品供应商同地处客源地的旅游零售商之间有时并不存在直接的业务关系，而是通过旅游批发商将两者联系起来，但只要零售商所代销的旅游产品中有自己的产品，旅游产品供应商都会积极向这些零售商提供自己的产品宣传册和有关信息资料，因而旅游消费者可以从旅游零售商那里获得各种旅游信息。但这并不意味着旅游零售商可以分担旅游供应商的促销工作。由于旅游零售商没有"存货"，不存在因产品积压而招致亏损的问题，所以他们一般不会拿出自己的资金去分担他人产品的促销工作。这一点同旅游批发商是完全不同的。

第三，方便购买的销售点。旅游零售商地处客源市场所在地，并且大都坐落于当地城镇的繁华地段，从而起着方便购买的销售点作用。除了地点上的方便之外，旅游消费者还可通过旅游零售商一次性地同时预订行、宿、食、娱等单项旅游产品，并且一次性地向旅游零售商支付，从而可以简化手续和时间。

3. 旅游中间商选择策略

从旅游产品生产者角度看，对旅游中间商的质量评价最终取决两项标准，一是其售出产品的数量或销售额，二是本企业为维持这一渠道所必须支付的费用。这一费用标准可以用单位销售量费用（即该渠道费用额/该渠道销售量）或单位销售额费用（即该渠道费用额/该渠道销售额）来表示。前者是指在一定的理想销量前提下，旅游中间商每输送一名顾客，本企业所付出的平均流通费用；后者是指在一定的理想销售额前提下，本企业通过旅游中间商每增加一个单位销售收入所平均付出的渠道费用。

但是，上述的终极标准往往要对某些旅游中间商选用一定时期之后才能有效的使用，其意义在于根据评价，巩固和发展同效率高的旅游中间商的合作关系，淘汰效率低的旅游中间商。因此，如何事先对将与之建立业务关系的旅游中间商进行质量估计，在选择旅游中间商工作中具有更为现实的意义。

由于旅游中间商的类别不一样，并且各旅游中间商在目标市场、经营规模、营销实力、偿付能力、信誉程度和合作意愿等方面不尽相同，因此在评估候选旅游中间商的质量时，至少应考虑以下一些因素：

（1）目标市场。经销商的目标市场或代理商所联系的旅游消费者必须同本企业产品的目标市场相一致。

(2)经营地点。经销商的零售渠道或代理商的营业地点应在本企业目标市场人群相对集中的地区或地段。

　　(3)经营规模。旅游中间商的规模大小意味着销售网点的多少。因此在其他条件相同的情况下,应优先选择经营规模较大的旅游中间商。

　　(4)营销实力。这方面涉及的内容很多,主要包括旅游中间商的人力、物力和财力状况,服务质量,销售速度以及开展促销和推销工作的经验和实力等等。这方面的评价可根据所能得到的二手资料进行,并按评价结果排列有关中间商的顺序。

　　(5)偿付能力和信誉度。由于从事代理零售预订业务的旅游中间商一般不存在偿债问题,因而这方面的评价主要是针对经销商而言。所选的经销商应有可靠的偿付能力和履行合同的信誉。这方面的情况一般可从有关的银行机构或通过特别调查进行了解。

　　(6)维持费用。为了建立和维持同该旅游中间商的合作关系,旅游供应商需提供哪些方面的支持和援助,所涉及的费用有多大,旅游供应商能否负担或者是否值得负担等等,这些问题都应予考虑。如果对方是从事零售代理业务的中间商,则还需要考虑对方对佣金率的要求。

　　(7)合作意愿。旅游产品供应者同旅游中间商之间的合作实际上是一种双方情愿的关系,在旅游产品供应者选择旅游中间商的同时,旅游中间商也在选择旅游产品供应者。在很多情况下,虽然旅游产品供应者认为某旅游中间商是最佳选择对象,而该旅游中间商却不一定认为该旅游产品供应者是其值得合作的伙伴。因此,在选择旅游中间商时,所选取的对象必须具备愿意与本企业合作的诚意,特别是同时为多家同类旅游产品供应者代理零售业务的中间商更是如此。

　　总之,选择中间商是旅游企业在开拓销售渠道工作中必须加以认真对待的课题。这不仅需要有战略的眼光,而且需要有务实的精神,只有真正做到知己知彼,才有可能获得理想的旅游中间商。

四、加强销售渠道的管理

　　销售渠道的管理既包括对间接销售渠道的管理,也包括对直销渠道的管理。这里,我们只就间接销售渠道的管理问题做些基本讨论,即如何提高中间商的合作积极性以及如何调整同中间商的合作关系。

　　在旅游分销渠道中,各方的联合往往是一个不稳定的联盟。这主要因为参与其中的各方动机不一。在双层次或多层次旅游销售渠道中,虽然目的地方面的旅游企业希望得到旅游者,但他们并不直接付佣金给旅游零售商。旅游批发商之所以能够积极推销某旅游目的地的产品,是因为他们已经签约订购了该地旅游服务企业的产品。旅游零售商在旅游目的地没有投资或者说没有自己的产品库存,因而从理论上讲他们没有压力去努力推销。他们之所以愿意并积极推销某一旅游产品,主要是为了得到较高的佣金。

就国际旅游而言,很多人都认为其中的旅游批发商拥有较强的控制力量,因为旅游批发商可以决定是否将某一旅游目的地纳入他们所组织的线路产品。旅游业的发展实践表明,在一个旅游目的地开发的早期阶段,旅游批发商就可能具有这种控制力。因为此时该旅游目的地急需借助旅游批发商的力量开拓客源市场,因而该目的地的旅游企业往往比较愿意向旅游批发商让步。但是一旦该目的地有了知名度,吸引客源已不成问题,旅游批发商的影响力便不再像先前那样受到重视。有人认为英国伦敦旅游业的发展情况便是一例。当初在旅游批发商的协助下,伦敦成为对美国旅游者最有吸引力的旅游目的地之一。后来随着访英旅游者的增加和伦敦饭店接待能力趋紧,旅游批发商在销售渠道中的控制力逐渐丧失。他们所面临的不再是伦敦旅游服务企业的让步,而是房价提高,要求预先付款,甚至在有些情况下订房被取消。这些事实说明,旅游产品销售渠道中控制权的归属并非完全由人为决定,而是在很大程度上取决于供给与需求的平衡状况。

旅游供应商要想做好销售渠道的工作,首先要对销售渠道内有关各方的不同需要有一清楚的认识。简单地说,在旅游销售渠道中,旅游消费者所寻求的是有多种产品,从而可以方便地从中选择自己理想的产品。旅游零售商也希望自己能有多种产品向顾客提供,但这些产品应能为其带来高额利润。旅游批发商虽然也追求高营业量和高利润,但更关心开发既能使自己没有什么风险,同时又能使零售商愿意代理的产品。旅游产品供应企业旨在使销售渠道中的其他各方注重自己的产品,扩大自己产品的销售量,同时又希望尽量减少销售渠道的维持费用。

因此,旅游供应商为了促使旅游中间商注重推销自己的产品,通常可采取以下措施:

(1)采用高效量、高佣金的办法提高旅游中间商的销售积极性,即对超过定额的销售量提高佣金率或采取其他奖励办法,而且奖励的程度要能对旅游中间商有吸引力。

(2)采用邀请考察旅游的办法增进旅游中间商对有关产品的了解。

(3)采用提供免费电话及保证提供宣传材料等各种助销措施,使旅游中间商便于推销有关的产品。

当然,采取上述措施的基础在于旅游供应商必须保证自己产品的质量和销售服务的可靠性。否则,即使采取上述措施也难以奏效。

在销售渠道运转过程中,旅游供应商要本着高效率和低成本的原则,注意定期检查和评价旅游中间商的质量变化,以便调整同有关中间商的合作关系。对于较长时间违背上述原则的销售渠道应及时予以废止,终止同有关中间商的合作关系。检查和评价中间商质量变化的工作并不十分复杂,没有必要非去了解和检查每个中间商的服务态度、刊登本企业产品广告的程度、其所定价格是否合理等情况,只要销售发展趋势表明某中间商销售本企业产品的业绩难望好转,长期违背销售渠道的经济原则,便应终止同他的业务合作关系。

此外,旅游市场行情的变化也要求旅游供应商对销售渠道进行及时调整。例如,随着散客旅游比重的迅速增大,很多旅游目的地的旅游企业都在努力发展直接预订渠道,并且努力扩大同客源地旅行代理商的直接合作关系。而在那些团体包价旅游仍占上风的市场区域中,则旅游批发商仍然是旅游目的地旅游企业向该地区销售其产品的最重要的途径。

第四节 信息技术的发展对旅游销售渠道的影响

一、全球分销系统

全球分销系统(Global Distribution System,GDS)是一种大型的计算机信息服务系统,它是伴随着旅游业的迅猛发展而从航空公司的航班控制系统(Inventory Control System,ICS)和计算机预订系统(Computer Reservation System,CRS)演变而来的全球范围内的旅游分销系统。如今,除了原有的航空运输业、饭店、租车、铁路公司、旅游批发商等也纷纷加入到 GDS 中来。通过 GDS,旅游零售代理商可以及时地从这些旅游产品供应商获取大量的旅游产品信息,从而为顾客提供快捷、便利、可靠的服务,满足旅游者旅游过程中全方位的需求。

作为专业分销系统,GDS 在过去的三十年中极大地推动了国际旅游的快速发展。首先,GDS 信息容量大、预订确认及时,它能够在全世界范围内,提供交通、住宿、餐饮、娱乐以及支付等"一站式"旅游分销服务;其次,GDS 一方面能给旅游者提供专业性的建议,另一方面还能给旅游供应商提供信息管理咨询等增值服务;再次,信息技术的飞速发展也提高了 GDS 所提供的信息的质量,同时使系统响应更为迅速;最后,GDS 可以通过多种方式如电话、互联网、自助终端、电子商务等为客户提供服务。

GDS 的设立和维护成本高昂并需要足够的专业技术条件,因而往往是由专门的全球分销系统公司开发并运营,而几乎所有的旅游企业都是在缴纳使用费的前提下加盟和使用某一全球分销系统。在这个意义上,这类全球分销系统对于旅游供应企业来说,实际上扮演着零售代理商的角色。目前,北美的 Sabre 和 Worldspan 以及欧洲的 Amadeus 和 Cendant-Galileo 是世界上 GDS 四巨头,它们连结着约 16 万家旅行代理商和旅游服务供应商,占据了 90%以上的预订市场份额。除此之外,还有一些服务于特定国家或地区的中小 GDS,如我国的 Travelsky(中航信)、东南亚的 Abacus、韩国的 Topas、日本的 Axess 和 Infini。

20 世纪 90 年代后期互联网技术的发展,使其能够作为一种新兴的分销形式对 GDS 提出了巨大挑战。为了应对这种情况,目前世界上所有主要的 GDS 都已经与主要的互联网旅游企业如 Travelocity 和 Expedia 建立起了联系。

二、互联网

互联网技术的飞速发展与普及改变了旅游者的购买行为,也改变了旅游商业运行模式。作为一种不断发展的信息沟通与预订工具,互联网正在发挥着其巨大的潜能。

对旅游消费者来说,互联网为其提供了获取信息、自己计划旅程和预订旅游产品的途径与能力。借助互联网技术的发展,消费者可以坐在自己家里或办公室中,在任何自己方便的时间,通过各专业旅游网站和旅游供应商网站轻松地获取自己感兴趣的各种旅游信息,并可据此安排自己的旅游行程,轻松地实现并确认预订。如今,越来越多的旅游者在利用互联网计划和预订旅游产品。以美国为例,有调查表明,2004 年分别有 69%和 51%的商务旅游者利用互联网来安排出行事务和预订旅游服务;在消遣型旅游者中,通过互联网安排度假事务和在线预订旅游服务的比例分别达到 63%和 45%。网上旅游预订的比例持续增高[①]。

对旅游供应商来说,互联网为其提供了一种低成本的直销工具。互联网将市场从传统上的"地域"概念转化为"网络"概念,使旅游供应商的营销触角得以无限延伸。同时,通过网上直销,旅游供应商既可以降低其分销成本,又可以增强对顾客信息的直接控制。20 世纪 90 年代中期,低成本航空运营商美国西南航空公司率先在互联网上向顾客提供有关行程和票价的信息,标志着曾经几乎只能依靠计算机预订系统的航空业开始向着电子化分销迈出了重要的一步。1996 年,航空公司新增了在线预订,互联网与电子机票自然地结合在了一起。很快,航空公司及其他各类旅游服务供应商纷纷建立起自己功能强大的网站,或与专业旅游网站展开密切合作,向旅游消费者提供直接的双向信息沟通和在线

---

① C. R. Goelener et al. 著,李天元等译,旅游学,中国人民大学出版社,2008 年,第 177 页。

预订服务。结果是,传统旅行代理商的零售代理业务受到了相当大的冲击,旅游供应商网站和专业网上旅行代理商正在不断抢夺传统旅行代理商的销售量。

虽然互联网在旅游产品分销领域有着种种优势,但也存在着一定的局限性。在很多情况下,互联网所带来的信息量远远超过了消费者所能消化吸收的数量,消费者往往需要花费很长时间才能搜索到或从巨量的信息中遴选出对自己有用的信息,甚至可能毫无所获。网上的安全问题,如使用信用卡的安全性,也是消费者关心的主要问题。对于信息发布者来说,如何吸引用户的注意力或者说获得"点击"将是一个挑战。

三、旅游零售商的未来

面对着互联网技术的发展以及由此引发的旅游营销传播手段和旅游产品销售渠道的变革,旅游零售商的未来生存和发展问题得到了人们前所未有的关注。

从逻辑上讲,当产品供应商和消费者之间可以以一种有效的方式直接沟通和售购产品时,中间商就成为一种多余的存在。互联网的广泛应用严重冲击了以旅行代理商为代表的旅游零售商的传统业务,在相当大的程度上压缩了其生存空间。正因为如此,从上个世纪90年代开始就不断有人预测,旅行代理商最终会在市场上消失。

以美国为例,1995年航空公司给销售国内往返机票的旅行代理商佣金设置了50美元的上限;1997年将沿用了几十年的10%的标准佣金率下调为8%;到了1999年更将基本佣金率减少到5%;2001年,国内往返机票的佣金上限从50美元降至20美元;直到2002年,最终取消了国内机票销售的佣金。同时,互联网也影响了旅游者的购买行为,越来越多的旅游者青睐于网上直接预订。有调查表明,公众普遍认为网上订购的飞机票价最低。

所有这些因素,都对旅行代理商造成了很大打击,致使近几年旅行代理商的数量确有减少。但是,旅行代理商并没有消失,而且仍然是最主要的旅游分销渠道。同样在美国,2003年旅行代理商完成了25%的饭店预订、95%的游船旅游预订、40%的租车预订和90%的包价旅游产品预订。YPB&R调查公司(2003年)指出:"虽然旅行代理商的数目比1999年减少了约8 000家,但是现在大约23 000家旅行代理商实现的预订量要比他们4年前多出140%……在过去一年里,大约每3名消遣旅游者中就有1名要借助旅行代理商的服务。"

以目前发展态势来看,旅行代理商仍将存在下去。其原因主要有以下几方面:

首先,旅行代理商能够为顾客提供个性化服务,并能提供大量可供选择的建议。正如约翰·奈斯比特(John Naisbitt)在其畅销书《大趋势》(Megatrends)中指出的那样,"高科技需要高接触"。互联网是高科技,但却无法实现高接触的顾客服务。而专业知识丰富又有高科技手段作为支持的旅行代理商能够为顾客提供高技术和高接触的服务。旅行代理商清楚如何运用不同的选择以找到顾客需要的信息,他们还可以同时在互联网上和 GDS 系统中搜索较低的报价,专业性将使他们的搜索更加高效。一旦顾客进行了预订,旅行代理商还会一直对顾客的旅行进行管理,充当预警系统和问题解决者。旅行代理商不仅能够为顾客节省时间、节约成本,还能为其增加快乐,而这些都是无法通过网络实现的。这也是当今仍然有很多消费者倾向于选择旅游零售商提供服务的重要原因所在。

其次,规模较大的旅行代理商会不断增强其实力。在佣金减少甚或取消以及互联网的冲击下,规模较小的旅行代理商最易受到致命打击,而这正是那些规模较大的旅行代理商通过购并来扩大自己规模和实力的机会。美国目前的情况已表明,如果旅行代理商的机票预订量很大,则有实力与航空公司就隐性佣金进行谈判。

最后,互联网作为新的销售渠道的出现并不意味着注定会取代原有的销售渠道。正如前所述,互联网虽然有很多优势,但也有自身的局限性;而旅行代理商提供的专业性、个性化的顾客服务又是互联网等高技术无法替代的,互联网反过来还能够支持旅行代理商更加高效地完成分销功能。因此,旅行代理商的数量虽然今后可能还会有所减少,但却会与互联网共存,共同构成重要的旅游分销渠道。

上述情况绝非意味着任何一家旅行代理商都会理所当然地继续生存下去。面对新的环境因素的变化,旅行代理商必须不断提升自己的适应能力,根据实际情况适时调整业务,发挥自身优势,同时将新技术为己所用,使自己同样成为互联网技术发展的受益者。当前国际上已有不少的学者和旅行代理商在这些方面进行了有益的尝试和探索,提出和总结了在新形势下旅行代理商谋求生存和发展的一些对策。比如,将代理业务重点由商务旅行产品转向消遣性旅游产品,特别是对旅游消费者来说较为"复杂"的包价旅游和游船旅游等产品;将业务重点由代理预订转向提供咨询服务,充当顾客的利益代表和咨询顾问;提升自身对新技术的掌握和运用能力,为顾客提供"高接触"和高技术完美结合的服务,等等。总之,只要旅行代理商能继续提供有价值的服务,它们在未来的旅游销售渠道中将会继续扮演重要角色。

案例

旅游电子商务与饭店分销渠道形成互动

当第一次互联网热潮席卷中国时,网络企业家们曾预言旅游业将走向"直接经济"时代。然而至今,旅游网络并没有替代传统中介,反而使旅游中介呈现更加多元的格局。

我国饭店传统的销售渠道,包括旅行社、订房中心、人员销售(特别是对政府和企业等大客户的销售)和顾客直接预订。而对一些高星级饭店和饭店连锁集团的成员来说,饭店集团中央预订系统CRS和GDS也能为其带来相当多的国外客源。大部分CRS和GDS是相连的,通过GDS进行全球更大范围的市场营销。这些系统大多数是国外所开发,也有少数为本土开发。例如1997年加入GDS的中国天马系统是首家中国人自己经营管理的饭店预订和营销组织,主要为中国内地那些具备较高管理水平,且没有加入国际饭店集团的饭店,提供全球预订和市场营销服务。

随着互联网的诞生,饭店分销渠道的版图中凸起了一块"新大陆"。互联网分销渠道本身也是多元化的。携程、e龙等资本运作和发展比较成功的大型旅游预订网站是行业的领导者。比如携程网的订房量和利润总和在三四年中就超过了国、中、青等传统旅行社大户。与这些巨头同属一种业态的,还有数量上占到99%的中小型旅游预订网站。他们具备地方性优势和其他特殊资源,抓住了携程、e龙等全国性旅游预订网站暂时无法涉足和蚕食的市场空白。此外,饭店联盟预订网站、门户网站或地方网站、旅游目的地营销系统(DMS)、分时度假交换网、旅行社网站、饭店集团或饭店自有网站等也都属于互联网旅游分销渠道。旅游搜索引擎以及e龙等大型预订网所发展的网站代理联盟,则相当于这些中介的"再中介"。因此,互联网不仅是新兴中介,而且是一个新的多层次中介系统。

互联网销售渠道的兴起在饭店业权威统计中可见一斑。根据2003~2005年《中国饭店业务统计》,2002年所有受调查的四、五星级饭店,顾客直接预订占51.5%,旅行社占23.5%,两项相加高达75%;而"酒店自有订房系统"、"独立订房系统"和"酒店网站"分别只占10.2%、2.7%和0.8%。此后,通过第三方中介网站实现的预订显著增长,分别由2002年的0.4%(五星级)、1.2%(四星级)和5.4%(三星级)增长到2003年的5.2%、8.2%、8.2%和2004年的6.7%、10.8%、9.4%。就具体饭店而言,目前有的酒店甚至30%以上的订房来自订房网站,为此每月向它们返还的佣金就超过万元。

从国际看,根据权威市场调查机构Foresters Research的统计,全球酒店业的网上收入(包括酒店的直接销售和网上中介的间接销售)2003年为14%,2004年为16%,2005年预计达24%,其中直接销售比例约占一半左右,高于国内比例。可见,网络订房正成为一支不可小视的分销力量。

饭店分销组合:价值与成本的多重考虑

在分销渠道多元化的情形下,饭店尤其需要对各种可选择渠道的价值和成本做一个测算，确定哪个渠道在招徕顾客上是最有效的，在成本上是可接受的，带来的客源素质是比较理想的，在沟通、反馈、服务和财务上是可控制的。饭店还需要确定一个合理的分销渠道组合，让总量、利润和风险达到最优的均衡。因此，分销渠道的选择是一个非常专业的课题。

目前的情形是，携程、e龙两大预订网站凭借其市场份额的猛增，获得佣金和定价方面更多的控制权。e龙网财报中称，2005年第三季度，代订每间夜酒店客房的平均佣金为62元。按房价不同，这些大型订房网站收取的每间夜佣金在40～70元不等，而市场控制力弱的小网站约在10～40元，传统旅行社从相同业务中赢取的利润则约是50元。当然，订房中心的高利润一直吸引着传统的大旅行社跻身其中。订房中心之间的竞争，使得将来有利润平均化的趋势。

一个非常值得关注的问题是饭店和预订网站的合作模式。这种模式直到如今还不十分优化。在许多预订网站上，饭店不能自己灵活变动房价，这与房价应有的随行就市特性相悖。造成在淡季网络无法反映最优的价格；而旺季特别是黄金周期间，按照网站价格就订不到房，引起预订者的不满。在流程上，订房网站接到顾客预订后，除非有特殊的销售配额协议，网站都需要与酒店沟通确认后再答复顾客。比较先进的沟通手段是网络软件和网络传真，传统的手段只能用传真和电话，时间和通讯成本的耗费较大。而如果网站与饭店事先签订了协议，保证每天有一定量的销售额度，一旦未完成销售指标，网站就要承担损失。

这种局限目前在技术上已经得到解决。如果饭店的前台管理系统能和订房中心做无缝连接，并且饭店的智能决策系统能根据当日的预订情况和历史数据，确定每个时段的房价政策，将剩余房间数量和价格及时反映给预订网站，就可实现流程的优化。但是，由于大多数饭店不愿将房态和价格透明公开，现实状况只能是技术和观念之间的一种妥协。

酒店集团和联合体看好网络直销

网络销售的另一个问题是选择代理还是直销。当前国内酒店比较倚重第三方网站的代理。据有关统计，在《全国酒店大全名录》收录的全国及港、澳、台共10 865家星级饭店中，自建网站且能自营网上预订的比例为10.32%。据统计，内地酒店相应比例为9.72%，其中内地五星级酒店为72.02%，四星级酒店为48.81%，三星级酒店为14.08%，二星及以下酒店为3.34%。一个重要原因是我国三星及三星以下饭店多为单体饭店，如果自建网站，受"孤岛效应"的限制，真正能引来的预订和支付也将非常少。这正为第三方预订网的发展带来了巨大的空间。

在国际上，最有潜力发展网络直销的是饭店集团和饭店联合体。万豪、希尔顿通过自有网站的直接销售收入与通过网上中介的间接销售收入之比已高达

75∶25。为了应对中介机构试图控制分销渠道的图谋,酒店连锁企业正在改善自身网站,争取把交易转移到自己的渠道上。例如,五大饭店集团 Hilton、Hyatt、Marriott、Six Continents 和 Starwood 都已经联合起来成立了 Travel Web,该在线预订引擎将会提供最低在线房价,并且可以作为酒店产品批发的交换站。Travel Web 可以给 Expedia 和 Hotels 这些网站增加压力,并且,Travel Web 作为接口可以更有效地进行产品库存管理。

一般看来,建立饭店集团网站对于酒店业是一个好方法。但问题是,其产生的利润是否比网站的促销、开发和维护产生的费用更高,网站的基本商务功能能否与成熟的在线中介相抗衡。并且,诸如 Travel Web 也是由互相竞争的酒店组成的,他们必须要互相合作来提升网站的实际价值。

网络订房"遭遇"新技术

对网站来说,低价客房或夜间订房是大有可为的一片天地,而这必须以网络订房中心实时掌握酒店客房销售动态为前提。那么,是否有一种技术能实现这种信息互通,又适当保护酒店的商业机密?上海协成夜间订房中心开发了一种名为"无线网络短信平台"的小型外部设备,能方便地安装在酒店前台的电脑上,由前台人员主动操控,每隔一定时间自动向订房中心的网络平台发送该酒店的剩房信息。当客人致电询问晚间房源时,订房中心的客服人员根据各酒店发来的情况,在客人所在地方圆 3 公里范围内为其搜索到超低价的房间。

饭店分销方面正在出现的技术还包括:移动网络和手机预订、基于电子地图或基于位置的预订服务、交互式网络电视(IPTV)技术以及比价搜索技术等等。

2004 年,我国上网用户总数为 1.03 亿,手机用户达到 3.4 亿。移动电信网络和 Internet 在未来的进一步结合,特别是 3G 时代的到来,将会对互联网产业格局造成新冲击。国内首家手机旅行订房网站"中国移动旅行网"已开始提供手机网上订房等无线增值业务。更为庞大的电视用户群则将在未来体会到 IPTV 的交互性便利。上海的一家旅游预订网站已经开始与当地政府和研发机构合作,开拓 IPTV 技术在旅游预订方面的应用,并计划针对高档小区提供旅游信息接入服务。比价搜索技术的出现,让酒店的价格更加透明,客观上加剧了网站之间的价格竞争,也使很多不为人所知的小网站能够浮出水面。总之,新技术将持续影响着市场,饭店分销渠道将会更加多元,饭店需要不断跟踪和把握市场的新变化,才能立于不败之地。

(资料来源:中国旅游报,2006)

思考题

1. 试比较销售渠道和分销渠道这两个概念的异同。

2. 简要说明旅游产品销售渠道的类型和基本模式。
3. 旅游供应商在选择销售渠道时应遵循哪些基本原则？
4. 旅游批发商和旅游零售商各自的性质、职能和作用是什么？
5. 旅游产品供应商在选择中间商时应考虑哪些因素？
6. 影响旅游营销者选择销售渠道模式的主要因素有哪些？
7. 随着信息技术的发展，很多人都预言旅行代理商将会走向消亡。你对此有何看法？

主要参考书目

1. 林南枝主编. 旅游市场学[M]. 天津:南开大学出版社,2000.
2. 黄晶,刘太萍,金英梅编著. 旅游市场营销学[M]. 北京:首都经济贸易大学出版社,2008.
3. 李天元编著. 旅游市场营销纲要[M]. 北京:中国旅游出版社,2009.
4. 白长虹,范秀成主编. 市场学(第3版)[M]. 天津:南开大学出版社,2007.
5. Victor Middlton 著. 向萍译. 旅游营销学[M]. 北京:旅游教育出版社,2001.
6. A. V. Seaton, M. M. Bennett 编著. 张俐俐,马晓秋主译. 旅游产品营销——概念、问题与案例[M]. 北京:高等教育出版社,2004.
7. C. R. Goelener, J. R. Brent Ritchie 著. 李天元,徐虹,黄晶译. 旅游学(第十版)[M]. 北京:中国人民大学出版社,2008.
8. J. C. Holloway 著. 修月祯译. 旅游营销学[M]. 北京:旅游教育出版社,2006.
9. Philip Kotler, John Bowen, and James Makens 著. 谢彦君译. 旅游市场营销(第二版)[M]. 北京:旅游教育出版社,2002.
10. Philip Kotler, John T. Bowen, James C. Makens. *Marketing for Hospitality and Tourism* (4th edition) [M]. Pearson Education, Inc, 2006.
11. Victor T. C. Middleton. *Marketing in Travel and Tourism* (3rd ed.) [M]. Elsevier Butterworth-Heinemann, 2001.
12. Christian Grönroos. *Service Management and Marketing*[M]. Lexington Books, 1990.
13. L. L. Berry, and A. Parasuraman. *Marketing Service: Competing Through Quality*[M]. The Free Press, 1991.
14. K. Douglas Hoffman, John E. G. Bateson. *Essentials of Service Marketing*[M]. The Dryden Press, 1997.